中小学新课程教学艺术丛书

田立莉“甜”式小学数学教学指导及评析

田立莉　主审

李　嘉
杨云霞　编著

中国林业出版社

图书在版编目（CIP）数据

田立莉"甜"式小学数学教学指导及评析／李嘉，杨云霞编著．—北京：中国林业出版社，2012.1

（中小学新课程教学艺术丛书）

ISBN 978-7-5038-6471-1

Ⅰ.①田… Ⅱ.①李… ②杨… Ⅲ.①小学数学课-教学研究 Ⅳ.①G623.502

中国版本图书馆CIP数据核字（2012）第002547号

出版：中国林业出版社（100009 北京西城区刘海胡同7号）

E-mail：Lucky70021@sina.com **电话**：010-83283569

发行：新华书店北京发行所

印刷：河北三河市祥达印装厂

版次：2012年1月第1版

印次：2012年1月第1次

开本：787mm×960mm 1/16

印张：14.25

字数：300千字

印数：3000册

定价：28.00元

序（代前言）

她——“甜式教学”，在用生命历程实现着责任和信念

田立莉热爱党的教育事业、有抱负、有毅力、勤奋好学。经过百折不回的多年努力，终于从一个普通的教师成长为教学骨干、又从一个数学的学科带头人成长为教学管理干部，现在已是一个有着成功教学经验的数学特级教师。其成长过程曲折，基础扎实。通过坚韧的努力，现在所达到的理论高度和实践创新确实令人称道。

小学低中高年级的多轮次的教学教改实践，使她对教材内容、结构和体系有着透彻的理解和研究；更为可贵的是通过朴实的农村教学和丰富的城市教学参半的教学实践，使得她的教学状态更加适应各类不同的教学对象。不论是在农村还是城市，都会使学生获得优异的学习成绩和良好的发展。在新课程改革中她身先士卒、勇于探索，在教学改革中大显身手，成功的课堂教学常常以崭新的面貌在各地展现。

她的优异教学成绩和教改业绩，源于现代的教学理念。而现代教学理念的形成正是她持久地研究理论的结果。早期她风雨无阻地参加海淀区教研组的教学研究活动，20 世纪 90 年代又积极参与区教研室组织的《课堂教学与学生发展》课题组的活动。她在课题组的研究中，能够深入学习和理解现代教学理论，研究了课堂教学中学生发展的所有因素，使研究具有一定的深度和广度。不仅研究教学理念、内容及方法，还研究与之相关的教学民主、教学卫生、教学反思和教学整合等。随后在市、区的各种培训班里，又使教学理论研究得到丰富和发展。形成了自己的教学理念和教学风格，她的上课、导课和评课常常获得好评。

教学理念决定教学的高度，在她的教学与教改实践中已成为不争的事实。

"问渠哪得清如水，为有源头活水来。"她身为一名教师，能如此坚韧不拔地努力教学，不断探索，源于她已经把热爱党的教育事业转化成一种信念、一种责任感。正如她的座右铭那样"学生是民族的未来，教师一定要对学生的一生负责、一定要对民族的未来负责。"由于这种责任感和信念的驱动，使得她从成功走向新的成功。

田立莉，在用生命历程实现着自己应有的责任和信念。

海淀区小学数学教研室　**汤涛**

目 录

"甜式"教学体验篇

引　言

“甜式”感受——

学生的一句话，一个表情，一个动作，都能成为让我们为之一振的精彩，教学的艺术就体现在敏锐地捕捉学生身上显露出来的教育细节，静静地倾听，深入地挖掘，在细节上做文章，于细微之处见精神。

温雅茉莉馥　四季田藜青

——记数学特级教师田立莉

今天，我要寻访一位如诗人物——田立莉。

教学楼前，田立莉伫足等候。亲切地招呼，友好地微笑；未开言，已见风发意气；闻其声，又是一番干练风行。考究的衣着，挺拔的身姿，更能让人深切感受的，是一种向上的力量。坐定倾听她的故事，更加走近这个光环围绕下的数学特级教师和小学副校长——田立莉。

“甜式教学法”

学生的一句话，一个表情，一个动作，都能成为让我们为之一振的精彩，教学的艺术就体现在敏锐地捕捉学生身上显露出来的教育细节，静静地倾听，深入地挖掘，在细节上做文章，于细微之处见精神。

——田立莉

1983年，田立莉在基层任数学教师，事业刚见起色，就面临着一次调迁。从辛店小学到小牛坊小学，虽然是一个村的距离，她还是无法释怀，割舍不下的是班级里那一群可爱的学生。然而她没有想到，伴随着她的工作调任，位移的还有一个班级。因为田老师的课太精彩了，班里的学生宁愿多行些路到邻村小学上课，也不愿离田老师而去。

时光荏苒，田立莉教过的学生换了一拨又一拨，赞誉声依旧不断响起。最初的教学激情多年来一直保持生命力；育人树德的理想愈经沉淀愈加坚定；

从当年的青涩教师到已然经验满钵，荣誉满身，始终相伴田立莉的是一切为了孩子的信念。

学生们爱上田立莉的数学课，听过她示范课的青年教师都受益匪浅，经过多年的一线实践，田立莉自成一套数学教学方法。这是一堂数学课，田立莉在引导学生学习关于鸡兔同笼的知识：现有鸡兔同笼；上有12头；下有32足；鸡兔各有几何？田立莉没有立即做解，她知道讲台下学生有各种方法，都在蠢蠢欲动。“谁知道答案呢？”

杨添凑到她面前，用商量的口吻说：“老师，这节课的鸡兔同笼问题由我来给大家讲吧！”展之遥也跃跃欲试：“老师，我也要给同学们讲！”田立莉笑了，如其所预想的，同学们正在发挥主动性。双手交叉，退到门边，“好，这节课由你们自己上”，她把课堂交给学生。杨添列表总结了同学们的解题方法，明了在目。展之遥更是大胆，把课堂变成了舞台，请12个同学上台扮演小鸡，小鸡有2条腿，12只鸡才有24条腿，如何为好，学生们和展之遥一起动起头脑来，还要加上8条腿。展之遥让4个同学把双手垂下，哈着腰，变成兔子，8条腿找到了。问题成功解决，田立莉大吃一惊——学生的智慧真是无可限量。

由杨添、展之遥起头，越来越多的同学大胆提出自己的看法。课堂收效很好，下课了同学们依旧兴趣盎然，讨论热烈。田立莉带着笑离开了教室，这节课收到了意外之效，诚然，相信孩子，放手让他们去飞，可以收获云端更美的风景。

有人称她的教学法为“甜式”教学法，一语双关，道出她的教学特色。田立莉总是亲切地开场，用抑扬的语调提起学生的兴趣，随手拈来生动事例以佐教学。新知识的阐明深入浅出，她总能举重若轻，营造轻松和谐的氛围。教学是一种艺术，田立莉则是一个造诣颇高的艺术大师。她的大智慧在给学生广阔的自由飞翔的空间。不急作结论，不妄下断语，多做停留，倾听学生的想法，多年里，田立莉在课堂做到的始终是抛出一个问题，而将发现问题、解决问题的主动权交给学生。学生是数学学习的主人，教师则是数学学习的合作者，学生可以上讲台当教师，可以天马行空任意驰骋，可以不囿于常规，敢想敢做。她的课堂总是费尽心机地布局，不是草草收笔，也非蜻蜓点水，而将学生引向深入。

苏霍姆林斯基曾说过：“教育的全部奥秘，就在于爱儿童。”田立莉深谙此道。多年潜心涵泳，在自己所深爱的教学事业上耕耘，她很享受；在教学方法上突破，是为了不断积聚涵养学生的活水。一切为了学生的发展，田立莉百般设计，盘活教育。挑战极限的口算竞技比赛让学生体会跳起来的感觉；

用学生所犯的错误聚焦新知，点燃学生的思维之火；相信学生，设计情境让其自主探究；“甜式”教学法力求走进学生的内心世界，感受心与心碰撞的快乐，在教学相融中让生命绚烂。

爱如茉莉

在我的视野里没有教育的盲区；在我的数学课上没有不会学的学生；在我的心里没有不被关注的孩子。

——田立莉

我们的采访在田立莉数学工作室进行，清新如水的布置显示着主人的气质高雅。墙上挂着一幅茉莉图，绿叶映衬下的白花，不如牡丹富丽，不似玫瑰热情，却自有一番风骨，清幽脱俗。隶书写就的“四季田藜”四个绿色大字刻在黑黝黝的古木上，沉稳敦厚，又有一种韵味。

田立莉如此解释室内陈列，“四季田藜”取喻田藜之顽强耐旱；它是老师的隐喻，一年四季，守候如一。茉莉，则是自己所爱，独善其身，不争奇，不斗艳；也象征着自己的教育理念，温和地爱着学生，如茉莉花香，不失公允。田立莉，是田藜也如茉莉，秉承着自己的教育理念固守教学一线。

差异教学是田立莉的多年教学实践贯行的教育方法，《田立莉与小学数学差异教学》一书即是成果的展示。差异教学意为关注学生在智能、学习方式、情感态度等方面的差异，帮助每个学生设计开放可选择学习内容，采用多样化学习方法，满足学生学习和发展的不同需要。对于不同智能和认知水平的学生，田立莉有不同的要求，作业题目开放，学生可以自主选择，题量也是弹性的，她的目标是可以让“不同的人学不同的数学”“让每个学生都能主动地发展”。教育要公平，“金凤凰”要爱，“丑小鸭”更需要关爱和呵护。

2008 年 9 月起接手五（2）班，田立莉在一学年的教学里再一次用所行阐释了差异教学的内涵。这个班级原本数学成绩不好，与学校最好的班级平均分相差 20 多分，是让数学组的老师一致头疼的事实。束手无策时，作为副校长的田立莉主动请缨。责任所驱，她力图作出改变。

为了改变，田立莉煞费苦心。课上她像慈母般循循善诱，调动学生的学习兴趣；开展计算、解决实际问题、动手实践操作等各种学生喜欢的学习竞赛活动，帮助学生纠正各种不良学习及行为习惯。课下则像朋友般做心与心的沟通了解，走进学生的情感世界，去感受他们的渴望，触摸他们的孤独和困惑。她针对学生实际制定补缺、补漏的学习计划，并进行分层分类的有针对性地适时指导；不同学生有不同层次的基础和缺陷，田立莉有的放矢，每个学生哪里基础薄弱，就从哪里着手提高；办公室里经常留下田立莉课后留守为学困生“开小灶”的背影。班里有一个心理有点问题的女生，对于她，田立莉倾注了特殊的爱。她的基础很薄弱，理解力也较一般学生迟缓，田立莉就从一年级数学开始指导她。不能抽象地理解概念，田立莉就用十根筷子演示，慢慢引导她学会了十以内的加减法。课堂练习时间，田立莉会来到女孩旁边，对全班宣布“现在是给她的时间”了，然后在其他同学做练习时，对她进行特殊教育。如此，田立莉也用所行告诉学生关爱的含义。田立莉的努力下，女孩有所进步，也更愉快地融入了班集体。

她如慈母关爱着这些孩子，也像朋友一样欣赏他们的可爱之处，久而久之，这些天真活泼的学生体会了她的良苦用心，学生不遵守纪律的现象减少了，主动学习的人增多了，学风、班风慢慢好转，在第一学期的期末数学考试中，全班数学成绩取得了很大的进步。第二学期的期末数学考试全班均达标。

差异教学，落在课堂，为学生所需而教。这种教学方法，为学生成长护航助力；做到以学生发展为动力，以学之视，架学之桥。田立莉有个理念“使命如诗，用心则胜”，她的生命状态即可为差异教学树立一个典范，她是一个用爱托起生命的数学天使。

田藜“四季”青

教师不是孤单的一个人，只有融入集体的洪流，去倾听、对话、交流、沟通、共享，才能互补共生，一起成长。

——田立莉

田立莉是土生土长的北京海淀人，受自己小学老师的影响，抱定了当教师的志向。她这位海淀区自己培养的特级教师，总想尽反哺之情，为教育做点什么。于是，“四季田藜数学工作室”在她和一干教师的努力下成形，缘于她的单纯信念“发挥特级教师的示范作用”和身为副校长力促教学的担当。

数学工作室成立之初，田立莉将自己追求的目标“以毕生之求做好老师”送给了她的团队伙伴。一年以来，团队的成员通力合作，奋斗在数学教育的岗位上，“以毕生之求做好老师”也成了他们前进的动力。

数学工作室的成员来自四季青学区的不同学校。“挑灯夜学”是他们集体学习的一个特点。下班时间集中学习，交流讨论教学问题，经常从下午学到晚上七八点。灯光下，他们共读了肖川的《教育的使命与责任》、《教育的理想与信念》，一起讨论各类教学难题。他们还建立了“四季田藜”的博客，及时更新，记录教学过程的思与悟。不到一年的时间，博文已然超过500篇，反响热烈。老师们坚持在博客上发表自己的反思，真正达到思想的碰撞并激荡出工作的智慧。

工作室的更大贡献在于走学校教研共同体之路，促进青年教师的成长。田立莉的示范课让青年教师收益颇丰，在具体教学方法上她也不吝指教；评点青年教师的试讲课田立莉总是一针见血，不顾情面的真诚不讳让他们成长很快；成员们一起探讨公开课、实验课、录像课如何上，新教师师承老教师，田立莉也不断鼓励青年教师勇于创新；他们举行了学科教学相关问题的研讨，通过“同伴互助、教学开放”共同进步。

通过一年的活动，青年教师得到很多成长，从上课“四不像”到有板有眼，有章有法，一路的脚踏实地不断收获精彩。教师杨敏不无感慨地说：“是田校长的跑前跑后才有了这个工作室，也才有了我们的成长”。

田立莉说，“我想我是一棵小草，我愿永远做一棵小草。因为，它可以给人带来绿色，可以给人带来温暖”。她的身份是多重的，身为副校长，雷厉风行，运筹帷幄；身为特级教师，杏坛执鞭，潜心教学，却始终乐得奉献，甘于付出。如茉莉，她温和；如田藜，她顽强；如小草，她奉献。为师“甜式”，确是一番精彩。

《教师报》记者

田立莉在与学生互动教学

“甜式”教学指导篇

“甜式”忠诚——

我不敢怠慢生活中的每一天，我尊重课堂教学的每一个生命。我必须而且时时刻刻尽最大的努力，向最高的理心扩张传衍，流转无穷，把那陈旧的组织、腐滞的机能一一扫荡摧清，别开一种新局面。

——田立莉

感人心者，莫先于情

“感人心者，莫先于情。”从教30多年来，我深刻的体会到，教师的工作是一项必须要注重情感、必须要带着情感去做，才能做好的工作。只有从眼底、从心底、从行为上爱学生的人，才可以教育好学生。也只有师生之间真正形成了积极的情感联系和心灵感应时，学生才会“亲其师、信其道”，教育也才会真正具有教育的意义。

要善于从口中生“情”

教师每天都要说话，每天都要与学生说话。教师的一句话，说得好，可激励学生一生走向成功；说得不好，可毁掉一个学生的大好前程。

“我们时时都能感受到您的甜”——您的学生李华

终于考上八中素质班了，说不出的喜悦里，加着一丝伤感。是对您的思念和不舍吧。背上书包迈向八中的校门，您的一幕幕浮现在眼前……

您的笑容。记得第一次上课，您笑眯眯地对我们说：“我姓田，希望在同学们心中能变成这个甜。”您在黑板上写了一个大大的“甜”字。之后每一次上课您总是带着一副笑容，声情并茂地给我们讲课，耐心仔细地指导我们，有时还会给我们“甜甜的”糖吃。“我们时时都能感受到您的甜”。

您的认真。记得有一次，我期末考试只考了九十三分，您把我叫到您办公室，严肃、认真的说：“这次没考好，就是有点儿粗心了。”接着，您给我讲了哪里错了，该怎么做，细心地指导我，让我明白了做事要认真的道理。每一次批改作业，您都写给我们一句话：“你真棒!”、“真漂亮!”、“很会学习!”等等，给了我们一次次鼓励。让我永远难忘。

您的和蔼。记得一次数学竞赛，我取得了第一名的好成绩，您亲切地抚摸着我的头，和蔼的说："李华，你真棒！你想要什么啊?"虽然我连声说："谢谢，不要"，可第二天您还是给我带来了一份礼物——一副扑克牌，让我带着同学们玩"二十四点"的游戏，提高计算能力。

……

永远忘不了您笑眯眯的目光，认真的神情，和蔼可亲的脸庞……，您昨天是我的老师，今天是我的老师，明天仍是我的老师！您永远是我的老师！也请您记住您永远的学生——李华。

教师对学生来说，"一句赞美的话，可使他保持两个月的好心情。"往往是"一句话、一辈子"。

"可上学啦，我都想死你啦。"——学生申贺彤

田老师作业从来留的都很少，但是我们的成绩都很好，因为田老师一般都留预习、阅读、归纳、联想性的自由作业，提高了我们的自主能力。所以我们班的成绩提高很快，而且田老师每天让我们在收获本上写一句话，教育我们要诚实，有错及时改正。

有一次，我生病在家，回到学校，田老师看到我的第一句话就是："可上学啦，我都想死你了。"听到这句话，我特别感动。这句话给了我信心与动力。在这句话的鼓舞下，我把落下的作业两天就补上了。田老师在我的本上还夸我是"一个热爱学习的孩子"呢！我可高兴啦。

期中考试时我在菲律宾玩，回来后，我需要补考，我的心里很没底，特别紧张，可是田老师却鼓励我说："没问题，你的成绩一定会特别棒！"果真，补考试卷我得了 100 分。这可都是田老师功劳呀！她天天表扬我，我可爱学习数学啦。

"一句话有一百种说法，同一句话，有时会能把人说的说得笑起来，有时会能把人说得跳起来。"教师在学生面前说话，要注意真情说长处、委婉道不足。

要善于从眼里生"情"

"爱和信任是一种伟大而神奇的力量。"教师对学生的爱与信任，可以通过眼睛传递给学生。经常给学生鼓励性的点头和微笑，哪怕是仅仅投向学生的一瞥微笑，学生的心灵也会感光显影，映出美丽的图像……。

"田老师的笑，像一束阳光"——学生郭润

田老师给我们留的作业很少，但是我们的成绩却很好。因为每天我们都可以看到田老师在笑。

我原来不太喜欢数学，对数学不感兴趣。但是，一次数学课改变了我对

数学的印象。有一次，田老师正在讲课，我在记录本上抄写着板书。这时田老师提了一个问题，我左看右看在学生的迟疑中慢慢地第一个举起了手，说实话，心中没有底，便也觉得好紧张。再看看田老师她正微笑的看着我，眼神中充满着深情的期待，好像在说：“孩子，老师相信你！说错了没关系，你不要紧张。”这时的我，终于鼓足勇气开口将问题回答正确。老师也高兴地说：“太好了！你真了不起。”老师的鼓励就像糖水流进了我的心田！

下课了，田老师大声地笑着走近我，亲切的说“郭润再努力，你有数学天赋。”田老师的笑像一束阳光，照进我的心里；田老师的这句话，让我对数学有了信心。从此我喜欢上了田老师，喜欢上数学课。

我坚持写好每一次作业。上好每一节快乐的数学课，现在我的数学成绩已名列全班前茅。

教师眼里出天才。如果每个教师都能时时用欣赏的眼光、发展的眼光、多元的眼光去看待每一个学生，去发现每一个学生身上的“闪光点”，学生就可以由自信走向自强。

“我会变成让您最自豪的一个。”——学生梁湘婷

田老师：您好！我或许是一个普通再普通的女孩子，我与大家都生活在一个班集体中。但是不管我有多么普通，我依然有一个大毛病——数学课上不敢发言。我总怕说错，被大家笑话。可是，在那一天的数学课上您改变了我。

那天和平时一样，在数学课上，您提了一个非常有趣的问题，我和平时一样一言不发。此时，田老师您那特有的眼神，愉快地对着我笑。这笑是浸润着人文底蕴和饱含师情的微笑，给我带来了莫大的鼓励与自信，我有点儿坐不住了，终于举起手来。您叫了我，我顺利地回答了问题。这时我不再害怕，不再胆小。

从那天以后，我每节数学课都发言，越来越大胆，越来越开朗了。

啊！田老师请以后多给我机会，我会变成让您最自豪的一个。

是的，老师的笑，老师期待的眼神，会给学生留下难忘的回忆，可能对学生一生都很重要！也许就是这一笑，会笑出一个中国的牛顿，会笑出一批中国的爱迪生…… 笑吧，笑吧……

要善于从手中生“情”

作为教师，如果我们在懂得爱护学生的同时，经常举起自己那充满爱意的教师之手，在孩子们的头上、肩上去抚摸一下，多在他们面前竖起大拇指，孩子们会感到：这是老师在喜欢我，我要好好学习，不辜负老师对我的期望。

"大拇指"的威力——学生王泽宇

要说起我的数学田老师啊，那可是说上三天三夜也说不完那！田老师的教学方法与众不同！上课说话幽默，每天还"打包"送我们一句鼓励的话语，给予我们学好数学的信心，更有意思的是，哪个同学进步了，她要竖起的大拇指鼓劲，哪个同学的书写漂亮，她要竖起的大拇指表扬，哪个同学积极举手发言了，她要竖起的大拇指称赞，"大拇指"给予我们学好数学的动力。

铃铃…铃声响起，田老师站在了教室的前面，双手高高竖起大拇指，高兴地说："当天事，当天毕"，给与全班同学奖励——"今天没有作业"。哈哈我们和往常一样，叽叽喳喳像四十多只小鸟快乐的说笑："老师您真特别！我想抱抱您，亲亲您……"

话又说回来，别看没有作业，我的学习成绩还是很不错的。这就要感谢我的田老师了。因为她的特别，也就塑造了我的特别。

对待每一个同学都像慈母一样——学生卫宇州

田老师教我们数学，对待每一个同学都像慈母一样。

一次我考试得了 60 分，老师没有批评挖苦我，而是拉着我的手说："你的数学成绩不高，是因为计算不过关，别灰心，老师相信通过你的努力你会考出好成绩的。"老师拉着我的手，我感到非常亲切，我感到像妈妈一样的爱我。老师并没有因为我的数学成绩差放弃我，而是在鼓励我、帮助我。

老师的亲切鼓励，我时时记着。因此我不断努力学习，回报老师的良苦用心。真是功夫不负有心人，通过我的努力，我的学习成绩真的向老师说的那样进步了！在学校的数学思维能力比赛中，我还获得了全班第一的好成绩。

我想对田老师说："谢谢您田老师，我没有辜负您的期望。

"老师拥抱了我，我感到好幸福"——学生王信睿

回到家里，一连几天眉飞色舞，走路也连蹦带跳。父亲问我为何这样高兴，我笑而不语。"你是得奖了吗？我摇摇头。"你是考了高分吗？我仍摇摇头。父亲用不解的眼光看着我，我示意要父亲蹲下来，父亲蹲下来后，我用嘴贴着父亲的耳朵悄悄地说："前几天，田老师在楼道里朝着我微笑，并用手摸着我的头说，你的作业全对，最后还拥抱了我。我感到好幸福！"

我现在可以独立完成作业啦！我有自信啦！

这些体态语言的激励，给他们送去的将是何等珍贵的快乐体验。我的一个细小的动作，竟在学生身上产生了如此神奇的力量。这是爱心之举，举之常在。

要善于从笔下生"情"

我在改作业、阅试卷时，都能用那支别人无法替代的含情之笔，用那温

馨而又富有人情味的心语，给自己的学生写上鼓励，献上建议，给他们这种润物无声的莫大期待。

“不灰心，在努力。”——学生王宝琪

我们的数学老师是田老师，她虽然很普通，但是正是她给予了我鼓励。

有一次口算测试，我失手了，只得了85分。然而，我往上面一看，一行鲜红的字体摆在我的眼前：不灰心，再努力。于是我便知道了老师写的那六个字的用心。正是老师对我的鼓励和安慰，仅仅一句话，一句很普通的话，便在我和田老师的心灵之间，搭建了一座坚固的桥。

田老师在数学课上一贯坚持只有先学会方法，才能会做同样的题。也正是田老师的一成不变，才能使我们学会运用知识，掌握更多的知识和能力。

啊，田老师，您不只是一位老师，更是一位我心中伟大的教育家。

我的变化与老师的评价分不开——学生肖楚玥

田老师是我们的数学老师，她的讲课方法与我们以前的老师有所不同，但是非常有趣。

田老师每天作业留的很少，而且很少留笔头作业，留的都是阅读和能力训练作业。每天回家，我都会做第二天的预习，在这方面，我养成了自主预习的习惯。

田老师还有一个特点，每天都会送给我们一句话，让我们写在收获本上。记得有一次，妈妈无意间翻看了我的数学收获本，发现每个日期下方都有一句话，于是问我：“这些都是自己说的话吗？”我摇摇头。“这是老师每天送给我们的一句话。”我告诉妈妈。妈妈说“这种教学方法我还是头一次见呢，这些话寄托了老师对你们的殷切期望。”我点点头。田老师每天送我们一句话是希望我们成长的更健康。

和许多同学一样，每当老师表扬我，我的内心就跟吃了蜜一样甜，干劲也越来越足了。

自从田老师教我们班，我的数学有了许多进步，妈妈也夸我更加自觉了。我想：这些变化和老师的教导是分不开的。谢谢您，田老师！

神奇小评语和超能力的一句话——学生王文婕

数学课每天都有一句“神奇”的评语和“超能”的一句话，为什么这么说呢？我想你们肯定挺想知道吧！

为什么说小评语这么神奇呢？因为老师每次批改作业后总会写一句评语。

记得有一次，我收获本上错了一道题，我的心情一落千丈，像掉到了冰水里，很不高兴。可田老师却在后面写了两个字，这两个字就是：漂亮。我心想：“明明错了一道题啊，怎么会给漂亮呢？是不是田老师在鼓励我？下回我一定要在口算测验中拿100分!”然后，我就拼命的在家读口算，写口算。几次小测验后，我考试拿到了100分。看，田老师这句话是不是很神奇啊?

为什么说这一句话是超能力的呢?因为，我的成绩不太好，可有一次，田老师写了一句话：“方法+习作=聪明”使我开了窍，让我明白了方法、多练习就聪明了。知道了这个方法我就努力的练习。功夫不负有心人，我真的成功了。所以我说她的评语具有超能力。

神奇小评语啊，超能力的话啊！是你帮助了我，取得了好成绩，让我们所有的人都变成最聪明的孩子。让我们一起来努力吧，加油！加油!

“神奇小评语和超能力的一句话”……，让我永久回忆；“我变成让您最自豪的一个。”……，让我喜不自禁。我给予学生的太少太少，学生给与我的是太多太多……。我幸福着“感人心者”；快乐着“莫先于情”；我从“田老师的笑，像一束阳光”那里获得了世界上独一无二的万般幸福。

“感人心者，莫先于情。”——献给我最真、最纯的孩子们!

得教育忠诚者走天下

——读《教育·三十七度二》引发的思考

《教育·三十七度二》一书，让我走进朱良才老师。暑期的心灵的对话让我们彼此感受着忠诚，释读着忠诚，体悟着忠诚，践行着忠诚。我们不仅是同仁，更是朋友。

坚守自己生命的航船

“忠诚是一种职业的忠诚，是承担某一责任或者从事某一职业所表现出来的敬业精神。”作为一个教师，我们的忠诚则体现在忠诚于自己的教育事业，与教师、与学生同舟共济，携赴艰难，荣辱与共，坚守自己生命的航船。

有着30多年教学实践的我，执意探索课堂教学的奥秘，唯恐给老师、学生留下太多的遗憾，所以，我一直刻意严格要求着自己，坚守着教师的使命。多少次挑灯夜战潜心教学；多少次废寝忘食指导教师；多少次放弃休息为生所求……中午不休息，十二三个小时的工作量，我真的很累，累的心慌，累的想趴下……但一想到学生那期待的眼神，教师那寻觅的目光，支持帮助我的那些人的希望，我就有了一次次再站立起来的勇气，因为我有着一种对职业的忠诚。

课堂教学的千法万策，是结合教师、学生的实际与教学具体内容的整合，促进每一个学生在原有基础上的发展。当今课堂教学改革的真正目的就在于直抵课堂教学的关键点，力求解决制约课堂走向高效与成功的瓶颈问题。我们要在更多的回顾中沉思，以不断捕捉灵感的火花，重新燃起思维的火焰，从而在自我的不断否定中让课堂教学获得新生。

我不会高唱“赞歌”，我不会左右忽悠，我更不会不择手段。因为教学质量，需要干部示范教练，需要老师真想实干，需要学生作出切实地努力。实事求是才是忠诚敬业的底线！

工作的艰苦实践，我有过对搞“假”的疲惫，我有过对说“大”的厌倦，我有过对实“空”的烦心。因此，教学的实践与研究，也就并非总是那么顺心顺意。孤独的日子，苦闷的时刻，徘徊的瞬间……比比皆是。但我永远牢记的是：忠诚不以他人行为为转移，因为这是自己的品质。只有脚踏实地，锐意突破，才能实现真效，达到高效。

我与我的老师们走在课堂教学改革的路上，寻找课堂教学的策略。当我、你、他、我们大家的教学策略归放在一起后，我竟然发现许多同仁挚友、许多教师朋友都有“山穷水复疑无路，柳暗花明又一村”的感觉，我们相互间便生一种永远的牵挂、一种永远的安慰，更生一种永远的理解、一种永远的互助，一种永远的忠诚。

“田校长，您对我有知遇之恩，您不仅懂我，而且帮我，我感激您，您的学识和干劲我佩服，希望您好人一生平安。”——四季青中心小学曾会萍

“田校长，您是近50岁的老教师了，在教育教学路上大约摸爬滚打有30年吧，我们接触才两年多一点，我看到的是您在用心、用力、用情在工作。有一次，学校组织教师外出，您一个人拎着大大小小几个包，其中有一个是笔记本电脑，多沉呀，俗话说千里不捎书，您50多岁的人背过来弄回去，只为工作起来方便。

今年我教六（1）语文，您教六（2）数学，俩班一墙之隔，您给个别生辅导到七、八点钟是常有的事儿，外出开会办事落下的课都要靠自己抽时间一股脑儿的补回来，早饭顾不得吃，午饭扒拉几口，晚上时间也搭在课堂，帮完张三补李四，经常是饿极了，到我们办公室找个剩水果吃粒花生米……”——首师大附小郭丽萍

忠诚给我、你、他、我们大家带来执着的信念、拼搏的精神、持之以恒的动力……忠诚是凝聚我们生命激情的一种黏合剂，它让我、我们强大而且坚强，正是。在忠诚面前，所有的困难、挫折、造谣中伤、无中生有……都

将成为一种挑战的快感，得到的也正是站立起来的信心和力量，激发我、我们的老师再一次一次地出现。

拥有忠诚，举拳立誓：我志愿以纯洁与神圣的精神，坚守自己的生命航船。

良心是教师职业的根本

教师良心是教师职业道德的根本，又是教师人格的前提保证。教育，不仅仅是一种谋生的职业，更是一项实现自我价值的终身事业。教师的职业良心就是教育良心。在北京市海淀区工作30多年，正是教育这个良心使我不断抚慰自己，对自己的职业生活作出公正的评判；使我能够做到遇到较大的委屈时，仍然能够按照职业良心的指示行事，做到事业为重。

从永丰到中关村，从四季青到五一。我无愧我所从事的一切工作！

特别是近3年，600多节走进四季青教师的课堂教学，使我看到了他们每个人的长处，让我学习；使我了解到了他们每个人的不足，让我思考。我们举行了"学科教学研讨"、开展了"同课异构"进行了"同伴互助、教学开放——说课、上课、录像课、教学反思"的活动。海淀区学科带头人教师由2名发展到18名。27人在市、区上示范课和研究课；较好地完成了省际间教学交流活动58次，观摩课86节，有10名教师获2008年北京市海淀区评优课一等奖，黄燕舞老师代表海淀区参加了北京师基本功大赛；我给老师写课达30余万字。《享受教学的幸福》、《四季田藜数学教学》，将我教学中的点滴收获真实地记录下来，虽然稚嫩，却是我的真情实感。

2008年学校接受了海淀区督导室的第二次较全面、较深入的复督。学校被海淀区教委评为素质教育优质校。同期还接受了北师大学校文化的评估，评估组的专家对学校文化特别是学校的课堂教学文化给予了高度的评价，对学校课堂观察的细表及教师们的实际操作点评给予高度的肯定。为更名"首师大附小"起到了客观上的促进作用。

2008年的9月1日，我带着区考评的压力，带着美好教学憧憬，勇敢地走进了四年级期末数学考试35人竟有21人不及格的五（2）班，全班学生的数学平均分是60.5分，与学校最好的班级平均分相差20多分。为了改变班级的状况，课上我像慈母般循循善诱；课下我像朋友做心与心的沟通了解，为全班制定补缺、补漏的学习计划，并进行分层分类的有针对性地适时指导，当天的作业当天完，当天的问题当天解决；我像伙伴一同开展计算、解决实际问题、动手实践操作等各种有益的学生所喜欢的学习竞赛活动，以此来帮助学生纠正各种各样的不良学习习惯及行为习惯。久而久之，这些天真活泼的学生体会了我的良苦用心，学生不遵守纪律的现象减少了，主动学习的人增多了，学风、班风也慢慢的好转了，学生的自信心提高了，在第一学期的期末数学考试中全班仅剩一人待达标且数学成绩为56分。第二学期的期末数学考试全班均能达标。五年级监测也取得了较好的成绩。学生们看到自己的进步，笑了、乐了。我的《爱如茉莉》也成了我与学生朝夕相处的记忆——那学习生活细微之处的靓；那平平淡淡却令人回味无穷的点；那一切一切无声无痕的彩，没有轰轰烈烈，没有山盟海誓，却芬芳怡人，永驻心底。

2009年2月，为了更好地迎接北京市海淀区的五年级学生学业水平监测，我又投入到五年级的整体的学科教学准备工作。从五年级教师的备课到上课以及课后的完善总结，可谓是"同甘共苦"。操场上常有我和学生跑步活动的身影，教室里常有我与年级最需要教师帮助的学生的交心场面，学知楼的一层阶梯教室里常有我与全年级学生同心进取的互动情景，五年级的办公室里常有我与老师们研究、讨论到晚上七八点钟的场景……每一个班的状况我了解，每一个班的进步我清楚，每一个学困生的点滴变化我知道，我放弃了周六、周日的休息与任课教师一起为需要补课的学生补课，帮助那些无能力辅导学生的家长排忧解难。工作中的艰辛使我哭过，工作中的幸福让我笑过。因为，我知道每一个学生都是我心中的一朵灿烂的花——正常的学生、自闭症的学生还有那智障的学生。我们齐心协力较好地完成了5月12~14日海淀区五年级学生学业水平的测试。我的《让我们在快乐中启程》的汇编，记录下五年级全体老师们的点点滴滴，记满了老师们（包括他们背后的亲人）为学校所做的一切。

2009年6月，我与三年级的数学老师们，潜心涵泳般地走进了数学练习课。练习课到底怎样上？拿出一节解剖分析，继而实践。我与老师们一起研究了《周长》、《面积》、《点、线、角》、《加、减应用题》、《乘、除应用题》、《小数的意义及简单运算》、《分数的意义及比大小》、《统计》、《可能性》、《图形与变换》、《图形与位置》涉及到数与代数、空间与图形、统计与概率、解决实际问题四个数学领域共10节练习课，构建了呈现知识要点——辨析知识难点——拓展知识用点的练习课上课结构。进行了集体备课与个人备课相结合——一人施教，集体共听——课后评教——各人再教的备课方式。特别是在练习的"质"和"量"上收到了良好的教学效果。老师们从一开始练习课上得"四不像"到"三点呈现"有章有法。从低头听记到抬头讨论，直至昂首挺胸充满自信——我的《练习课怎样上?》的教研足迹，给四季青中心小学的数学教师们带来了思考。在北京市三年级数学检测中学校平均成绩超过海淀区、超过北京市。

"挑灯夜学"是数学工作室老师们集体学习的一个特点。他们来自不同的学校，只能是在下班时间集中学习，我们固定为双周五下午4点，这一学就是晚上七八点。

灯光下，我们共读了肖川的《教育的使命与责任》、《教育的理想与信念》，我们讨论着"学困生，困在哪?"、"数学阅读，读什么?"、"读懂教材，读懂学生，读懂自己，怎样读?"的工作中存在着的最为普遍的问题，老师们的讨论热烈，一篇篇发自心底的不同声音——《了解学生知多少?》、《小城变了!》、《数学书在说……》……一片片思想碰撞后的收获——《数学就是这个味》、《喜欢我们没道理》、《爱的香气》……500余篇发于四季田藜博客，与老师们共同分享。

教师的成长不能以牺牲学生的学习时间作代价。是工作室老师们集体备课效度的一个特点。学习让人感动，教研更让人感动。小组教师教着不同的年级，大家献计献策，不怕困难，打电话，发短信，上网，都成了备课的主要方式。功在课前，立在课上，是工作室老师教学行为的准则。教师需要成长，但教师的成长不能以牺牲学生的学习时间作代价，一次次试讲，教师可以获得磨课后的快乐，学生呢？因此，我们每一次备课，都"精雕细刻"，不以反复试讲为手段，老师们为此却付出了代价——星期六、日去图书馆，晚上上网查资料，力求上一课就让学生从中受益多多，获取40分钟最大限度的发展。刘方、孙锡霞老师参加全国课堂教学创新杯艺术大赛分获一、二等奖，吕玉娟、刘雅美、黄燕舞、海洋、杨云霞获海淀区评优课一等奖，刘静、张立、张乐、乔咏梅、王小宁、吕玉娟、刘雅美、黄燕舞、海洋、杨云霞分别在四王府小学、第四实验小学以及海淀区上了示范课和研究课，受到了教师们的好评。

老师们坚持教学反思并能在博客上发表自己的反思，真正达到思想的碰撞，激荡出工作的智慧。两年来，老师们共计发布博文719篇，老师们沉浸在思考的幸福之中，共享着智慧的沐浴。

我没有以"权"获"利"的条件，但我有踏踏实实研究课堂的领域；我没有用"利"攀登"官峰"的台阶，但我有《田立莉与小学数学差异教学》的策略；我没有"闪光"、"靓境"的舞台，但我有独一无二给我带无限快乐的讲台。

我来到这世间，回首过去聊感自慰，我已经有了属于自己亲身实践中留下的那一点点儿东西——忠诚于教学。

拥有忠诚，举拳立誓：我志愿以纯洁与神圣的精神，终身执教。

毕生之求做好老师

人生像拿牌，发牌的是上帝，不管发给你怎样的牌你都必须拿着，你能做的就是尽你的全力，求得最好的结果。

做老师的确是不容易，也不轻松，工作的实践让我尝到了酸甜苦辣各种滋味。老师是一份特殊的工作，没有财源滚滚，没有名声显赫，不会有立竿见影的效果，也不会有一夜成名的奇迹，当你终于“桃李满天下”的时候，往往已是白发苍苍。所以许多做了老师的人都会得出这样一个结论：这是一份“良心活儿”。望着老前辈们几十年如一日辛勤耕耘的身影，我深感自己选择了一条艰难而漫长的道路。

每每望着学生一张张童稚的笑脸，感受着心与心碰撞时的那份快乐，我觉得自己仿佛走进了生命中最灿烂的时刻。光阴似箭，一转眼已是从教的13000多天了，在这些时间里，我教过各个年级，各个层次的学生，看着学生一拨一拨在涓涓细流的浇灌下健康成长，我由衷感受到为人师表的幸福，感受到真诚无价的甜蜜，我高兴自己选择了一条开心而幸福的施爱道路。

爱是一个永恒的话题，教师对学生的爱更是一种把全部心灵和才智献给学生的真诚。这种爱是无私的，它要毫无保留地献给所有学生；这种爱是深沉的，它蕴涵在为所有学生所做的每一件事当中；这种爱是神圣的，它能凝成水乳交融的情谊。

“老师，我会努力！”

“老师，我特喜欢数学。”

“老师，您说我棒不棒？”

“老师，让我说。”

“老师，这道题让我给同学讲。”

“老师，长大后我也当老师。”

……

“没有田校长给我补课，我肯定不及格。”

“田校长您好，我知道您很忙，您很累，您天天给我补课，对我的帮助太大了，祝您春节快乐。”

——2010年春节我接到的第一个春节祝福的短信，来自四季青中心小学六（1）班康佳磊同学。

看着学生的肺腑之言，我落泪了；听着学生动情的话语，我的心被震撼了。我深切地感受到，一个老师只要以一颗真诚的爱心对待自己的学生，定会收到意想不到的教育效果。看到一个个阳光、纯净、真诚的学生，我又怎能不眷恋我为之营造的这片"风景"呢?

我对自己说:既然你选择在黑板前的站立,你就选择了忠诚:一种永恒的姿势、一种神圣的使命、一种艰巨的责任、一种默默无闻、光明磊落的情怀。是的,你的一言一行、一举一动,都可能点亮和启迪学生的心灵。你的每一次谈话、每一次游戏、每一次活动,甚至你的每一个眼神、一个动作、一副表情、一种发型、一身穿着、一种嗜好,都会潜移默化的影响着你的学生——拥有忠诚。

我对学生说:你们的心海浩瀚,你们的学海博大精深。请放心,我要一如既往用"心"为舟,运"思"为桨,让你、你们在我、我们共同的引航下执着梦想驶向理想的彼岸。

我对大家说:当老师真好——这是上帝所赐给我们的天地间最真、最纯的事业。是的,珍惜自己拥有的,做好自己的本职工作,并且在最有可能求得的发展方向上做出切实的努力,这才是生活的智慧呀!

我将继续走进学生的情感世界,去了解他们的内心所想,去感受他们的渴望,去懂得他们失败的痛苦和成功的喜悦,去触摸他们的孤独和困惑,还有快乐……

因为,从学生的成长中我获得了乐而忘忧的巨大动力,获得了从心里涌动出的万分愉悦,我收获着学生忠诚中的忠诚。

拥有忠诚,举拳立誓:我志愿以纯洁与神圣的精神,求做好老师——回报所有关注、支持、帮助我的人,并践行在每一天,每一节课,每一分钟。

2011 年 8 月 12 日 12 时 23 分

田立莉的教学互动

得课堂教学研究者乐天下——

走进五一小学，我感触最深的是责任！人人做事负责，人人说话负责。我有了安全感，我有了脚站在大地的稳定感。于是我就有了拿起笔追赶记忆的欲望，零零散散、点点滴滴；有了对教师工作路径谈谈异议的勇敢。也就有了与教师共享，与报刊杂志见面，与名师共研的成就。

用心钻研课堂生活　潜心感受生命律动

——备课、说课、上课、评课、写课

课堂教学不仅是教师和学生共同学习的过程，也是教师和学生共同生活的舞台，更是一个个40分钟链接而成的生命历程——思考生命的真谛、寻找生活的意义、体验生命的情感、感受生命的律动、创造生命的价值和辉煌。

课堂教学的质量与教师、学生的生命质量息息相关。每一堂课的质量，对教师来说，都会直接影响对职业的感受和对"志业"态度；每一堂课的质量，对学生而言，都会直接影响今天的成长和明天的可持续发展；课堂是学生的，也是教师的。

教师是课堂教学的组织者、是课堂教学的参与者、是课堂教学的创新者、是课堂教学的帮助者、是课堂教学的引导者、是课堂教学的促进者、是课堂教学的研究者、是课堂教学的开发者、是课堂教学的决策者。教师对课堂教学的影响力远远超出了人们的想象力。

因此，备课、说课、上课、评课、写课，便是教师职业循环往复的工作路径，也是课堂生活不可复制的必须。

——题记

一段时间以来，我走进了不少的课堂。倾听了不少教师的声音，深入了解了教学管理干部的困惑，带着350天教学工作的感受，我看到了"家里"、"家外"乃至自身也或多或少曾经有过的课堂教学的问题——为什么教学目标没有完成？为什么学生不爱发言？为什么讲完了学生还不会？为什么我的课没有激情？为什么我的语言这样的贫乏？为什么我言失、语塞、词断了呢？为什么上课这么累？……

究其原因，教师"功底储备不足"。该补点什么呢？静下心来细细思考：

阅读。阅读是教师专业发展的终身需要。要阅读"通识知识"、"学科专业知识"、"教育专业知识"。了解与全球化有关的知识，了解心理学知识。要阅读学生，了解当代社会背景下不同年龄阶段的学生心理发展知识，了解每一个学生智力水平、行为习惯、家庭环境、兴趣爱好等。阅读是无限的，需要在有限的时间内去安排无限的阅读，要有层次的阅读，读超越学科的知识，读教师专业发展研究所生产出来的知识。没有阅读，就没有教师专业的发展，没有阅读，教师就要走进职业倦怠，职业痛苦的境地。

表达。表达是教师的最基本素质。就专业社群而言，没有一个比教师专业社群更需要表达能力的了，因为在课堂上教师每天都在进行着各种形式的表达。表达就是沟通，表达就是思想的传递，表达就是心灵的对话，表达进行在教师的相互说课、评课、讲课的过程中。表达是专业的、学术的；表达是多样的，丰富多彩的，它也是自由的。我们必须意识到，教师专业发展的专业学术表达不是作报告，而是一种实践、理论、学术积累之后的自然交流。教师专业发展的过程也是专业表达能力不断提升的过程。

反思。解决教学问题。问题是思考的起点，如果把"？"倒置，他就像一个钩，能钩起教师的思考兴趣。教学是一个动态的复杂的过程，其中充斥着许许多多、各种各样的教学问题。特别在新课程教学中，不同观念的摩擦与碰撞，会更多的产生一些新的教学问题，有些让教师困惑，有些让教师为难，有些让教师迷失……这些难题，给了教师在实践中不断尝试、体验、思考、感悟和升华的研究课题，也给了教师施展个人才华和个人风采的舞台空间。

反思，提升教学的智慧。智慧，一个闪动着思想光芒与生命灵动的词语，是无限创造与力量的象征。教学智慧是教师对教学问题不断思考和深入研究的结果。智慧的教师有灵性和悟性，对教学问题的捕捉具有敏锐的洞察力，对教学的领悟具有透彻的分析力，对教学的问题的把握具有适度的平衡力。

我思考着教师阅读的重要，我思考着教师表达的重要，我思考着教师反思的重要，我思考着来自更多、更多方面的重要，我思考着将她们诠释到教师职业循环往复的备课、说课、上课、评课、写课中会更加的重要——我认为：没有教师生命质量的提升，就很难有高的教育质量；没有教师的主动发展，就很难有学生的主动发展；没有教师的教育创造，就很难有学生的创造精神；没有教师的"加负"，就很难有学生的减负。

备课，备出“舞台”、备出“桥”

——关注学生，首先要研究教师

备课，备出“舞台”

每一个学生都想上去的舞台，每一个学生都能上去的舞台，每一个学生都有表现自己的舞台。

学生原有的知识基础为“舞台”固着点（起点）。这里的“学生”不是宽泛概念上的学生，而是具体的一个班的学生。每一个学生又是一个个鲜活的个体，有着其特殊的年龄特征和心理需求。教学群体的确定性，教学个体的独特性，都决定着教师在备课中必须要处处为学生着想。了解学生已有的知识基础；了解学生生活常识；了解学生的学习兴趣，学习习惯，学习态度和个性特点，其中最重要的是了解学生原有的知识基础。为了说明了解知识基础的重要性，我特别引用了美国著名心理学家奥苏伯尔在《教育心理学》第一页上的一段话：“如果我不得不将教育心理学，还原为一条原理的话，我将会说，影响学习最重要的因素是学生已经知道了什么，根据学生已有的知识状况进行教学”。因此，只有把学生的一切，了然于胸，教学活动才开展得有意义。否则，是教师自说自话的表演，是脱离学生生活基础的枯燥乏味的过程，是对教师和学生个体生命的消磨。精心的了解学生，有助于教学目标的准确制定，有助于教学情境的创设，有助于教学素材的选择，有助于教学活动的设计。

学生知识的汲取、学习的收获，能力的提高，是“舞台”上升的支点。“舞台”由低到高，教师应从学生的兴趣点出发，从学生的原生态生活出发，从学生的元认知出发，从学生的问题出发……精心设计学生喜欢的教学活动。通过自主、探究、合作的学习方式，使每一个学生收获知识，获得思想，得到不同的发展。

学生的学习热情，学生积极主动地全员参与，教师与学生水乳交融的状态，是“舞台”旋转的面。“舞台”由小到大，在这个舞台上，教师是学生学习上的“良师益友”。学生对教材知识会有哪些个性化的理解，学生会有几种不同的表达方式，不同的解题思路，不同的解答结果，教师要先清楚。对有独到见解的学生要大力表扬，对思考不完善的内容要加以补充，对那些不合常理的奇思异想要给以呵护，教师要充分的准备好。让学生敢于在这个“舞台”上大声说话，敢于发表自己的意见，敢于向教师提出不同的想法，教师怎样做学生才会这样做？要充分的预设。学生的个性得以表现，学生创新的火花才能迸发出来——教学的实践已让我们悟道。

师生在这个大“舞台”上同歌共舞，要策划、要编排、有时还要踩台。

教师行为（导入、问题、强化、指导、总结）；

学生行为（独立思考、对话交流、学生互动、小组合作）；

活动方式（演示、游戏、故事、试验、实验、活动）；

教学策略（任务驱动、随机进入、问题切入、最近发展区、创新）；

辅助手段（教具、学具、多媒体）；

时间分配（留有10分钟的课堂检测）；

让“舞台”充满欢声笑语，让“舞台”绚丽多彩，让“舞台”硕果累累。

备课，备出“桥”

“桥”是知识的链接和延伸。

“教师知识结构与教学内容的基本载体”的链接。备课时问问自己：

“我的知识储备好了吗？”教师的知识结构包括普通文化知识、任教学科知识和教育科学知识。普通文化知识是由教师工作的人文性特点所决定的，因为学生是有待于进一步发展中的人，教师在其发展中发挥着至关重要的作用，教师在向学生传授一定知识的同时，其自身也是一个丰富的影响源。教师必须具备深厚的文化积淀，才能在传授知识的同时满足学生多方面的发展需要，帮助学生了解丰富多彩的客观世界。

教师要成功地完成教学任务，首先要精通所教学科的知识，对自己所教学科的全部内容有深入透彻的了解。只有“资之深”，才能“取之左右逢其源”。教育学科知识是教师实现教学目标的充分条件。教学活动是一种培养人的专门职业，尽通晓一门学科，并非必然就能成为该学科的好教师。一个教师要成功地扮演好自己的角色，在所教学科知识的基础上，必须具备一定的教育学科知识，以教育理论知识指导自己的教学实践。“不积跬步，无以至千里，不积小流，无以成江海”。从现在的教学实际做起。“学然后知不足，教然后知困”。从每一次备课做起，围绕教学内容，整合自己的知识储备，从自己具备深厚的学科知识体系中提炼出与教学内容相关的知识点，而这些学科知识又必须是广博的普通文化知识为背景。从而予以学科知识的生命活力，真正实现以学科为核心，文化知识为底蕴，教育知识为轨道的良好的知识结构。

“我的教学技能准备好了吗？”——动力技能、讲授及交流技能、提问技能、小组个人辅导技能、培养学生思考的技能、评估技能、课堂管理技能、维持纪律的技能。

“我有激情吗？”——真正的教育意味着：一棵树摇动另一棵树，一朵云推动另一朵云，一个灵魂唤醒另一个灵魂。成功教育的前提是教师，教师的灵魂深处是智慧、是信仰、是美、是公正、是自由、是希望……在备课过程中，教师应审视自己，我的感情丰富吗？我的态度积极吗？我的价值观正确吗？

只有以爱的眼光来看待自己的职业，才能发现其内在的魅力，没有激情的人，不会幸福；没有激情的教师，会变得充满匠气。只有怀着不泯的激情，坚守着最初的信念，保持着青春的冲动，才能以新的姿态迎接每一天，创造每一个全新的40分钟。

学会蹲下，用和学生一样清澈透明的目光与他们同欢乐，共悲伤。做他们的朋友，像保护自己的眼睛一样去珍视，呵护他们的心灵，宽容与等待，信赖与关怀，同样诉说着不变的内涵——爱。我们应该保持一颗敏感而多情的心，去感受生活中一切美好的东西。我们要感受大自然的美好，感受山水的灵性，感悟四季的色彩，体验变幻的奇妙；我们要感受人间的温情，家人的挚爱，朋友的真诚，还有素不相识的人邂逅相遇的那一份机缘。

只要充满一腔激情，便会在教学中情不自禁的流露出来，使课堂温情萦绕，使学生产生积极的情绪体验，具有积极的情绪感受。教师首先要有丰富的情感，拥有对知识的渴求，对真理的执著，对人类道德的崇尚，对美的由衷赞叹。在课堂上将这些丰富的情感融入言传身教之中，用自己的满腔热情去感染学生，用殷切、和蔼的表情、真挚、温和的语调去诱发学生，促使学生产生积极的情绪，使他们学会热爱生活，乐于学习。

学生知识的链接，即“已知与新知”的链接。这里的知识源于教材，又高出教材，有时还要超越教材。教材是构成教学活动的重要因素，是教学内容的基本载体，是师生教学的共同依据。任何一种教参的版本，都代替不了教师自己的钻研教材，创造性地使用教材、超越教材。

教师必须不断钻研，把握教材内在的系统性，遵循教材的逻辑性，保证教学内容的科学性，在钻研教材内容的同时，开发教材中蕴含的丰富的教育资源，扩展教学内容，准确地找到已有知识与新知识间的对应点，将这个“点”具体到每一个知识点、每一个技能点上。巧妙的帮助学生铸一把钥匙，每一把钥匙都要适应学生的差异，你有多少个学生就要准备多少把钥匙，而对每一位学生又要准备若干把小钥匙，以此来打开学生的知识之门，帮助学生树立元认知“自我”意识。我们都在说要确保学生的主体地位，构建自我发展主体。但从哪儿着手来确保和构建？我以为，这里的关键在于培养学生的元认知“自我”意识。从心理学的角度来认识，学生在学习生活中，有两个“自我”，一个“自我”在具体地进行着认知，另一个“自我”在认识自己的认知活动，监控和调节着自己的认知过程，检验着自己的认知结果，这一“自我”叫做元认知。可以说，凡是树立了元认知“自我”意识的，或者说能够做到两个“自我”协同活动的，就确立了自己的主体地位。

培养学生善于跳出认知困境的能力。学生在学习过程中，常常出现困难，处于困境。这时候，教师该怎么办？那就是引导学生跳出来，从原来的思路中跳出来，从某种思维定势中跳出来，去寻求新的思路和方法。要引导学生用元认知调节自己的认知过程。

“不识庐山真面目，只缘身在此山中”，唯一的办法只有“跳出庐山看庐山”。使教学成为生动的超越文本的生成性建构活动。

知识与技能——教学什么；过程与方法——怎样教学的；情感态度价值观——教学的最终归宿：“三维一体”。

“桥”也是知识，是隐藏在知识内的知识，是教材文本没有呈现出来的知识，是教师整合、改编、挖掘、创造出来的知识。（备课的难点）

课堂改革是教材呈现“一标多本”的格局，由于不同的编写者对课程标准的理解的差异，导致了不同版本的教材对同一内容的选择产生差异。要解决这个问题，教师就要有挑战权威的勇气，应力求做到“钻进”教材，又能“跳出”教材，既能深刻领会教材的编写意图，正确发挥教材的正象功能，又能根据实际情况变通教材，整合教材，拓展教材，更好的体现教材的“例子”和“线索”的作用。

如果说教材编写者是在编写教材过程中进行改革，那么教师则是在实施教材的过程中进行改革，教师一方面要感受新教材选择素材的独特视角，尽可能的发挥这些素材的教育教学功能，吸引学生参与学习过程，另一方面应认识到，不同学生所处的文化环境，家庭背景，以及思维方式存在差异，而同一个知识对象常常又可以采用不同的载体予于呈现，这就是同一个教材不可能同时适合不同地域儿童的现实。我的做法是：

1. 单元式备课，整合教学内容

如：《代数初步知识》的单元设计。

用字母表示数（字母表示数、字母表示数量关系、字母表示运算规律）；

方程（方程、方程的解、解方程）；

列方程解应用题（常见数量关系应用题、典型应用题、正反比例应用题）。

2. 联系学生生活的实际，改编例题

如：《连加》

小操场只能容纳 300 人参加活动，安排哪 3 个游艺项目呢？

游戏名称	钓鱼	拍球	套圈	踢毽	跳绳
人数	88	98	109	102	108

3. 根据学生已有知识和经验改变教学内容的顺序

如：先教学小数加减法，再教学小数的意义、性质、及比较小数的大小。

4. 看科普读物，拓展教学内容

在教学折线统计图时，教师从科普读物中找到了活动在深水中的鲸和鳞虾数据统计，作为教学的内容。学生不仅掌握了所学的知识，而且能从数据的背后解读科学的奥秘。如折线统计图：

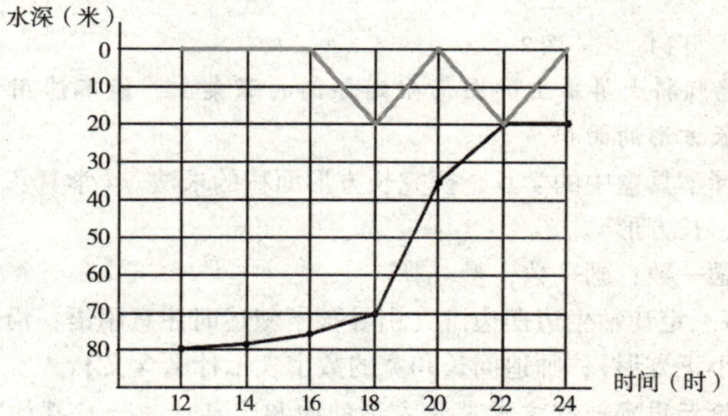

鳞虾 / 鲸鱼活动情况对比统计图

教师应根据学生的知识实际和常识的经验，创造性地运用教材。要融入自己的科学精神和智慧，对教材知识进行教学重组和整合，选取更好的内容对教材深加工，设计出活生生的、丰富多彩的课来，才有 1 +1 >2。

案例实践证明，这样做不仅有效地将教材的知识激活，也赢得了学生的喜欢。

5. 运用数学思想方法

（1）展现学生的“原生态”——《长方形的面积》

A 师：这几组图形的变化，你看到了什么？

课件出示：

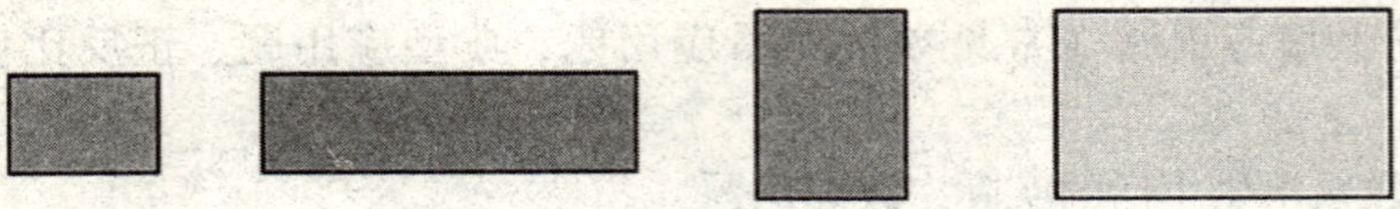

长方形原图　　　　图 1　　　　图 2　　　　图 3

生：图 1 的长增长了，宽没变，面积变大了；图 2 的宽增长了，长不变时，面积也变大了；图 3 长和宽都增长了，面积也增大了。

师：你的发现很好，谁能用一句话来表示这个意思？

生：长方形面积的大小与长、宽有关系。

师：你概括的很准确。因此在使用计算机画长方形时只要调节长和宽的长度就可以任意改变它的大小。

B 师：既然长和宽都决定着长方形面积的大小，这两个图形的面积哪个大？大多少？

出示：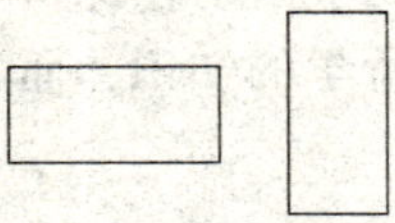

图 1　　图 2

C 师：老师将大屏幕上的图形搬到你们的课桌上，能不能用你们的方法求出这两个长方形的面积？

任意选择学具盒中的学具，探究长方形面积的求法。（学具：表格、小正方形、尺子、长方形）。

汇报：摆一数；画一数；量一算。

【此环节一定让学生边摆边讲（引导孩子叙述时注意用语：沿着长方形的长摆了几个小正方形）；师追问长和宽的数字表示什么含义】

师：不论采用哪一种方式求长方形的面积，都认为一行摆的方格数与长有关系？为什么？

生：因为一行摆了 6 个小正方形，一个小正方形的边长是 1 厘米，6 个加起来就是 6 厘米，正好与长相等。

师：那宽和一列又有什么关系呢？

生：同样的道理，一列能摆 4 个小正方形，一个小正方形的边长是 1 厘米，4 个加起来就是 4 厘米。如果横着看，就是能摆 4 行。

师：为什么是长 × 宽呢？长 + 宽行不行？长 × 宽实际指什么？

生：因为一行摆 6 个小正方形，摆 4 行，实际就是求一共能摆下多少个小正方形，可以理解成求 4 个 6 是多少。数学中求几个几是多少就可以用乘法。

D师：是不是所有的长方形都可以用长×宽来计算面积呢？请你再次试一试。

学生验证

师总结：同学们，看你们多了不起啊，能用这么多种方法推导出长方形的面积公式，书上也不过只给出了这个结论，而你们能展示这么多种的方法，我觉得你们比编者还厉害！

（2）渗透解题策略

数学思想方法应该说是数学的灵魂，是解决数学例题的最基本功夫。

数学是思维的体现，小学数学教学应当很好的体现数学思维，应当立足于对学生在数学学习过程中真实思维活动的深入理解。如：《鸡兔同笼》、《分数、百分数、比的应用题》。

多样化的学习活动的设计，应是兼顾不同学生需要的教学过程，教师适应学生是教学过程的核心，无论是教师知识的传授，学生技能的训练，还是师生心灵情感的交流，都应兼顾到不同学生的需要。

分层、分类学习活动设计，可以兼顾到不同学生的学习起点；可以兼顾到不同学生的学习目标；可以兼顾到不同学生实现教学目标的基本思路；可以兼顾到学生参与学习机会的多少。

出示例题：现有鸡兔同笼，

上有12头，

下有32足，

鸡兔各有几只？

你能用什么方法求出鸡有几只，兔有几只？（不会解答的可下位子看同学做）

学习步骤：先学生独立思考，然后2人、4人交流，最后活动反馈——游戏（照顾学困生）——画图（照顾一般的学生）——方程（照顾能力较高的学生）。

又如：

把一块长方形菜地分成大小不同的几部分，其中甲面积占总面积的25%，乙面积占总面积的$\frac{1}{8}$，丙面积是10米^2，并且与乙的面积比是5∶3，求涂色部分面积。

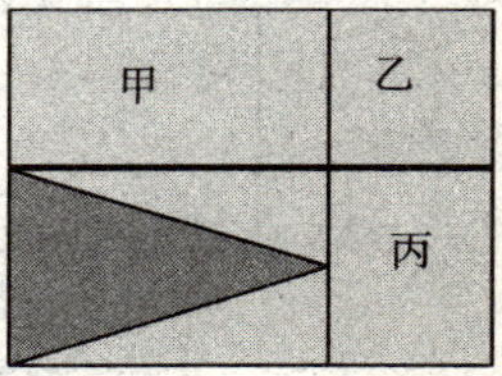

案例实践证明：根据学生不同的知识基础和技能基础，精心设计分层、分类的教学活动，满足了学生需要——给他人提供信息

的说明需要——尽可能地完成作业任务的成就需要；被表扬和赞赏的需要；避免失败的需要；维持个体自尊的需要；与其他学生形成协作和友谊关系的从属需要；对他人进行帮助的需要；从他人处寻求帮助的求助需要。

（3）极限思维

数的认识，整数、自然数、奇数、偶数、循环小数、几何图形中，点、线、直线、射线、平行线、圆面积、教学中的着眼点是可控的。

如：《三角形三边关系》

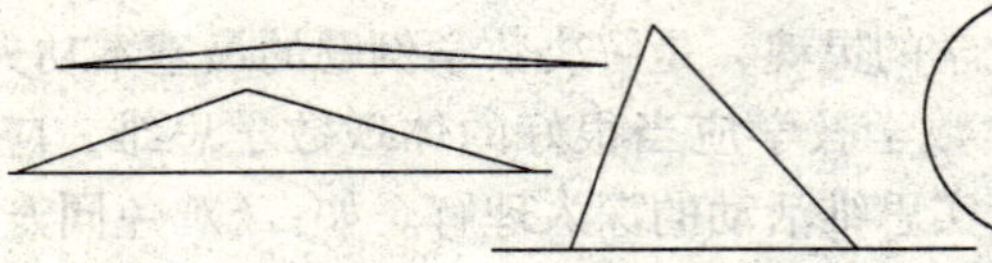

图 1

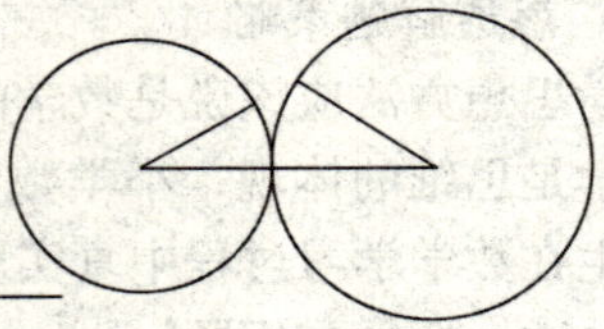

图 2

案例实践证明：采取教师辅导、同伴间的互相帮助，能达到共同提高的目的。多媒体演示的这种学习方式，不仅加大了学生的探索力度、提高了学生思维灵活性，也增加了教学密度，提升了教学效度。

（4）转化思想

数学知识体验，处处蕴含着灵活思辨的转化思想和方法，小数除法计算，除法、分数、比例也同样可进行各种自由转化，这就为学生灵活运用不同的方法去解决各种问题，学生可以在各种异同的不同解答方法的过程中，体会到教学知识和数学思想的和谐统一。

实际上用等号连接的左右两边的事物就是等量或等价意义上的转化形态，教师讲转化，讲联系，应从一年级就开始，在讲授每个知识时，都可以渗透转化思想，这个思想靠学生自己悟是悟不出来的。

在实际的教学中，教师应遵循教材的知识结构和学生的认知结构，揭示教学内容的矛盾，分析矛盾的转化条件，探索转化的规律和方法，在同化认知和顺应认知的同时掌握转化的思维方法。如：《平行四边形的面积》

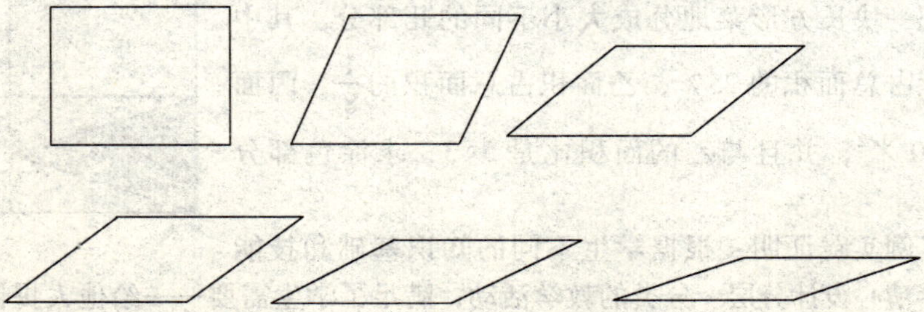

（5）化归思想方法

不是直接解决问题，而是将题进行变换，使之转化为一个或几个已经能够解决的问题，化归方向应该是化隐为显，化难为易，化未知为已知。

（6）数形结合思想

各种线段，图形直观的辅助手段和方法，降低了难度，又可以加深学生对教学知识的理解和把握。

如：《连加》

师：少先队倡议同学们为希望小学捐书，请看下图。

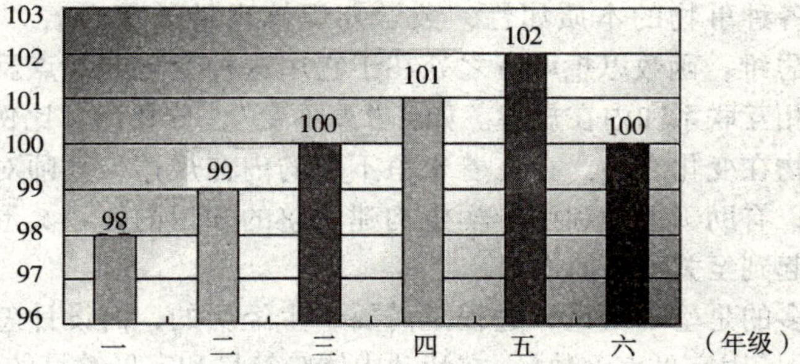

捐书情况（2006年3月）

学生默读统计图。

问题：比一比赛一赛，看谁能在3分钟以内，写出多个连加算式，并算出得数。

学生独立完成。教师巡视记时。

生1：根据数的排列顺序列出了许多算式

98 +99 +100 =　99 +100 +101 =　100 +101 +102 =　101 +102 +100 =

98 +99 +100 +101 =　98 +99 +100 +101 +102 +100 =

生2：计算6个年级总人数　98 +99 +100 +101 +102 +100 =

生3：用凑整百的方法　（98 +102） + （99 +101） +100 +100 =600

生4：用基准数的方法　100 ×6 -2 -1 +0 +1 +2 +0 =600

学生在比赛的情景中非常兴奋，许多同学为同伴们出色的表现与精彩的发言而情不自禁的鼓掌。

进入新课程改革以来，教师们的教育观念、教学方法发生了翻天覆地的变化，但是，在小学数学教学中，老师们对算法多样化的问题还有诸多的困惑，不同的学生由于生活经验、家庭背景、智力水平、思维方式等不相同，所以在教学过程中出现了不同的算法。算法多样化就一定是尊重学生，学生想怎样算就怎样算么？算法多样的同时要不要对算法进行优化？这样的问题曾一度使老师们很迷茫。其实，只要我们认真学习教育理论，结合学生的实际情况，是能够解决这个问题的。学生在解决问题的过程中自主探索；在体验多种算法的基础上选出最佳方法，在比较中悟出方法优化的必要性以及在生活中的实际意义。算法的优化是一个被逐渐领悟的过程，算法多样化有利于发展学生独立思考和创造力。（教学内在的统一）

（7）有序的思维方法

数学是一门逻辑缜密的科学，数学学习过程中处处离不开有序的思想和方法，如：分类、列举、探究、倒推……

（8）函数的思想

变化是各种事物的本质属性，数学知识体现处处蕴含着“变”与“不变”的新的思维，函数思想可贵之处在于它用这种变化的观点反映各种事物数学不同的相互联系和内在规律。如：“高不变”，分数比、比例的性质，无不蕴含着事物在变化之中。存在着永恒不变的内在规律，教师对这些主观思想方法渗透，有助于帮助和引导学生构建完整的知识的体系。形成良好的认知结构，会起到至关重要的作用。

教材更多的是呈现结论，过程是需要学生经历的，而设计怎样的经历是老师的创造。《用字母表示数》：在活动中体验符号和字母符号的作用：

欣赏数青蛙的儿歌：

1 只青蛙 1 张嘴，2 只眼睛 4 条腿；

2 只青蛙 2 张嘴，4 只眼睛 8 条腿；

3 只青蛙 3 张嘴，6 只眼睛 12 条腿；

4 只青蛙 4 张嘴，8 只眼睛 16 条腿；

5 只青蛙 5 张嘴，10 只眼睛 20 条腿；

……

a 只青蛙 a 张嘴，2a 只眼睛 4a 条腿。

你能继续唱下去吗？虽然儿歌唱下去遇到了困难，但是你发现了其中的规律了吗？

青蛙（只）	嘴（张）	眼睛（只）	腿（条）
1	1	2	4
2	2	4	8
3	3	6	12
4	4	8	16
5	5	10	20
…	…	…	…

青蛙（只）	嘴（张）	眼睛（只）	腿（条）
1	1	2×1	4×1
2	2	2×2	4×2
3	3	2×3	4×3
4	4	2×4	4×4
5	5	2×5	4×5
…	…	…	…

小明年龄（岁）	10	11	12	15	20	…	
妈妈年龄（岁）	38	39	40	43	48	…	

（9）充分利用学生的资源

认知状况，正、错现象，常识经验。

如：《折线统计图》

师：将数据制成折线统计图。你又能看出什么？请同学们带着下面的3个问题先独立思考，然后再两人一组小声讨论。

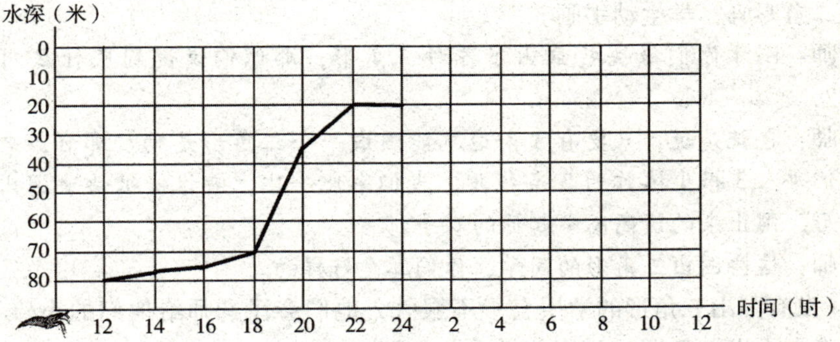

鳞虾活动情况统计图

（注：图中横坐标改为每2小时一标注）

学生填表思考问题：

统计图中每____小时记录一次鳞虾的活动。（设计目的：突出折线统计图中点是统计的依据，及折线统计图的"折"的特点）

生1：我认为每4小时记录一次鳞虾的活动。

学生2：我认为每2小时记录一次鳞虾的活动。

师：现在有两种意见，到底哪个正确？小组内先讨论统一观点，在全班进行辩论。

师：现在意见统一了吗？（学生兴奋地齐答：统一了！）刚才不是还意见有分歧吗？为什么这么快就统一了？说说原因。请一组同学再现刚才的辩论过程。

学生1：刚才我是观察时间的变化（横坐标），从12时～16时间隔4小时，所以认为是每4小时记录观察一次。

学生2：虽然间隔4小时，但它们中间还有一个"点"，说明观察了一次。

学生3：从12时到16时中间还有格。它只是省略了中间的时间。

师：强调点的作用，并以此为依据追问其他"点"的含义。

由于学生的出错，教师及时有效地组织学生进行了讨论、辩论，这样既让学生弄清了该怎么做，为什么，同时学生的思维能力、创新意识、合作能力等都能得到有效的培养。学生讨论的激烈程度，足以说明学生学习激情高涨，同样也使学生感受到了自我成功的体验和走出失败重塑自我的信心和勇气。真正体悟"失败是成功之母"的道理。

（10）让学生产生认知的冲突

同中存异，异中求同。

如：《三角形三边关系》

板书三角形后，师：同学们，关于三角形你都了解什么？你能在纸上画一个三角形吗？学生动手画。

师：刚才你们很快就画出了各种三角形，那你们说说到底什么叫三角形呀？

师：也就是说，只要有3条边就能围成一个三角形是吗？那好，老师就给你们每人3根小棒作为3条线段，我们来比一比，看谁能很快地围出一个三角形，围出来的请高高举起你的双手。

师：这些围出三角形的同学，你们真是好样的。

（没有围出三角形的学生会很不服气，他们会怪老师给他们的小棒不对，根本就围不出三角形）

师：你们为什么没有围出来呀？不是只要3条线段就能围成三角形吗？

（学生纷纷表达自己的看法）

师：老师听明白你们的意思了，看来能否围成一个三角形是和三角形的3条边的长短之间有关系。那到底怎样的3条边就能围成一个三角形，什么样的3条边就围不成三角形，让我们带着这个问题一起来研究。

"桥"是尊重、谅解、关注、和信任。

在数学教学中，针对数学学科的特点，要巧妙地将师生关系的和谐体现在课堂教学过程中。教师教的节奏与学生发展的节律和谐。课堂教学"师"的活动，既要为"生"的活动做好准备，激活学生潜在的学习兴趣，调动学生的学习积极性，又为"生"创设良好的外在环境。

如：《分数再认识》

板书：王芳同学捐了自己零用钱的1/2。赵林同学也捐了自己零用钱的1/2。

生：小组讨论。

师：随着讨论声音的降低，看着你们的表情，我知道大家想发表自己的见解了。

生：知道第一个1/2的整体是王芳捐的全部零用钱。捐了全部零用钱的

1/2；第 2 个 1/2 的整体是赵林的全部零用钱，捐了全部零用钱的 1/2。

师：同学们想不想听我说说，我知道了什么？

生：异口同声——想。

师：根据两个人都捐出自己零用钱的 1/2，他们两个捐的钱数肯定一样多。(引发思考，引起争论)

生甲：反对。

生乙：不一定。

生丙：无法确定。

师：敢于向老师说“不是”，并能高高举起手，表明自己的观点，正是你们自信的表现，这也是你们主动思考的结果。如果总数知道，捐出的钱数会有几种可能呢？

生：3 种。

师：哪 3 种？数学是需要讲理的，举例说明让人心服口服。近距离的两个同学说一说，说清楚了就主动做好。

生：举例。(略)

师：真了不起，不仅知其然，还知其所以然。(让学生在充分举例的基础上进行验证得出正确的结论，是数学的基本方法)

有了教师的平等参与，学生的学习兴趣浓厚，整堂数学课也因为有了师生共同平等的参与而显得更加和谐了。

俗话说：“亲其师，信其道”。实践证明，教学中教师与学生是有情感、有思维的教学统一体，教师与学生心心相印，教师的行动成为学生的楷模，教师的人格魅力成为学生探索追求知识的磁铁，师生关系的和谐极大地提高了数学课堂教学的效率。

《分数应用题》教学片断

校园里种了 2 种树，柳树 48 棵，杨树是柳树的 3 倍，2 种树各占它们总数的百分之几？

出示完例题后，我让学生用自己喜欢的方法解题。我指名让一个中等生到黑板上列式，该生的列式是：$48+48\times3=192$　$48\div192=25\%$　$144\div192=75\%$，在他说完解题思路之后，大部分学生都纷纷举手表示赞成，显然该解法是正确的，我先肯定了他的解法和表现，然后说：“这道题还有更简便的解法，想不想试一试？”边说边用鼓励的眼光望着他，他一口便答应了，想了一会儿，他又举起了手，有点激动地说：柳树：$1\div(1+3)=25\%$　杨树：$3\div(1+3)=75\%$，还一口气把思路给讲了出来。我带头鼓起了掌，教室里也顿时响起了一阵热烈的掌声……在这节课的小结中，我再一次表扬了他，并要求全体学生今后无论是解题还是做事，都要多思考，尽量采用最简便、最科学的方法。那节课之后，我发现该生的学习更积极、更自信，成绩也在逐渐提高，班里不少学生在考虑问题时也比较深入和全面了。

课堂学习中不管哪方面的提高都离不开知识体系，缺少"知识"这个载体，其他方面的能力也就无从谈起。因此课堂评价，要做到知识评价不放松，情感态度要跟进，更多的是鼓励学生在学习过程中表现出来的努力程度。拿出自老师肺腑的鼓励的话，沟通了师生之间的理解与情感。学生把老师的鼓励化作学习的行动，师生双方都乐于接受对方的信息，师生之间情感相互促进。这样，学生在课堂上得到的不仅仅是知识，更是人际交往、协调合作的个性品质的培养。

"桥"是学习与练习的对接——作业设计

作业是学习的重要组成部分，是学生进一步理解知识、形成技能技巧、积极的情感和态度、获得深层次发展的有效途径。同时也是学生彰显个性的舞台、师生沟通的桥梁。

学习的内容是现实的，是有意义和富有挑战性的，作业作为教学的拓展和延伸，也应充满智慧和挑战。要想做到这一点，教师就要深入钻研教材，挖掘隐藏在教学内容中的教学思想，精心设计作业，力求突出"六性"和"六渗透"。（以数学作业为例）

1. 六性

（1）现实性

作业要力求贴近生活，这样有利于激发学生已有的生活经验，让学生在作业中体验数学自身的魅力，从而减轻学生学习的枯燥心理，培养学生对数学的情感和应用数学的能力。

教五年级学生对分数再认识时，考虑到小学阶段学生思维能力还处在具体思维阶段，他们对于分数这样抽象的概念，即使学过，概念也不是那么清楚，因此我在进行作业设计时，结合现实生活中分数概念无处不在的实际，采取了还原生活场景的方法，并做适当延伸，让学生在熟悉的生活中再认识分数的相关概念。如题：

①又到课外活动的时间了，看同学们玩得多开心，跑步的占全班的 $\frac{1}{4}$，跳绳的占全班的 $\frac{2}{8}$，踢球的占全班的 $\frac{3}{12}$，跳高的占全班的 $\frac{4}{16}$。

说一说各分数的含义。

想一想，会发现什么？

②小刚、小明和小林跑同样长的一条路，他们分别跑完全程的$\frac{1}{3}$、$\frac{2}{3}$和$\frac{5}{6}$，你能在直线上表示出来吗？

起点 ________________ 终点

③老师把12根跳绳平均分给了跳绳的两个小组，每个小组分到的跳绳是跳绳总数的几分之几，其中一根跳绳是跳绳总数几分之几？

④老师将4块蛋糕平均分给了3个人，每个人分到了多少块呢？

题目设计贴近现实，熟悉的生活场景，使学生很容易找到做题的突破点，轻松地掌握分数的相关概念，加深对分数的再认识。

（2）趣味性

小学生的好奇心比较强，他们对枯燥的计算和纯文字的应用题兴趣不大。要想让学生对数学产生兴趣，数学题目必须新鲜、好玩、有趣，学生才愿意动脑筋。

四年级的小数比大小一课，我在编排作业时，尽可能地提供内容有趣的题目，打破常规的两个数比大小的枯燥形式，设计了有趣的扑克牌游戏。

（深入理解并熟练掌握小数大小的比较方法）

每张扑克牌背后是1~9当中的一个，现在这些扑克牌组成的两个数谁大谁小呢？

如果让小数点参加进来又会怎样呢？

右边数的小数点由你支配，两个数的大小出现什么情况呢？

这个游戏，全体学生都喜欢参与，每一个学生积极思考，个个争着发言，气氛十分活跃。大家在玩中不仅进行了小数的比大小，而且还复习了整数的比大小，学生真是乐此不疲。

（3）差异性

由于每个学生的知识水平不同，对同一问题的理解和把握也不相同，教师编制作业时，要兼顾学生间存在的差异，允许学生自主选择题目，满足多样化的学习需求。

如：以“小数比较大小”为例

3名选手的成绩：A. 3.84米；B. 4.01米；C. 3.89米。

认真看，你们知道了什么？

学生确定第一名 B，请说明理由（感知整数部分的比较）。

进一步谈及谁是第二名时，会引发小的争论（学生分类思想的形成）。

请学生说说自己的看法，引起全班达成共识。

针对如果 C 是第二名，教师引导大家挖掘小数大小的比较方法。

板书：3.89　　　3.84

问：那你们能用自己充分的理由说明 3.89 比 3.84 大吗？

汇报时可能出现：①单位转化思想，389 厘米 >384 厘米；②联系整数思想（同时扩大相同倍数），389 >384；③计数单位的角度，389 个 1/100 >384 个 1/100；或（只看百分位）9 个 1/100 >4 个 1/100；④做减法，求差，3.89 比 3.84 多 0.05（5 个 1/100）。老师加以肯定后，板书大于号。

再引导学生说出另一个答案，并板书 3.89 >3.84。

如果 C 是第三名呢？C 的成绩可能是多少米？（3.09 ~ 3.79 米）

这种题的设计，达到了问题的开放性，能够使每个学生都有得说，有得讲，满足了学生的不同需要。学生在相互交流中对小数比大小的方法，理解得更加透彻。

（4）探究性

以灵活的方式编制题型，让学生独立探索，多向思考。这种题型的设计，为学生提供了充分施展才华的机会，不仅培养了学生的自主探究的能力，还提高了学生的数学语言表达能力。

在四年级数的运算找规律中，我力求帮助学生养成认真思考的好习惯，让学生学会探究的方法，并能总结规律。学生经过自己的探索后，不仅"知其然"，而且"知其所以然"。对于算是规律的探索，我做了如下的设计：

①算一算

1 +121 ×9　　2 +232 ×9　　3 +343 ×9　　4 +454 ×9

我发现了什么________________

②37 ×3 =111　　　　13 ×7 =91

37 ×6 =222　　　　13 ×14 =182

37 ×9 =333　　　　13 ×28 =（　）

37 ×（　）=444　　　　13 ×35 =（　）

37 ×（　）=555　　　　13 ×42 =（　）

37 ×（　）=666　　　　13 ×49 =（　）

37 ×（　）=777

37 ×（　）=（　）　　　　13 ×（　）=（　）

③拓展延伸，发现和、积、差的不变性

商的不变性：$a \div b$

$= (a \div n) \div (b \div n)$

$= (a \times n) \div (b \times n)$

积不变	和不变	差不变
$6 \times 8 = 48$	$7 + 8 = 15$	$15 - 5 = 10$
$3 \times 16 = 48$	$1 + 14 = 15$	$14 - 4 + 10$
$2 \times 24 = 48$	$2 + 13 = 15$	$12 - 2 = 10$

用字母表示积、和、差的不变性

这样的习题练习，是学生在情动的计算中，认识到数学的规律美，体会其中蕴含的数学推理。他们个个主动学习，兴趣盎然，开拓了算法多样化的途径。

（5）开放型

数学作业要有开放性，教师应挖掘数学思想方法，引进一些具有现实意义、思考价值的开放题——条件开放题、问题开放题、结论开放题及一题多解。允许学生根据自己的认知水平和生活经验作出不同的解答，给学生的创新思维创设一个更广泛的空间。

如在教学“单式折线统计图”时，我让学生课前读图解意，获取信息，概括特点。阅读折线统计图是学生自主获取知识的一种学习过程，它不仅是读的过程，而且是动口、动手、动脑有机结合、统一协调的过程。在这个过程中，教师把学习的主动权交给学生，放手让学生去读、去发现、去交流，给予了学生思考的空间。学生借助已有的条形统计图的知识和经验，将折线统计图的新知识纳入原有的知识体系，完成了折线统计图作用及特点的构建。

①读图解意：引导学生能对教师（教材）提供的信息做出分析，理解把生活化问题转化成数学问题的过程，形成初步的信息认读能力、分析能力与处理信息合理预测的能力。

②获取信息：引领学生应用一定的决策解决一些简单实际问题，形成初步的策略意识（如根据数据变化的趋势才能做出科学、合理、符合实际的预测等）。

学生的学习方式：

对于图1，学生经过独立看图，搜集相关信息后进行组内交流，得出进一步的全面认识，最终以组为单位进行汇报。

对于图2，在学生有了阅读图1的经验之后，让学生采取独立读图，并简答，然后汇报的方式。

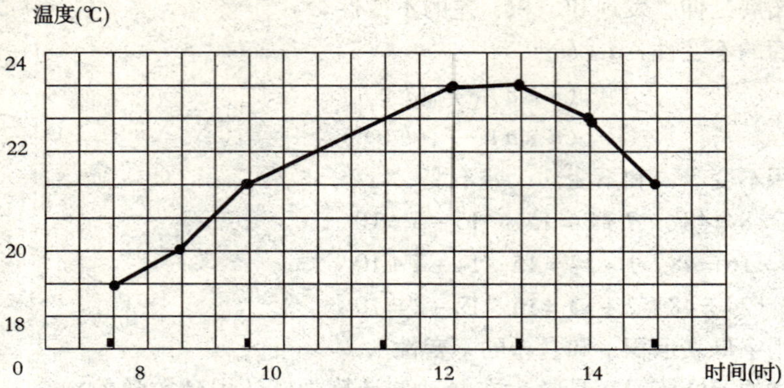

图 1　小玲家室内气温变化统计图（2011 年 5 月）

③概括特点：在学生完成对两幅图的理解后，教师对学生进行引导——你们是不是对折线统计图又有了进一步的认识？能说说它有什么特点吗？

（根据学生理解的情况决定是否需要安排小组互相说说）

看图，说说小玲每隔（　　）小时测量一次气温？

这一天从 8：00 到 16：00 的气温从总体上说是如何变化的？

你还能提出什么问题？

小玲跳绳中哪一阶段成绩提高最快？那一阶段成绩提高比较缓慢？分析其原因。

估计小玲第 8 天的成绩约是多少，达到每分 135 个大约是在第几天？

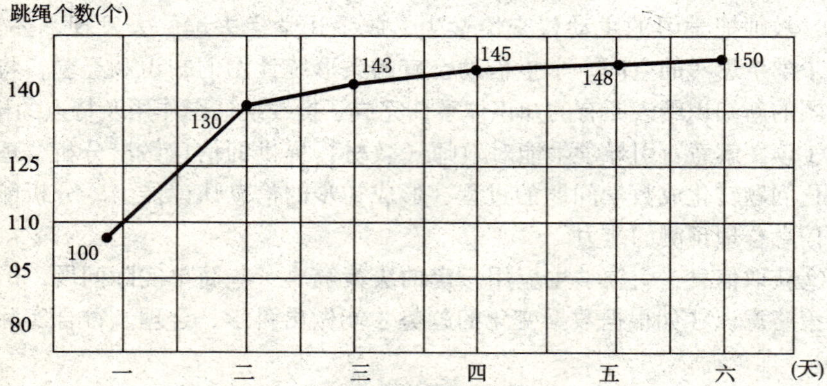

图 2　小玲跳绳锻炼成绩统计图

教师把思维时空留给了学生，学生展开思维的翅膀尽情地想象，形成了数学的思想，掌握了数学方法，拓宽了解题策略。经过训练，学生遇到这样的题就能从不同的角度思考，形成数学思考的好习惯。

（6）提升性

促进学生情感、态度、价值观的不断升华，是数学所追求的目标。要达到这种多维目标，就需要使学生在获取数学知识的同时能够增长见识，满足成长的多方面需要。

在对二年级连加教学时，学生掌握了3个数的连加，还能进行简便计算。为了更好地提高学生的计算能力，发展学生的计算技巧，提升多数相加的认识，我设计了下面的练习。

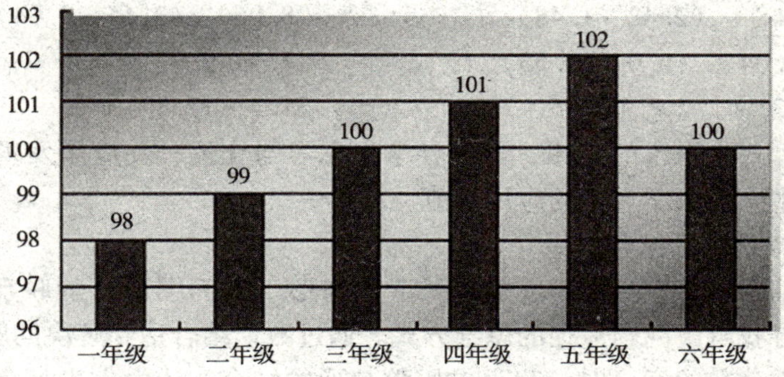

图3　捐助书统计图

节日那天，少先队倡议同学们为希望小学捐书，如图3。（学生默读统计图）

问题：比一比，赛一赛，看谁能在3分钟以内，写出多个连加算式，并算出得数。

98 + 99 + 100　98 + 100 + 101

100 + 101 + 102　98 + 99 + 100 + 101

100 + 101 + 102 + 100　98 + 99 + 100 + 101 + 102 + 100

这类题，可以使学生集体达到共同的学习目标，也可让超前生有所发展，全体学生都喜欢做。

2. 六渗透

（1）渗透化归思想

化归思想是指把要解决的数学问题变换成转化成已经解决或容易解决的问题的思维方式，根据已有的知识、经验，通过观察、比较沟通新旧知识间的联系，达到化新为旧、化难为易，从而解决问题。

①用多种方法计算，感悟计算方法之美。

1 + 3 + 5 + 7 + 9 + 11 + 13 + 15 + 17 + 19 =

2 + 4 + 6 + 8 + 10 + 12 + 14 + 16 + 18 + 20 =

②发现新规律运用新规律（感悟数学计算之妙）。

1 + 2 + 1 = 4

$1+2+3+2+1=9$

$1+2+3+4+3+2+1=16$

$1+2+3+4+5+4+3+2+1=25$

$1+2+3+\cdots+99+100+99+\cdots+3+2+1=$

③你能用简便方法计算下列各题吗？并快速说出答案（目前是检查学生对简便方法的掌握情况）。

$3.48+(2.42-1.48)$	$28.06-(3.65-0.94)$
$12.04-(6.04-0.55)$	$11.8+9.9$
$2.35+2.2+(0.65+7.8)$	$31.2-17.8$

探究算式中隐含的规律，再引导学生思考与交流，并应用发现的算式规律，使学生感受数学规律的应用价值。

（2）渗透数形结合思想

数形结合思想就是沟通（数量关系）与形（空间图形）的联系来形成数学概念或寻找解决问题途径的思维方式。通过数形结合达到解决问题的策略。

在教学分数的意义时，我力求用数与形的结合，让学生去发现问题、解决问题，从而认识分数意义。

如题：每人1块糖，够不够？

糖分别装在4个不同的口袋里，每个口袋里的糖的数量都不一样，袋子上贴有不同的图形，图形里藏着问题，如果想知道里面装有多少块糖，必须先要回答对这个问题。老师请上4位同学代表，分别拿着4个口袋上讲台。老师对第一个学生说：请你拿出跟红色部分所表示的数同样多的糖。老师悄悄告诉他：请你拿出3块。然后依次让后面的3个同学分别拿出与涂色部分所表示的数字同样所的糖，老师悄悄地告诉他们：请你们每人也拿出3块。

老师没有直接告诉他们3块糖所对应的分数是几，而是需要学生从图中先读出分数，这是老师指着第一个袋子可以这样问学生：谁知道他拿的糖是这个袋子的几分之几？一次问完其他3个袋子上的分数。这种数与图形的结合，直观形象，有利于照顾全体，让每一层次的学生都有所发展，特别是让那些理解能力差的学生思维上够得着，不至于看热闹。

比如有的同学可能会这样算 $\frac{1}{2}$ 是3块，图形里有2个 $\frac{1}{2}$，就是6块，所以第一个袋子里有6块糖。依此类推。

而有的学生可能这样算：$\frac{1}{2}$ 占图形中两份中的1份，1份是3块，2份就是6块，依此类推。

最后学生通过计算，得出每人1块够不够的结论。

让三年级的学生借助直观图形深化对分数意义理解，进一步体会数与图形结合的思想。

（3）渗透符号化思想

符号化思想是用数字、字母、图形等数学符号来表示数量关系的思维方式。

学生数感的建立不是一蹴而就的，是在学习过程中逐步体验而建立起来的。在五年级用字母表示数教学时，我十分注意渗透符号化思想培养学生的符号感。提供让学生经历“具体事物—符号化表示—数学的表示”这一逐步符号化、形式化的过程。如下题。

小明年龄（岁）	10	11	12	15	20	…	
妈妈年龄（岁）	38					…	

2	3	4	9	3	…	
3	5	7	10	7	…	
7	11	15	28	13	…	

图形					…	N 边形
内角和	180°				…	

你能用字母表示下面图形阴影的面积吗？

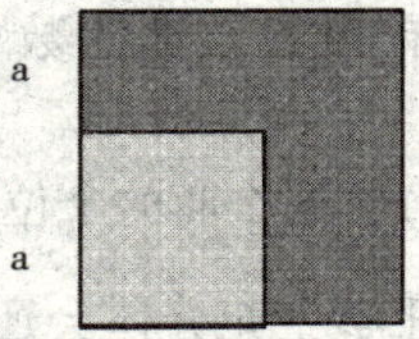

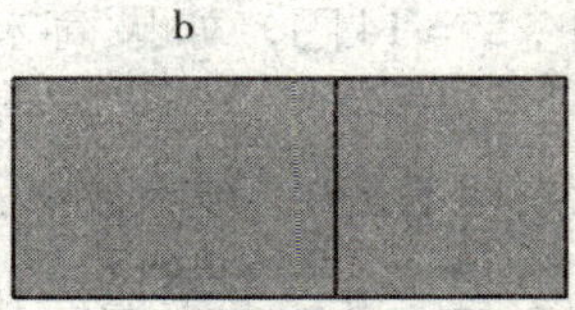

通过上述练习，学生从具体的情景中抽象出数量关系和变化规律，体验符号化的优越性，同时也深入理解了数量之间的关系。

（4）渗透等量代换的思想

等量代换的思想是用一个等量代替与它相等等量的思维方式，它是基本的数学思想方法之一，也是代数思想的基础。

理解数量之间的等量关系，用方程的方法解决实际问题，学生会觉得方便易行。在教学完方程后，我通常让学生用代数的方法解题。

用 X 表示要求的数，解答下面各题：

①果园里梨树的棵数是苹果树的 2 倍，有梨树 56 棵，有苹果树多少棵？

$2x=56$

②一块正方形草地，周长是64米，它的边长是多少米?

$4x=64$

③电视机厂去年生产彩色电视机7580台，比前年多生产1950台，前年生产多少台?

$x+1950=7580$

④某市今年植树220万株，是前年的2倍，前年植树多少万株

$2x=220$

⑤ $(11+12+13)\times(19+23+14)-(12+13)\times(11+19+23+24)$

这些习题向学生渗透了数学中的代数思想，帮助学生理清了数量之间的关系，联系的设计也是由浅入深，循序渐进，学生做得轻松，学得愉快。

(5) 渗透比较、分类思想

比较分类是把研究对象的个别属性通过分析、综合、抽象和概括等思维方式来确定它们之间的异同，从而得到一定规律的数学思想。通过比较、分类，要善于发现新的问题，善于开发思考的新角度，善于寻找新的联系，比出新意，分出能力。

按要求填数——关注学生的差异，设计有层次的练习：

①$624\div6$，先说出商是(　)位数。

②$\square24\div6$，当商是3位数时，□里可填(　)，当商是2位数时，□里可填(　)。

③$70\square\div5=14\square$，如果商末尾是0，没有余数，被除数中□可以填(　)。

如果商末尾不是0，被除数中□可以填(　)，那么商的个位是(　)。

④设 $A=\frac{39}{70}$，$B=\frac{393837}{707172}$，比较大小。(让学生充分体会还是不通分为好)

⑤$\frac{10}{100}+\frac{10}{101}+\frac{10}{102}+\frac{10}{103}+\cdots+\frac{10}{110}=\frac{\square}{\square}$的整数部分是几?——拓展延伸学生所学的知识。

缩小：$\frac{10}{110}+\frac{10}{110}+\frac{10}{110}+\frac{10}{110}+\cdots+\frac{10}{110}=1$ (11个)

放大：$\frac{10}{100}+\frac{10}{100}+\frac{10}{100}+\frac{10}{100}+\cdots+\frac{10}{100}=\frac{11}{10}$ (11个)

(6) 渗透集合思想

集合是数学的基础知识，集合思想是数学学习的很好工具，用集合思想解决问题可以直观、简单和明了。

五年级的数的整除，学生在计算的基础上体验了什么是整除，什么是除尽，什么是除不尽。但集合思想可以使学生更清楚、更直观地了解整除、除尽和除不尽之间的关系。所以教学后，我设计了用集合圈的练习形式，总结、概括数的整除这部分知识。

根据所学知识，按照“除尽”、“除不尽”和“整除”给下面除法算式分分类。（填在下面圆圈里）

① $12 \div 2 =$

② $6.6 \div 2.2 =$

③ $9 \div 4 =$

④ $1 \div 3 =$

⑤ $32 \div 8 =$

⑥ $15.5 \div 5 =$

⑦ $273 \div 3 =$

⑧ $2.4 \div 6 =$

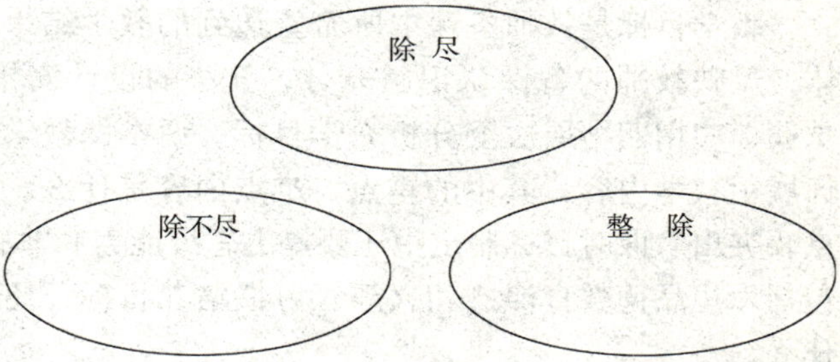

习题的设计蕴含着数学的思想，长期的坚持和实践拓宽了学生解题的策略，达到了提高学生解决实际问题的能力。启迪性的数学学习，不仅使学生感觉不到数学的枯燥，反而觉得学数学促其聪明生智慧。

各种各样的“桥”，有整合教学内容的“桥”，有改编例题的“桥”，有拓展教学内容的“桥”，有展现学生的“原生态”的“桥”，有运用数学思想方法，渗透解题策略的“桥”，有利用学生的资源的“桥”，有让学生产生认知的冲突的“桥”，有尊重、谅解、帮助、信任的“桥”……它们的基本功能都是沟通、联系、交流，使学生发现隐藏在知识内的知识，体悟数学那迷人的魅力，给人以美的享受。

这样的桥越多，越普遍，我们的课堂教学就越和谐、越美好。我们期待备课时多备出一些这样的“桥”。“桥”通向“舞台”！

说课，说出教“道”、说出学“路”

说课，是备课和上课之间的一个环节，从属于实施教学的准备阶段，是由一人备课变多人备课的一种教研互动的范式。“道”不清，“路”不明，在“说课”的互动中将得到及时修正，教师思考的智慧得到第一次碰撞，从而提高建“道”、筑“路”的质量。教师通过“说课”活动可以不断地检查和调整自己的教学活动的“道”，自觉地摒弃不合理的教学观念与行为，能较好地为学生铺设符合认知规律、年龄特征和心理特点的学“路”。说课还可以提高教师的语言表达能力，在坦诚的交流中达到资源共享，相互促进，共同提升。

1. 说教“道”

说课中教师首先要阐述所备、所上的课在整个章节乃至整部教材中的地位、作用和意义，而不是孤立地看待某课时教学内容。这是由教材“循序渐进”的编写原则所决定的。备课时将相关教材结构以图、表、形表示出来，可起到突出本节课的地位和作用。

教学目标是教师备课中所希望达到的教学结果。课时目标越明确、越具体，反映教师的备课认识越充分，教法的设计安排越合理。从识记、理解、掌握、应用四个层次上分析教学目标。说本课教学内容包含哪些知识点，如何展示教学内容，其中的重点、难点内容是什么。知识点要准确，重点、难点要突出。课时目标制定中还要提出思维能力和非智力因素方面的培养目标，包括思想品德教育渗透和兴趣、习惯培养目标，还要说出制定目标的依据是什么。

2. 说学“路”

（1）“路具”

课堂教学总是借助一定的教学手段来完成的。说教学手段，就是要说明准备采用何种教学手段来实施课堂教学。要注意按课堂教学实际的需要，利用多种媒体手段，优化课堂教学。因此，要会运用多媒体手段以及教具、实验等教学媒体，有效地开展教学。在多媒体课件制作中要注意创新，结合具体的教学内容，正确选择教学手段及教学媒体，并说出为什么使用这种手段的具体策略。

（2）“路序”

教学程序是否合理、符合认知规律，也是课堂教学是否优化的主要标准。教学程序一般近似教案上的教学过程安排，但要比教案还详细，教案上重视具体教学内容安排，而说课重点介绍教学环节的次序和方式。备课只要备出是什么，说课不但要说是什么，还要说说为什么。说教学程序，还得注意运用概括和转述的语言，不必直接照搬教案。在课件设计时，多以图表的形式画出所有教学过程的主要内容、知识点、设计依据及达到目标、时间等。使听课教师对你所教的课题主要结构一目了然，把握全课脉络，留下比较深刻的印象，继而表达自己的收获与建议。

（3）“路法”

组织学生进行教学所采用的主要方式，这是改进课堂教学的主要方面。

比如，从教学思路和策略上，可以选择目标教学的方法，尝试教学的方法，发现教学的方法，阅读自学的方法，小组讨论交流的方法等，合作探究的方法，选用题组呈现或一题多变的方法。在课件制作上，可利用多媒体集成影像、声音、动画等方法，结合教具模型演示法。在课件组织结构上，采用链接形式法。在思维活动的组织上，采取由感性到理性的抽象法，从个别到一般的概括法，由此及彼的类比推理法，对照、区别异同的比较法等等。

指导学生学法方面，有指导学生阅读教材的方法；有组织学生按顺序有重点地观察的方法；有分析数量关系的方法；有安排学生操作、演示的方法等。要注意坚持使教法学法有利于突出教学重点、突破教学难点，课件制作上要有层次，符合学生认识规律和年龄特征，不要为了翻花样，图花哨。

3. 说练习

练习作业是课堂教学中必不可少的活动，犹如工业生产中的“产后服务”。说课就要谈谈是如何安排练习作业的，比如从内容上围绕重点，巩固新知；从层次上逐层深化、顺级而上；从数量上适度适量，紧凑而可以完成等等。适当因程度不同而布置一些拓展性作业，能拓展学生思维、培养创新精神。

4. 说板书设计

板书是教学内容的浓缩和集中反映，板书要醒目突出，具有内在合理性，要让人体察到教学的“序”，板书是学习的导游图，引导学生去学习和探索，板书是教师的微型教案，浓缩了教学思路。板书必须在说课中予以陈述。

有道、有路，何谓道路？我们要不断地探索，不断地研究，让道路在我们的脚下不断地延伸、延伸……

（就说课而言，我看到了很多的教师再不定时地说课，再不定点地说课，说课已成为广大教师的自觉行动，说课也必将促进教师的专业成长。）

上课，上出“精气神儿”

为什么我们有些课准备都已齐备，却味同嚼蜡，学生记忆不深，教学效果不好，就是因为课堂没有“精气神儿”。

“精气神儿”是用科学无法确切定义、也无法复制的东西，它弥散在课堂之中，将所有人的心紧紧抓在一起，令人无力挣脱，直到下课还意犹未尽。古人所云“得意忘形”，国外所提“场”或“气氛”，其实也就是“精气神儿”。

一名好教师自踏入课堂的那一刻起，带到学生面前的就不仅仅是知识、课堂组织程序、授课方式，同时更有精神气质。教师的每一举手、每一投足、每一个细微的神态、每一句话语，其背后的“精气神儿”，就决定了一堂课的吸引力，一门课的学习效果。

在课堂教学中，教师要尽量做到以下几个方面：

第一，课堂教学不能仅仅局限于向学生传授学科知识，而应该以促进学生生命的整体发展为核心，培养完整的人，建构学生圆满的精神世界。

第二，好课必须在教学内容的选择上下最大功夫，教学内容要实在，要注意贴近学生的生活实际，做到形式为内容服务，形式和内容统一。只有这样，才能使学生产生迷惑、兴趣、求解的问题，也才能促进学生打开思路、积极思维，取得良好的教学效果。

第三，建构主义理论认为，知识是主动建构的，而不是被动接受的。如果没有主体的主动建构，知识是不可能由别人传递给主体并被主体所内化的。学习是有意义的社会协商，学习环境要有情境、协作、会话、和意义建构四个要素构成。情境是意义建构的基本条件，师生、生生之间的协作与对话是意义建构的核心环节，意义建构是学习的目的——必须靠学生根据其个人已有的知识和经验主动建构。

第四，实现教学方法的多样，从学生的角度认识世界，选择自主、合作、探究的学习方式，让学生轻松的学习有用的知识。

第五，加强数学活动，在学生需要处互动，在学生困惑处互动。包括师生互动、生生互动、群体互动。教师要以平等的姿态加入与学生交往，要设计多层次的互动——同质分层、异质合作。提高课堂教学实效性。

第六，抓住教学过程的生成，教学是一个活的、流动的进程，抓住教学的每一个细节，把握课堂的每一分钟。

第七，关注学生智能的多元，教学中教师要尊重人的差异性，多样性、独特性，教师要用简洁而规范的语言，把抽象的东西讲的生动形象，把深奥的问题讲的浅显易懂。教师要重视学生独特的感受、体验、主体性以及潜能的发展，及时满足学生的合理需求。

第八，把握教学评价的发展，好课在教学评价上应体现发展性。以激励评价为主，帮助学生认识自我，建立自信。

教师是一位有热情、有组织能力、有效率、有激情、富有想象力而又能走下神坛、摘下面具的普通人。教师要懂得受学生的心，要了解学生的特点，要知晓学生的真正所需，要进行适应学生的教学。

当然，“台上三分钟台下十年功”，平日里的学习与体悟，积累与巩固，使知识融会贯通，使授课方式灵活多变，这些都会使“形神兼备”的魅力闪耀而出——老师们，努力吧！

评课：评出“点儿”来

说到评课，我便想到它是听课者通过课堂来观察执教者。观察什么呢?

观察教师课堂中的提问是否有思考性；

观察教师的理答是否及时、准确并富有激励、引导、提升和概括的作用；

观察学生合作是否主动、积极、全面参与；

观察课堂的预设与调整是否满足了学生；

观察师生互动、生生互动是否有效。即：目标达成度。

帮助执教教师发现自己未能发现的教学优点、教学的亮点，同时指出教学需要改进的问题，解析疑点。这个过程仍然是教研的一种范式，它将缩短老师从普通走向优秀的时间，加速教师的专业成长。

谈及评课，它是专业的。至少应该熟悉教学的内容，懂得教学的技术，绝不是信口开河，想说什么就说什么。真正的评课者是参与备课的、参与说课的、参与上课的。真正的评课，从教师层面上看，应是取长补短，互促共进；从教学干部的层面上看，它应该是专业上的引领与带动，给予老师的是真正超水平的“营养”。

想到评课，我感到责任重大，唯恐言失语顿。于是，我加倍学习，深刻思考，率先垂范，让教师感觉到我的确有点儿水平。

我希望教师在教学语言上，要讲究艺术性。语速做到快慢得当，语气抑扬顿挫，节奏铿锵。语调高低不一。语言要形象，说话要具体，言之有物，论之有据，注意运用比喻、夸张、排比、对偶等修辞方法，使抽象的内容形象化、具体化，以增强感染力，以便集中学生的注意力，激发学生兴趣；从而达到以提高学生对知识的吸收率和消化率，即：互动的效度、目标的达成。教师的语言是传道授业的载体，是教师培养和发展学生思维能力，开发智力的工具——要运用好这个工具。

我愿意与教师潜心涵泳般地钻研理答。教师的理答是一种最经常、最普遍的对话方式，即在学生发表了见解之后，教师对其给予直接理答，以促进他们进一步的思考。这种理答过程充盈着教师的机智，体现了教师的主导作用，能够帮助学生很快的领悟问题的实质，抓住问题的关键。教师要清楚，当你肯定了某一个学生的观点时，其实你在为其他学生树立起一个学习的榜样；赞赏某一个学生的思维火花时，就点燃了其他学生的思维火炬。因而说，教师及时地理答不仅能引起学生心灵的震撼，更能激起学生思维的活力，使师生在课堂教学中不断调整自己的状态，有意识的改正不足，发扬长处，树立自信，最终形成一种精神——学生说，我能行；教师说，这节课再上千遍也不烦。

课堂学习中不管哪方面的提高都离不开知识体系，缺少“知识”这个载体，其他方面的能力也就无从谈起。因此，评课要做到知识不放松，具体方法要跟进，来点儿“解渴的”，拿点儿“实用的”，扳点儿“新鲜的”，见点儿“有效的”……但更多的还是鼓励老师在教学过程中表现出来的努力程度。说出发自肺腑鼓励的话，沟通了师师之间的理解与情感，老师必将这一个个的“点儿”化作课堂教学的行动。评课得到的不仅仅是肯定、改进和提升，而且是人际交往、协调合作个性品质的滋养。

评课还是备课：从“知”的角度分析，教师们通过研讨、理念交换，不仅有助于获取教育知识和教育技能，也有助于教师之间思想感情的碰撞和智慧火花的捕捉；从“行”的角度分析，教师通过集体备课，促进教师之间协同探究问题、交换情感支持，并进行专业对话，从单兵作战的工作作风转变为团队协同作战的作风。有助于教师专业群体的建立，形成共同学习、互相发展的伙伴关系；从“思”的角度分析，集体备课的过程，其实是教师展示自我、发展自我的过程，也是一个反思、改进自己教学行为，不断提高教师的独立思考能力的过程。

可见，时下评课的“点儿”有利于促进教师知识资源的共享和互补，具有促进教师专业成长的功能。教师也何尝不需要这一个个的“点儿”呢?

写课，写出“真生活”

写课是梳理教学过程；写课是完善教学设计、写课是提升教学专业水平、写课是记录教学的足迹——课堂生活的故事。

生活是自己创造的，我们有权选择怎样生活，更应该思考怎样生活——那重复着的办公室、教室、学生、老师、学习、作业……也是一种心情，也是一种自然的、忙碌的、实实在在的美丽。

写，富有丰富的情感。滋润人间的情感，守卫人间的心田，做一个为别人带来快乐的人。因为，人的生命成长是相互滋润、相互启迪的结果。当拥美丽的心情入怀，你一定会惊喜地发现，生活中的一切都是美丽的。拥有理性的头脑，保持敏锐的目光，聚集点滴的教学感悟——给师生以“点滴”，师生还你一个“太平洋”。用美丽的心情看生活，生活就是一首美丽的歌，嘹亮的歌声成了我们真诚的表达。用美丽的心情看我、看你、看她、看大家，人都是美丽的。

我现有多篇“真生活”——《差异是和谐课堂的细胞》、《简约而不简单》、《练习课到底怎样上?》、《诊治数学教学病症的“医师”》、《课堂语言是需要尽心准备的!》、《“问题”是学生的好朋友》、《情感互融、思维共鸣》……

“写课”是思考教学，是思考课堂生活，是一种有效积累，自觉积累，是成功、成材的重要基础。我不觉得写课是一种负担，而是一种源自于心灵的情愫，一种期待着和老师交流的喜悦。在阅读写课的过程中，我亲历着学生的成长，体验着老师的苦辣酸甜。

我把每一次写课当作自己学科专业知识梳理以及教学水平提升的一次训练，在“写课”的海洋中徜徉，其乐无穷!

虽然我对其中任何一篇都没有很好地再修改过，但这么多的具体思考至少使我明白所谓写课到底是怎么回事儿。因此，课写多了，身心同样得到滋养。正所谓：写课能求理，造烛能求明。

一年来的持笔教程，四万多字说出的是真情实感，这其中可能“鲜气”不足，但她可以随时催我启程。

——田立莉

田立莉的甜式课堂

“甜式”坚守——为生所需而教乐哉

越是简单的，往往越是本质的

——《体积与容积》教学实践的思考

小学数学概念都是非常基本的，且又都是非常重要的，所有的数学技能都离不开对数学概念的基本理解。理解数学基本概念，包含概念的意义与价值，概念的现实原形，概念所特有的数学内涵、数学符号，以及以这一概念为核心的“概念网略图”的构建等。

因此，数学概念教学应从用动态生成的观点看待，通过师生，生生的行为和相互作用而形成，并允许学生与老师在“互动”、“对话”中对于教学内容“改造与创生”。教学不再是跑道（即规定好的目标与内容），而成为师生本身跑的全程，彰显的是概念形成的一次次那不可复制的过程。

内容“走近”学生，学生“走进”生活

教师应有意识拓宽学生的视野，将教学内容进行重组，让教学内容“走近”学生，学生“走进”生活。

1. 创设现实的情景

创设新奇、和谐、有趣而又贴近学生生活实际的教学情境，能激发学生内在的学习需要，学生“走进”了生活便能自觉主动参与到学习活动中来。

《体积与容积》这节课我带着学生进行了“投物水涨”的生活现象观察，“学生所占空间”的大小比较，“倒水”中理解容积，“喝水”后体悟容器，在“圆柱体，馒头、烙饼、包子……”的演绎中，不仅区分体积与容积，而且也知道了“看不见，摸不着”的空气也占空间，从而使学生归纳概括出大千世界，万物都有体积的结论。

2. 拓展学习的空间

教学是一种构建，是教师与学生的经历。对课堂教学进行构建时，应“着眼于整体，立足于个体，致力于全体”。

如：教学“物体所占空间的大小，就是这个物体的体积”这一环节。我

在“说”上给时间，在“比”上下功夫。让每一个学生都要举出一个身边的实物“占空间”，指出一个室外的实物“占空间”，动作描述“所占空间”。“看”后说占空间的大小，“演”中数占空间的大小，“杯”里量占空间的大小。给学生留有充分地观察、想像的余地，学生自主建构的“体积”便“水到渠成”。

提出弹性问题，学生都有所想

1. 提出弹性问题

所谓“弹性问题”是指问题富有挑战性、包容性和针对性，能有效地激发和导向学生进行动态生成的思维活动。教师在教学方案的预先设计中，对学生的直接经验应有所估计，使教学成为学生已有直接经验的逻辑归纳和引申，增加教学的体验性和生成性。如：“说了这么多物体的体积，谁能概括一下究竟什么是物体的体积呢？”此时，学生都有所想。有的学生说：“一个铅笔占空间的大小”。有的学生说：“一个物体占空间的大小”。有的学生说：“物体占空间的大小，就是这个物体的体积”……又如：“一眼看不出来体积的大小，那我们怎么办呢？”有的学生说：“称一称”。有的学生说：“切碎了”。有的学生说：“放在水里，看哪瓶水升的高”……再如：“将这瓶可乐分别倒给小清和小宝，小清倒了 3 杯，而小宝倒了 2 杯，你认为有可能吗？为什么？”学生的直接经验在教师的引导下得到了系统化，而且还通过课堂的学习舞台，展示了学生们在思考与说理中获得的自信与勇敢，学得轻轻松松，说得丰富多彩。

2. 留下弹性时空

适时提一些“大问题”，把课上得“大气”一点，上得“糙”一点，有助于学生的深刻思考。我每节课至少要有 1/3 的时间甚至 2/3 的时间让学生独立思考、主动学习，并且在小组讨论后安排大组交流。学生在大组交流时我特别关注他们的发散思维，在学生趋同时，让思维发散的学生发言，因为他的发言是引发点，将是一种生成性的资源。

如：“倒水”——认识容积这一教学环节。

师：杯子可以——

生：盛水。

师：倒水。

生：倒……倒……倒满。（我故作不急，后边的学生跑到了前边，着急地说：倒……倒……倒满）

师：还能不能再倒了？

生：再倒就冒出来了（学生笑着说）。

师：杯子所能容纳水的体积，是杯子的——

生：容积（异口同声地说）。

让学生用自己喜欢的方式表述，有形，有意，形意结合使学生对容积有了更深刻的理解。学生的主体地位得到了充分的体现，学习质量也提高了。

3. 妙用演绎方法. 启动学生精彩

在关注生命、关注发展的新基础教育目标下，我们选择的教学方法是“开放式”，“民主式”的。

（1）“合作式”

“合作式”是师生、生生情感交流、培养“合作意识”的一种教学形式。现代教学理论告诉我们，学生要把静态的知识内容结构转化为自己头脑中的认知结构，必须有一个积极主动、有效参与教学活动的过程。学习材料的选择与提供也不例外。所以教师在知识的呈现上，应由静态封闭变为师生共同探究，在动态中生成。如：课伊始，我“投物水涨”再现了生活现象，学生通过自己的观察，然后两人交流——“土豆放进水里占了水的空间，水被‘挤’上来了”。通过师生、生生合作，拉近了数学知识与生活的距离。使学生最终发现了水是占空间的，土豆也是占空间的，老师手中的粉笔是占空间的，自己手中的书也是占空间的，教室前面的黑板是占空间的，自己用的课桌也是占空间的……。这样，生活中的实物与抽象的构建建立了联系，最终学生发现了万物都占空间的数学现象。在合作中学习，在动态中思考，学生不但有效地吸纳知识，而且形成了良好的思维品质，促进了学生的发展。

（2）“质疑式”

“质疑式”是我们课堂教学的必要形式，学问，学问，就是学着“提问”。从心理学角度说，好问和好奇是学生的天性，是学生求知欲的表现。教师要善于利用学生这份天性，教学质疑方法，让师生共同学会把学习过程中有价值的问题提出来，最大限度地开辟质疑的时空，把“质疑”融化到每个教学环节之中。可让学生这样想：“说了这么多物体的体积，谁能概括一下究竟什么是物体的体积呢?”，“概念：为什么可以这样表述? 能否增加或删去一个字?”又如：“将这瓶可乐分别倒给小清和小宝，小清倒了3杯，而小宝倒了2杯，你认为有可能吗? 为什么?”在概念内涵的挖掘，外延的拓展上质疑。教学时我鼓励学生对任何一个问题都去发表自己的意见，或提出与众不同的见解，这是学会学习的关键。只要教导得法，师生就能有所发现，逐渐学会有价值的质疑，并在质疑中获得思考的快乐。

（3）“实践操作式”

“实践操作式”是学生最喜欢的一种活动形式，我们将把教学目标的实现通过实践操作来实现，实践越多，就知道得越真。小学学生的思维以具体形象为主，在知识的构建过程中，我根据小学生的认知特点和数学知识本身的特点，有意识地设置学生实践操作的情境，使课堂处于一种积极探索的有序状态。如，学习“体积与容积”时，让学生通过看、比、量的方法，把物体所占空间并还有大小之分理解得清清楚楚，从而得出物体的体积概念。继而再通过说、倒、看的方式让学生理解容器所能容纳物体的体积，就是容积。师生的共同实践操作，有利于突破教学的重点——“所占空间”、教学难点——“所能容纳”，有利于减轻学生负担——书上练习全部完成，有利于激发学生的兴趣——学生最喜欢的一种种活动，使学生主动积极地参与学习，发展了学生的能力，提高了教学效果。

让“简单”成为共识，让“本质”走向深刻。“简单”应该面对学生真实的认知起点，展现学生真实的学习过程，让每个学生都有所收获。“简单”不能无视学生的学习基础，不能把学生当做白纸和容器，随意刻画和灌输；“简单”更不能课前操练，课中表演，少数人参与，多数人旁观。创设学生活动的情境，给予学生充足的时空，让学生在熟悉的情境中放飞思想，发现数学—探究数学—解决数学，然后再发现数学—探究数学—数学解决……数学也就在这个过程中不断深化，不断生成，不断固化。学生定会在数学知识的动态生成中越发感受到数学的魅力与神奇，也越发感觉到：“越是简单的，往往越是本质的！”

活跃的田立莉课堂

让分数走进学生的心里

——《分数再认识》教学实践与思考

新课程理念下的课堂教学

高质量的课堂教学既要关注教师教的质量，又要关注学生学的质量，二者缺一不可。小学数学教学的实效性应该体现在让学生真正经历“数学化”的过程，经历“数学化”是落实课堂教学实效性的重要方面。落实实效性好的课堂必须关注学生的全面发展，必须落实课程目标，而不只是关注学生的数学智慧。数学课要通过课堂教学让学生理解数学内涵，学会用数学眼光观察生活，发现生活中数学信息，进行数学建模。学生在这个过程中不是单纯地获取知识，而是探究数学知识的同时感受体验数学思想和方法，获得富有生命活力的优质的数学教育。

学生分析及我的思考

《分数再认识》是北师大版五年级上册第三单元教学内容。学生在三年级时进行了分数的初步认识。他们知道分数的意义，他们可以结合图中阴影部分说出分数，也可以看着分数再图中涂出阴影部分。本课教学在教材原有基础上进行拓展，在保留教材知识框架的同时，结合学生已有知识的特点，设计从身边寻找分数—品读文字中的分数—开发生活中的分数，使学生深刻理解分数中部分与整体的关系，激发了学生的学习热情。突破了过去从“平均分”入手进行学习的课路。教学中还通过启发学生思考、举例、猜测、动手验证、假设等数学方法，对分数进行了再认识。本课突出让学生在数学学习中体会“变”的数学思想的内涵。教师力求活用教材，引领学生体验、探索事物发展变化的过程，体现数学教学的魅力。

教学理念

新课程观要求“以学定教”、“教”服务于学。实现教师带着学生走向知识，直到学生带着知识走向教师、走向家长、走向社会……从而保证学生在课堂上有充分的时间参与学习，并且尽可能让学生人人动脑思考、人人动口交流、人人动手计算、画图，真正参与实质性的教学活动。

首先，创设问题情境，让学生带着问题主动去独立思考、自主探究、悟出特点、得出结论。

其次，鼓励学生独立思考，敢于和善于质疑问难，自主解答，培养学生的创新精神。

1. 寻找身边的分数，把握分数的内涵

认识什么是整体，什么是部分，什么是部分和整体的关系。

分数在我们的学习中、生活中与我们相知，同我们相伴。

（1）师生问好，说分数。

师：找找你们的数学老师在哪儿？

生：用手指一指自己的数学老师。

师：你们的数学老师占这一排人数的多少？

生：1/5。

师：谁写的字漂亮？请你把1/5写到黑板上去。写1/5的这位同学占全班人数的多少？

生：1/48。

师：如果把1/5的5个人看成一个整体，1/48的整体是谁？

生：全班同学。

师：如果我们把全班学生看成一个整体的话，你是它的几分之几？

生：1/48。

师：你们组呢？

（2）图形中部分和整体的关系

师：从我们的教室中，从我们的班中可以找到不同的整体，从图形中能找吗？

师板书：

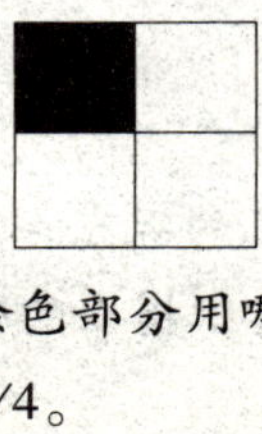

师：涂色部分用哪个分数表示？

生：1/4。

师：谁是整体？1/4 是整体的一部分。数学上、教材里有时把这些整体称为“单位1”，这个“1”与自然数中的“1”一样吗？两个人先说说自己的看法。

生：（说自己的看法）

从学生已有的知识基础出发，通过师生对话，生生交流，学生不仅勾起对分数的回忆，而且使学生认识了什么是部分，什么是整体，什么是部分与整体的关系。为学生深刻理解部分与整体的关系做了很好的铺垫，同时让学生感到身边的分数很多，很多。

2. 品读文字中的分数，确定整体

深入理解部分和整体的关系。

在对教材内容进行系统分析的基础上，结合《数学课程标准》的要求，对教材内容的选择进行了优化设计。我选择了贴近学生现实生活的题材——捐资助学活动。从关注学生的不同需求，依据学生的原有知识水平，充分发挥学生的主观能动性出发，创造性的对教材进行了“二度”整合。

（1）整体不同，相同的分数，部分也会随着整体的变化而变化。

师：文字中是否可以找到整体？

板书：王芳同学捐了自己零用钱的 1/2。赵林同学也捐了自己零用钱的 1/2。

师：快速读一读，指出 2 个 1/2 的整体是谁？小组交流。

生：（小组讨论）

师：随着谈论声音的降低，我知道讨论得差不多了。读了这两句话，你还能知道什么？

生：知道第一个 1/2 的整体是王芳捐的全部零用钱。捐了全部零用钱的 1/2；第 2 个 1/2 的整体是赵林的全部零用钱，捐了全部零用钱的 1/2。

师：根据两个人都捐出自己零用钱的 1/2，他们两个捐的钱数肯定一样多。（引发思考，引起争论）

生 1：反对。

生 2：不一定。

生 3：无法确定。

师：敢于向老师说“不是”，高高举起手，表明自己的观点，正是你们自信的表现，这也是你们主动思考的结果。如果总数知道，捐出的钱数会有几种可能呢？

生：3 种。

师：哪 3 种？数学是需要讲理的，举例说明让人心服口服。近距离的两个同学说一说，说清楚了就主动做好。

生：（举例。）

师：真了不起，不仅知其然，还知其所以然。（让学生在充分举例的基础上进行验证得出正确的结论，是数学的基本方法。）

（2）运用“假设”，深入理解

师：如果 2 人所捐出钱数的关系分别由 1/2 变成了 1/4 和 3/4。还会有这 3 种情况吗？

生：有。

师：为什么？

生：因为总数不知道。

师：正像你们说的那样：无论分数份数相等，还是不相等，只要总数不知道都不可以比。

（3）掌握部分与整体的关系，从不同的角度解决数学问题

师：2 人捐的钱数实际上是多少呢？

师：板书 6 角，2 角。看到这两个钱数，你一下能猜到什么？先独立思考，然后再两个人互相说说。

生：总钱数。

生：王芳捐 12 角。

生：赵林捐 4 角。

师：12 角和 4 角是怎么得到的？

生：6×2，2×2。

师：为什么乘 2？

生：王芳同学捐了自己零用钱的 1/2，就是有 2 个 6。

生：赵林同学也捐了自己零用钱的 1/2，就是 2 个 2。

师：如果按老师刚才假设的关系捐钱，应该捐出多少钱呢？

学生独立列出算式，然后前后 4 人交流为什么这样列式。

生：12÷4=3（角）。 把 12 角平均分成 4 份，捐出其中的 1 份。

生：4÷4×3=3（角）。 把 4 角平均分成 4 份，捐出其中的 3 份。

指出王芳在捐资助学活动中整体部分，部分与整体的关系。

指出赵林在捐资助学活动中整体部分，部分与整体的关系。

师：大家你一言我一语的这种有理有据的分析，又能从不同的角度解决了实际问题，已充分说明你对分数意义又有了深刻认识。（让学生充分感知部分与整体的关系，适时引导学生观察、讨论、计算、交流，深刻理解部分与整体的关系，这样做既符合学生的认知发展规律，又适合学生共同认识部分与整体的关系。培养了学生探究、实践的能力。）

（4）分数也是一个数量，也可以计算

师：6 角用元怎样表示？

生：6 角 $=0.6$ 元 $=\frac{6}{10}$元 $=\frac{3}{5}$元

师：$\left.\begin{array}{l}6\text{ 角}=0.6\text{ 元}=\frac{3}{5}\text{元}\\ 2\text{ 角}=0.2\text{ 元}=\frac{2}{10}\text{元}=\frac{1}{5}\text{元}\end{array}\right\}$

师：这些是什么数？

生：分数。

$\frac{6}{10}$表示部分与整体的关系　　　$\frac{6}{10}$元表示钱的数量

师：看来分数不仅能表示整体与部分的关系，还能表示一个数量，很聪明，很会思考。（充分利用学生的知识基础，拓宽分数数域的认识）

把教材中的学习内容分解为知识点。首先，对这些知识点进行逻辑分析，从而把课本中的知识结成“点”，连成“线”，织成“面”，以求掌握它们之间的关系。其次，也是给学生再创造的机会。因为，只有通过自己的再创造活动而获得的知识才能真正被掌握和灵活应用。新课程要求教学活动基于学生的直接经验，强调让学生亲身经历、动手计算，使学生在教学活动中获得对于实际的真实感受。这种内心感受是学生形成认识，转化为能力的原动力，也是他们情感、态度、价值观健康发展的基础。教师就是要把学生强烈的表现欲，求知欲激发出来，把学习的主动权真正还给学生。诚心诚意地把学生视为学习的主人——生命鲜活的人。

3. 开发生活中的分数，灵活运用

培养学生善于联想的思考方法。

在教学过程中，注重开发生活资源，把生活与教学内容融合起来，让学生认识水平不断提高，知识不断得到深化。

（1）判断

五年级捐书总数的 1/2 与六年级捐书总数的 1/3 相等，五年级捐书总数和六年级捐书总数谁多谁少无法比较。

（2）以图释解，解释争议

师：你能用自己的方法表示 $\frac{1}{5}$ 吗？$\frac{1}{15}$ 呢？

中国人口是世界人口的 $\frac{1}{5}$，

中国陆地是世界陆地的 $\frac{1}{15}$，

你能想到什么？你想说什么？

趣味开心题

A. 又到课外活动的时间了，看同学们玩的多开心，跑步的占全班的 $\frac{1}{4}$，跳绳的占全班的 $\frac{2}{8}$，踢球的占全班的 $\frac{3}{12}$，跳高的占全班的 $\frac{4}{16}$，

（1）说说各分数的含义。

（2）想一想，会发现什么？

B. 小刚、小明和小林跑同样长的一条路，他们分别跑完全程的 $\frac{1}{3}$，$\frac{2}{3}$ 和 $\frac{5}{6}$，你能在直线上表示出来吗？

起点　　　　　　　　　　　　　　　　终点

C. 老师把12根跳绳平均分给了跳绳的两个小组，每个小组分到的跳绳是跳绳总数的 $\frac{(\ )}{(\ )}$，其中一根跳绳是跳绳总数的 $\frac{(\ )}{(\ )}$。

D. 老师将4块蛋糕平均分给3个人，每人分到多少块呢？

学生的思维是发散的，针对不同情境，发现数学信息，并用数学的眼光

看生活，去解读数学信息背后的奥秘，由此也引发了学生对分数的感慨。"分数太神奇了"，"分数太有意思了"，"分数太伟大了"……分数是分出来的，分数就在身边，我们的身边处处有分数。

精心选择学习内容　让教学靓点频出

——折线统计图的教学实践与思考

教学过程是教师、学生、教材之间开放、互动的交流与对话的活动。教材提供的是话题，是支持对话的"文本"。教师要借助教材"文本"精心地、智慧地选择学习内容展开对话，为学生创造更多的与问题情境、现实生活、自身原有知识经验等进行对话与互动的机会，让教学亮点频出。

为此，我们就四年级《折线统计图》这一内容进行了有益的尝试。《折线统计图》这一内容，教学时我们没有按照常规教学模式遵循教材的编写顺序演绎，而是将教材中的基本知识点提取出来，以教材为起点，重新构造折线统计图的教学内容。其背景知识取材于学生喜闻乐见的海洋生物——鳞虾和鲸鱼，以二者的活动规律为主线展开教学。由于我们的精心组织和独具匠心的编排，使整个课堂充满了鲜活的思想，孩子们在喜悦的心情中学到了新知识，也长了见识，教师有意流露出来的思想源泉静静地滋润着孩子们的心田。

数学的课堂应是一个开放的课堂，它不应仅局限于学科知识系统的自我完善，还应将数学回归大自然、回归科普、回归学生生活的现实，并从中选择出具有时代气息或学科前沿成果的资料，或是密切联系生产、生活实际的素材作为课堂教学的学习内容，使学生处于要学、爱学、好学之中，使能力的培养寓于知识运用之中。

回归科普——精选学习内容

在学习内容的选取上，没有采用教材中的内容（教材中折线统计图的内容是关于蒜苗生长规律的统计），教师大胆的引用了南极深海中的鳞虾和鲸鱼活动规律的统计数据。课程一开始，教师放映幻灯片，画面上出现了冰天雪地的南极，一艘插有中国国旗的航船在冰面上滑行，接着画面一转，出现了厚厚的冰层下，生活着一群可爱的鳞虾，这些鳞虾遍体透明，在灯光的照耀下熠熠发光。针对这个画面教师开始提问"这些可爱的小宝贝他们的活动规律怎么样呢？"随即出示了鳞虾 12 小时在水下的深度数据。数据是用表格的形式给出的，根据此数据可以画出鳞虾活动规律的条形图和折线统计图，引出了本节课的重点内容。

在老师和同学共同经历了一次画折线统计图的知识再现过程之后，教师又列举了一个例子，就是南极深海中的鲸鱼在水中 12 小时的活动规律，同样对它也可以画出一个折线统计图。课程到这里似乎已经接近了尾声，我们认为接下来教师该进入总结的阶段，可是教师话锋一转，“请同学们再次看一看小鳞虾与大鲸鱼的活动统计图，有没有新的发现呢?”此句一出，引发了同学们极大的兴趣，大家带着各种疑问你一言我一语的开始议论，并争先恐后地举手回答，将课堂气氛推向另一个高潮，情节的构造出乎所有人的意料，在场之人瞬时明白老师的良苦用心。

整节课的构造体现了两个特点：异、巧。

1. “异”字体现在内容的标新立异上

教师没有按照教材的安排用书上的例题，而是根据北京小学生见多识广的特点，选用了很少见的鳞虾作题材，这是一个重大的突破，她突破了传统的以教材为背景知识的习惯，而使用了与实际有密切关系的生活事例，体现了生活中处处有数学的思想，学生既感到亲切又感到自然，使课程的教学很顺利地进入到下一个环节，整节课内容衔接紧密流畅，没有突兀感。

“异”的特点还体现在照顾孩子们的个体差异上与促进教师的二度开发上。小蒜苗的成长可能对于乡镇孩子比较适用，但是它却不适应城市孩子的成长经历。有的城市孩子甚至没有看过小蒜苗的成长过程，对于教材中的统计背景知识不是很清楚，这无形中对他们认识统计规律起到阻碍的作用，可能难以同化新的知识，从而实现不了旧的知识平衡向新的知识平衡的转化。因此根据城乡孩子的不同特点，教师采用了城市小学生比较熟悉的鳞虾作背景材料，这样既照顾了教材中统计知识的共同本质特征，同时在教材内容的选取上又兼顾了不同生活经历的个体，使得整节课非常和谐和融洽。拉近了师生之间，生生之间的距离，达到了孩子愿意学，教师愿意教的良好效果。

2. 本节课的另一个特点就是“巧”

俗语说无巧不成书，生活中确实有许多的巧合之处，这是偶然中的必然，但这节课的“巧”却是教师精心设计出来的。课程开始的时候，大家都沉浸在寻找小鳞虾和大鲸鱼的活动规律上，并没有人去注意这两者有什么内在的联系。等到课程快要结束的时候，教师突然叫学生们寻找二者的关系，大家才恍然大悟，为什么大鲸鱼的活动规律是那样的，因为鲸鱼是以小鳞虾为食物的，它活动的规律必然受到小鳞虾活动的影响。课程选择得非常巧妙，当大鲸鱼张着大嘴吃掉小鳞虾的时候，同学们发出了惊奇的“啊啊”声。同学们一下子明白了，为什么将小鳞虾和大鲸鱼的折线统计图重合在一起的时候，会出现了两个折点重合的情况。大鲸鱼与小鳞虾的"巧"安排得不露痕迹，耐人回味。所以，以"异""巧"为特点的数学构造性思想方法在本节课得到了很好的凸显。

把学习内容分解为知识点，认知逻辑清楚

教师首先对折线统计图知识点进行逻辑分析，弄清教材中的概念、规律和方法的逻辑结构，从而把课本中的知识结成"点"，连成"线"，织成"面"，以求掌握它们之间的关系；其次，对教材内容要进行价值分析，要作出价值判断，以便确定某一具体内容在完成教学目标方面所起的作用；最后，对教材中的内容要进行决策分析，即确定教学目标，选择教学方法，进行必要的教学构思。

教师通过设计的3个问题，看似无关实则相关：当学生明白鳞虾的活动是一个连续的、不间断的运动，并且是周期性的发生变化时，根据折线统计图，学生很快就能描绘鳞虾在12时到24时的运动轨迹，由此可以推理好多问题，这样很自然的就衔接到下面开放题的提出："你还能提出什么问题?"学生有的提出："鳞虾在凌晨4时在水下多少米?"，有的提出"鳞虾在24时到第二天的12时的运动轨迹如何?"，还有的学生提出说："统计图中的折点是由几个因素决定的?"甚至有的学生说"鳞虾的活动规律受温度的影响，那么它一年四季（春夏秋冬）的活动规律是否有些变化呢?"尽管问题提得五花八门，但是同学们的问题都是基于合情推理的基础上提出的，完全符合逻辑的发展，也非常符合学生的认知结构。

由于本节课的重心是关于折线统计图，所以不可避免地要涉及统计思想，这里的统计思想包括统计调查思想和统计描述思想。对于统计来说，调查是先导，统计数据来源于调查，没有调查，我们的统计无法进行。本节课中，鳞虾与鲸鱼的活动数据是南极科考队员观测到的，这一点在课上已经由教师事先说明，学生明白了鳞虾和鲸鱼活动的数据是经过调查取证才得出来的。尽管教师没有明说统计需要调查，但是学生已经心领神会描绘统计图需要数据的支撑。统计描述思想就是利用统计参数、统计图表等方式描述事物的典型性、波动范围以及相互关系，揭示事物的内部规律的思想。教师在课堂上使用了三种统计方式来描述鳞虾和鲸鱼的活动规律。

《数学课程标准》指出："人人学有价值的数学"，有"价值"的数学应该与学生的现实生活和以往的知识体验有密切的关系，是对他们有吸引力、

能使他们产生兴趣。因此教师根据学生所处的文化环境、家庭背景，同时结合学生的认知发展水平和已有的知识经验的不同，向学生提供丰富多彩的实例，而没有拘泥于课本上所描述的事例。教师这种创造性的教学设计，既充分地调动了同学们的积极性，又给学生提供探索和交流的空间，在教学过程中数学思想方法运用到不显山露水，和风细雨般浸润孩子们的心田。

学习内容的呈现方式丰富多样、靓点频出

从开始鳞虾活动的数据统计表格，到后来推出的条形统计图和折线统计图，三者之间进行对比，发现每种统计方式各有其优点，其中以折线统计图最为直观和流畅，让人一眼就能辨认出鳞虾在各个时间段的活动规律。当数据统计表格与条形统计图进行比较的时候，我们可以清楚地看出条形统计图比较清晰的表达了鳞虾在中午 12 时活动在深水区，晚上 24 时活动在浅水区，但是此图的缺点是鳞虾在每个小时之间的活动变化情况，图中不能直接显示出来。实际上鳞虾每时每刻都在不停地运动着，它有中间的过渡时期，也就是说它活动的趋势是流线型的，而不是断断续续的，因此用条形统计图不如用折线统计图更能反映鳞虾在各个时间段的活动变化情况，折线统计图能够反映鳞虾从 12 时 ~ 24 时每一时刻在水下的位置。

对比不仅表现在课程内容的设计上，还表现在教师有意识的运用不同意见小组之间的对比。这种方法体现在课堂教学思考上，教师在出示折线统计图之后设计了 3 个问题：1. 统计图中每____时记录一次鳞虾的活动；2. 你能说一说从 12 时 ~ 24 时鳞虾活动的总体变化吗？3. 你还能提出什么问题？关于问题 1，有的学生认为折线统计图是每隔 2 小时观察一次的，有的学生认为是每隔 4 小时观察一次，他们各抒己见，互不相让。于是老师将他们分成意见不同的两个小组，两个小组派出代表互相说服对方，比一比，看一看谁的说法更有说服力，更加贴近实际情况。其他同学和老师则认真地听取各个小组的陈述，将每个小组代表的发言进行对比，发现折线统计图是每隔 2 小时观察一次的理由是比较充分的，全体同学通过讨论、交流达成共识。

教师对教材内容丰富呈现，以最大限度激发了学生的学习兴趣，让学生爱数学。教师向学生提供充分从事数学活动的机会，帮助他们在自主探索与合作交流的过程中真正理解和掌握基本的数学知识与技能、数学思想和方法，获得广泛的数学活动经验。

搭建学习内容与学生认知之间的桥梁

教学不仅仅是为了完成教材上的内容，更重要的是教育一个富有个性的、活生生的人。教师面对的是学生，各有各的特色。即使在同一个班，学生与学生之间也存在着差异。在教学过程中，要依据学生的自身情况而定，这是创造性地使用学习教材的核心。那么如何搭设学习内容与学生认知之间的桥梁？

1. 给学生再创造的机会。

荷兰数学家弗赖登塔尔认为，数学是人的一种活动，如同游泳一样。要在水中学会游泳。教师必须在做数学中学习数学，也就是在创造数学中学习数学，因为只有通过自己的再创造活动而获得的知识，才能真正被掌握和灵活运用。新课程要求教学活动基于学生的直接经验，强调让学生亲身经历、动手去做，使学生在各种活动中获得对于实际的真实感受，这种内心感受是学生形成认知、转化行为能力的原动力，也是他们的情感、态度、价值观健康发展的基础。苏霍姆林斯基指出："在人的心灵深处，都有一种根深蒂固的需要，就是希望自己是一个发现者、研究者，而在儿童的精神世界中，这种要求特别强烈。"教师就是要把学生强烈的表现欲、求知欲激发出来，把学习的主动权真正还给学生。教师在把握教材时，把无意识的变为有意识的，就会使创造性使用教材的比率更高。

教学片断：

复制统计图，观察两种动物之间的活动轨迹，寻找联系。

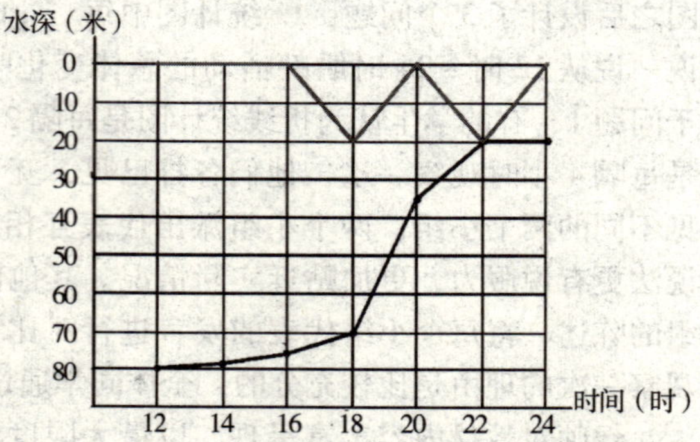

当我们观察到鳞虾和鲸鱼的活动情况后，它们之间有联系吗？怎么看出来？用什么办法？你们有什么新的发现？

学生小组小声讨论。（随着声音的减弱学生脸上洋溢出灿烂的微笑）

学生1：举着两张折线统计图纸，无比兴奋地说："我们发现它们俩相遇了！"鲸鱼可能在吃鳞虾。

其他学生纷纷坐着就说："我们也发现了。"教师及时评价鼓励学生的创举。

出示24时两种动物的折线统计图对比，演示联系。

小结：傍晚时分，当鳞虾上升到水下20米时，鲸鱼正潜到水下20米，为了——吃鳞虾。

2. 以数据为依托，使课堂教学鲜活起来。

想不想知道鳞虾后面12小时的真实活动情况？

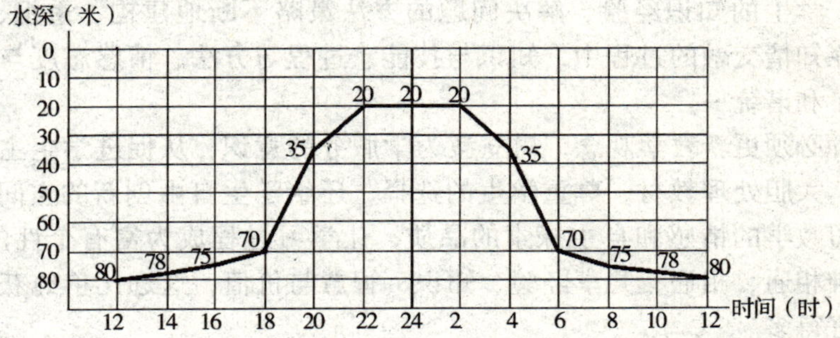

2：00	20
4：00	35
6：00	70
8：00	75
10：00	78
12：00	80

出示鳞虾活动统计表（见右表）：

出示鳞虾活动的折线统图？你又发现什么？为什么会这样运动？如果继续观察24小时你预测一下，鳞虾的活动轨迹会是什么样的？能用身体语言表达吗？

学生1：鳞虾活动是有规律的。

学生2：它活动的轨迹是对称图形。（举例说明）

学生3：鳞虾这样活动可能与它的生活习性有关系。

学生4：它可能受温度、时间、阳光的影响……

运用3个图做小结，即前12小时折线统计图——24时折线统计图——多天的折线统计图。我们看到鳞虾一天活动的趋势，两天的活动的变化，从而预测出鳞虾许多天后的活动规律。

小结。折线统计图的特点沟通联系。

沟通表图与数据之间的联系。（结合课件演示）从统计表中我们对数据进行了整理，分类；从统计图中一眼看出了水深水浅；从折线统计图你们又看出了什么？——（鳞虾活动变化的趋势。即：鳞虾深浅变化的趋势。教师手势辅助。）

让学生在生活情境中建立"原型"，把抽象的教材知识具体化、直观化，在合作探究中内化为自己的知识和技能。数学教材知识尽管表现为形式化的符号，但它可视为具体生活经验和常识的系统化，它可以在学生的生活背景中找到实体模型。

这个与数学知识有联系却又极其平常的生活事件或现象作为学生实践研究的对象，不仅能唤起学生原有的生活经验，而且能激起学生自主探究的愿望，学生就会乐此不疲，在轻松愉快的探索过程中，自然而然地达到新课程标准要求的三维目标。在这个教学的过程中。教师选取的贴近学生生活的研究对象，学生的知识经验、解决问题的方法策略不断地建构、重组、内化、升华，在知情交融的过程中，知识与技能、过程与方法、情感态度与价值观都达到了和谐统一。

教师必须更新教学观念，树立教为学服务的意识，从促进学生主动发展的高度，大胆处理教材，尊重学生的选择，还给学生自由创新的空间，培养学生学习数学的情感和自主探索的品质，让学习过程成为富有个性的过程，实现精神相通、相遇、共享经验、知识、智慧与价值，这远比单纯获取数学知识要好得多。

利用多媒体网络，拓展素材范围

以计算机技术为手段改革传统的以教师为中心的教学模式，建构一种既能发挥教师的主导作用又能充分体现学生认知主体作用的新型教学模式是教师们不断探索的课题。本节课，教师利用多媒体网络搜集相关的声音、文字、图像、数字，将这些素材与教学内容融为一体，通过现代教育技术手段，展示给学生，极大地激发了他们学习的积极性和主动性。实现课堂教学大容量、多信息、趣味浓、效率高。通过生动的、富有教育意义的、有说服力的数据、统计材料，教师不仅轻松地完成本节课的教学任务，而且成功地让学生接受了一次爱自然、爱科学的思想教育。

数学的课堂应是一个开放的课堂，它不应局限于学科知识系统的自我完善，还应将数学回归大自然、回归科普、回归学生生活的现实，并从中选择出具有时代气息或学科前沿成果的资料，或是密切联系生产、生活实际的素材作为课堂教学的学习内容，使学生处于要学、爱学、好学之中，使能力的培养寓于知识运用之中。

总之，新教材的使用必将促进我们教学观念、教学手段的更新。我们将在今后的实践中继续摸索，精心选择学习内容让教学靓点频出。

与青年教师践行同课异构——

《生活中的正负数》是北师大版四年级第一册的内容。我听过这节课，上过这节课，深悟其数学之美。

当我走进五一小学进行三节同课异构时，我再次领略并践行了课堂教学，又使我收获多多。

研究不止，收获不断

——好课原来是这样磨出来的

由“猜，找，估”引发学生的思考

——赏析四年级刘靖老师生活中的正负数

什么是一节好课？两个字：思考！这节课上到底思考有多少，学生思考占多大的比例。思考的深度、程度如何？我个人认为这是一节好课的标志。

首先关注学生的思考：这节课要思考什么？要依据教学的重点。

孩子的思考会有多种，思考的类型也不一样。最后殊途同归，都应回到教学的重点。

其次，如何引发学生的思考……

生活中的负数是由“猜—找—估”来引发学生思考的。

1. 一猜，激发学生的学习兴趣

（3 幅图猜想的过程，既是摸清了解学生已有知识水平，同时通过猜的活动激发学生兴趣）

师：今天的知识和我们的生活密切相关，希望大家多动脑筋，爱思考。先请大家看看这张统计表，猜猜看表示什么意思？

（哭笑相对，正负相对）

师：下面公布答案，你猜对了吗？

师：那这些数字，你能猜出它们各表示什么意思吗？

（有了刚才的经验，学生初步感受正负数表示意思相反的量）

哭笑相对，好坏相对，高低相对……在学生们皱着眉头，苦苦思索时，教师公布了正确答案。学生顿时展露了笑脸，大呼：原来是这个意思！思考了，必然会有痕迹，也就为孩子理解正负相对埋好了种子。

2. 二找，体悟生活中的负数

师：生活中的许多事物中都藏着负数。这节课看看大家是否能把它们准确地找出来。我们一起来试试

（1）温度

师：看到这幅图，你能知道哪些信息？

学生说：气温。

师：刚才我们提到了 +2 与 -2 表示水库的水长高 2 米，下降 2 米。都是 2 米。

那这里的 5℃与 -5℃就都是 5℃了。

（让学生说不同）

师：现在给你一个温度计，你能在上面标出这两个温度吗？

5℃标在哪？那 -5℃呢？

通过比较，帮助学生理解 0℃是正负温度的分界，离 0 越远则越热或越冷。

师：这两个温度各是多少，谁更冷呢？

师：现在，你对正负数有什么新的认识？

温度的冷热相对直观地解释了正负温度，让学生感悟出 0℃以上都是正温度，越往上温度越高；0℃以下都是负温度，越往下温度越低就越冷，0℃是分界。

3. 三估，养成学生的数学思想

出示海拔图片，让学生解释。

师：这幅图是什么意思，和正负数有关系吗？谁来说说

师：我们以海平面为标准来分界，海平面以上为正，海平面以下为负。（同时借助手势描述）珠穆朗玛峰记作 +8844 米，那这就是 -8000 米。

学生问题质疑，这凹进去没那么多，也就 100 多。渗透估计的方法，把正负数真正地用到生活中。

学生们不仅掌握了这节课的教学重点（认识、理解负数与正数相反意义和分界标准）而且指出了正负数是一一对应的。

另外，是要关注孩子会不会思考。从哪个角度看，怎么去做等等。

我认为一个孩子最重要的是要有一个数学思考。怎么思考应有一个方法，一个程序。

带着数学思考去建模，在问题情境中找到数学，再用数学的语言、数学

的符号建立数学的表达。从这种意义上来讲，我们的老师应引发孩子去思考，这是我们非常想强调的什么是数学思考。

一节好课的标准是追求能促进学生的思考。如何引发学生的思考呢，最大的兴趣是富有挑战，最有兴趣的是跳跳能够到果子。

无论你用什么手段，你能让学生思考了多少。我认为思考的深度，思维的参与是最有价值的。

怎样以学生已有的水平为出发点，创造性地学

——赏析四年级姚静老师生活中的正负数

教给学生能借助已有的知识去获取知识，这是最高的教学技巧所在。

1. 怎样了解学生已有的知识水平和生活经验呢?

教学前测。

前测班级：四（10）班共40人，前测题：

（1） -5你知道怎么读吗？共38人答对。

（2）5℃和-5℃有什么差别？它们与0℃的关系？

共22人谈到这两个温度一个在零上，一个在零下，都知道用0来比较。其中9人知道5℃是比0℃高5℃，-5℃是比0℃低5℃。

（3）在日常生活中，你还在哪儿见过像-5这样的数，举例说说它的含义？

10人谈到在天气预报和温度计中用过。3人谈到了扣分中出现过。2人谈到商店卖东西。2人谈到银行取钱。1人谈到地下车库。

通过前测，姚老师发现学生在日常生活中最常见的是在天气预报中的正负数，并且对温度的零上零下有感性的认识，同时都能体会到零上温度较暖和，零下温度较冷。因此，姚老师找到了上课的起点——从天气预报入课。这样入课不仅让学生感知0℃的分界，而且为学生体会正负数的相对性打下了良好的基础。

为什么要搜集生活中的正负数呢？积累经验。

课前，姚老师鼓励每位学生收集生活中的正负数。有的学生搜集到不同区域的温度，有的学生拍摄下电梯里的正负数，有的学生拿来了海拔高度线行图，有的学生抄来了商店营业中的正负数，有的学生找来了描述风向的正负数……课前的搜集，积累了学生一定的知识经验，丰富了学生的生活常识经验。这样做不仅使学生认识到搜集是一种重要的学习方法，而且也能让学生初步感受正负数的含义，甚至能同时体会到正负数应用的广泛性。

学生把已有的知识经验带到课堂学习中，把丰富的资料带到有趣的活动中，必能提高学生参与教学活动的质效性。“数学源之与生活，悟之于生活”。在整个教学过程也得到了充分体现。

2. 什么叫面向全体？人人参与

“师生互动，生生互动，人人参与”是这节课的一个教学亮点。

“没有学生的积极参与，任何形式的教学都是低级的。”而本节课的教学中，人人都能参与到教学活动中来。

（1）熟悉的天气预报声音响起，学生仿佛回到了家中，记录城市的天气情况，学生感到新鲜，随着不同城市气温的变化，负数也逐渐出现，自然而然引入到课堂，使学习的难度降低。

（2）亲身体验温度的变化。首先，情境导入，让学生试探着给情境图配上合适的温度；然后让学生试着读温度和比较温度的高低，其次让学生试着用自己喜欢的方式记录师生活动的输赢分数和根据条件用正、负数填表。课堂中，人人参与探究负数的活动。通过让学生用正、负数给自己这节课的课堂表现打分，把课堂气氛推向了高潮。既融洽了师生关系，又能让学生在自我评价中增强了学习数学的信心，同时也满足了学生“喜欢玩”的个性要求。

（3）在学生已经认识负数之后，利用温度计，使学生进一步理解 0 与正负数之间的关系，紧接着教师列举了生活中的一些实例：坐电梯到地下的楼层应按哪个数字键？家里的收支情况如何记录？反映出什么问题？海平面是怎么回事？高山和地面的高度如何测量？从存折中可以看出哪些内容？数轴是怎么回事？这部分内容的安排通过借助生活实例让学生对负数有了更深一层的了解，并在解决这些问题的同时，使学生感知负数在生活中的广泛应用，为学生解决生活中的问题奠定了基础。

让学生在玩中放飞思维，人人懂得用所学知识解决简单的实际问题。

总之，在本节课的教学中，我既看到了姚老师贯彻了课堂教学新理念，不同层次的学生真正得到了不同的发展。又看到了姚老师心中有教法——“教给学生能借助已有的知识去获取知识，这是最高的教学技巧所在。”

为生所需而教，乐哉

——《正负数》我的教学再次实践

教材并不等于课程的全部，学生的认识需要更是课程的范围。在《正负数》教学时，我以学生的认识需要为出发点，设计了“用相同的数字能表示相反的两个量吗？”的问题，以引发学生的思考，产生认识的需要，达成认知的共识。教学实践证明：这样的教学更具有针对性，学生掌握起来并不困难，而且还很轻松。

1. 借用已有认知水平建立表象

师生、生生“对口令”——说反义字、反义词；

学生用自己的方法把听到的信息记录下来，然后组织学生进行交流。

2. 用相同的数字能表示相反的两个量吗？

师：用相同的数字来表示相反的两个量，可以吗？

生：马上提出反对意见——认识“不平衡”，并说出理由，因为这样不能很好地区分两个相反的量。

师：下面的几种表示方法是不是能区分不同的两个量呢？我出示3位同学用相反方向箭头、文字、符号来表示相反意义的量。让每个小作者向同学们介绍自己的想法——认识“平衡”。

接着我又出示其他的一些符号图，并让学生进行评价。让学生知道这些虽然能区分相反的两个量，但不统一——认识“不平衡”。

这时我们的学生迫切想用一种统一的符号来表示相反的两个量——认知需要，最后引出正负数——认识“平衡”。

这样让学生经历“不平衡——平衡——不平衡——平衡”的过程，让学生在不断的思维碰撞过程中引出正负数，并让学生在不断冲突中扎实地建立了正负数表示相反意义的两个量这一概念。

3. 负数的产生与发展，是与解决实际问题紧密联系的

在概念建构的过程中，教师引导学生借助数轴初步理解负数的意义，并在练习中安排了各种不同的具有现实背景的相反意义的量，为学生提供了丰富的素材。

在横向数轴上请表示楼上三层，楼下二层的位置，使所学内容升华——让学生认识“0”既不是正数也不是负数；认识“0”是正数和负数的分界线；“0”的位置不确定性；正负数表示的相对性。在纵向数轴上请表示地上三层，地下二层的位置，使所学内容升华——上方表示楼上，下方表示楼下，与生活实际紧密相连。

刘翔跑步中的逆风问题，学生富有情趣的演示，使一顺一逆的相反意义明确展现在学生面前，也有效地提升了对数学概念本质意义的理解。

海平面是怎么回事？高山和地面的高度如何测量？

每个情境都紧密围绕“相反意义的量”，不仅调动了学生的多种感官的参与，而且使学生在有限的时间内，了解负数在生活中的广泛应用，体会负数的学习与现实世界的联系，让学生的认知得到升华，更重要的是感悟数学学

习的价值。

4. 了解历史，激发情感

新课程的教学目标不仅定位于知识技能方法上，还要通过数学的学习来培养学生正确的人生观与价值观。在这里我通过对正负数历史的介绍，让学生了解到中国很早就开始使用负数了，让学生产生民族的自豪感。

学生认知的基础，教师要准确的了解，因为这是教学的起点。学生认知的需要，需教师精心的引导，只有这样才能产生思维的碰撞，才能经历数学真正的构建过程，进而理解数学和应用数学，体悟数学之美。

《生活中正负数》的研究与实践，使我再一次次收获着。教师可利用丰富的生活素材，让学生经历符号化、数学化的过程，逐步体会量的相反意义；教师可从生活实际出发，让学生体会正负数产生的必要性；教师可从学生的认知基础出发，感知正负数的意义……

不同的引入新课方式，不同的课堂结构，让我享受着课堂教学，收获着课堂教学，我将为此不懈地研究。

2011 年 5 月

把"甜式"奉献给我的学生

对学生真诚地赞扬，真心地热爱会唤醒他们学习的热情，会换回他们的自信心，特别是对那些有"问题"的学生。

用"欣赏"换回学生的自信心

"你是我心中的怪才!"

"你是我心中的怪才!"是我每天挂在嘴边而说给小润同学的。

小润是一个多动、俏皮，为所欲为的男孩。上课想说就说，想玩就玩，想满教室溜达就满教室溜达，与同学吵架或动手那也是常有的事。提起作业更是让家长和教师伤透脑筋。用家长的话来说："只要他不与同学打架，只要他不影响老师上课，只要学校不让他转走，我就知足了。"于是，每天一粒药片便成为小润妈妈制约他行为的方式。我也便一次次开出了"处方"……

"从计数的角度思考，多有道理!"——我肯定地说。

一周了，我每天走进教室，每天迈上讲台，开始激情满怀的教学。

他——小润，本不是班上的小干部，本不是班上最“优秀”的学生。然而令我诧异的是：“你知道10万有多大吗？”的问题抛出后，没有一个学生瞬时做出反应，没有一个学生敢尝试发言，也没有一个小组长组织同学讨论。

一分钟过去了，两分钟过去了……寂寂的让人害怕，静静地让人窘迫。短暂的几分钟似乎是漫长的几个小时，在我“急急扫射”教室的每个角落的刹那，我却注意到他——小润，在课堂上想发言而又“不规则”举起的手臂，此时的我就像跌落悬崖的人抓住峭壁上的一根藤蔓一般，我兴奋地请他走上讲台发言……

“老师，10万就是有10个一万呗”。情绪饱满的他，虽然声高调长，但从计数的角度思考，多有道理！“请全班同学将最热烈的掌声送给他。”小润红着脸，摆着手，一个劲地摇着头走回了座位。

“掌声中有对小润思考的肯定，掌声中有对小润勇敢的鼓励。我们要向小润学习，学习他的勇敢，无论对错都要积极发言，因为这是思考的第一步，这就是学习的开始。”我说。

思考的火，燃烧起来，大有“燎原”之势。大家争先恐后发言，有的同学说我们班有40名学生，10万名学生大约组成2500个我们这样的班级；有的同学说10万步大约在400米的跑道上走130圈；有的同学说10万天大约是274年；有的同学说……

我看到了交头接耳的场面，我看到了争先恐后发言的场面，我更清楚地看到了洋溢在小润脸上那得意的憨笑，看到了他从心底涌动出来的求知的欲望。

“一分钟的等待，值！”——我真诚地悟。

那是一天的开始，7点40分我准时推开了教室的门。“同学们，有一个问题谁愿意帮我解决？”我边说边走到黑板前写下了：

苹果有几个？桃子有几个？

转过身，我接着说。事情是这样的，苹果的个数是桃子个数的3倍，如果每天吃2个桃子，吃5个苹果，多少天后桃子吃完了，苹果还剩24个。苹果有几个？桃子有几个？

……一阵讨论过后，我发现有的同学用画图法解决；有的同学用假设法；有的同学用方程。我逐一进行了分析与肯定。但我发现还有几个同学眉头紧锁，似乎还没理解，这其中就有小润。此时距上课还有4分钟了，我着急地说，“我再……”“老师，我可以。再给我一分钟！”的话语声，将我的话打断。

“老师，我可以。再给我一分钟！”的话语声，久久回响在我的耳畔。我的目光定格在打断我的话的小润身上。看着小润的“乞求”表现，我无比欣慰——我多么期待，期待着来自学生自己的那份自信，那份主动。我在心里默默地告诉自己。是呀！不要小瞧这一分钟。于是，我让其他同学坐着上课的准备。而我站在小润的旁边又激动又担心——能行吗？接下来小润的表现证明我的担心是多余的。只见他边说边画图，……一分钟过去了，站在周围的同学们无不啧啧称道。

我明白了，多给学生一分钟，就是给那些需要一点一点积聚勇气的同学以勇气，给鼓起勇气的学生以超越自我的台阶，就可能多让一名学生走向成功。同时我也知道了给予学生自我展示的机会，就是给予我一名教师走近学生的机会。

这个时间我没有浪费！我面带微笑地对学生说：“一分钟的等待，值！现在我们开始上课”。

在这节课上，我发现小润更加专注了。我的课堂也更加走向开放，走向学生自主，走向说写结合，走向理解和尊重。我惊喜地发现，学生们越来越喜欢数学课堂，越来越愿意围绕在我的身边谈感想，谈所获，也就越来越“亲其师，信其道”！

阳光的“笑脸”们告诉我，同学们的思维触觉还在伸展，兴致还在铺展，说写还在继续，“再创造”还在延续……

“聪明的我，服务聪明的你！”

小睿是四（3）班的学生，我教他数学。他家庭作业根本不做，校内作业想写就写，不想写就不写。我很吃惊，问他为什么不写作业时，他瞪着一双无神的眼睛，啃着拇指，一句话不说。

今天他又没有写作业，我没有批评他，抚摸了一下他的头，迈着沉重的脚步走上了讲台进行教学。

一天，我参加了三班的综合实践活动。每一个学生拿着手中的泥巴一会揉，一会捏，作品一个个应运而生……放眼望去，一个盆景是那么与众不同。“这是谁的作品？”我问。“我的”，小睿回答。我出乎预料，也惊喜万分。他是个有思想、有创意的学生，他的作品高出同学一筹，我认为。

小睿是个聪明的学生。为了让他健康成长，第二天的数学课上，我先告诉他在课堂上应该怎样做。我在全班表扬了他，并表明非常欣赏他的盆景作品，同时大声向全班宣布：“谁能帮助他，我替他谢谢你。小睿很聪明，他一定会有进步，而且进步会很大”。他听到这些话，立马坐直，嘴角还露出了一丝丝微笑。

此时此刻我看到了希望，我欣赏他现在的状态，我看到了他的自信，他不是笨孩子，他不写作业，他的成绩差是多方面原因造成的。

针对小睿的实际情况，我认为要想提高他的成绩，首先应提高他的自信心。为此在班里只要他有一丁点的优点、有一丁点的进步，我都会在班里大力表扬他。为了更多地发现他的优点，我又发动全班的力量去挖掘。之后的课堂学习，小睿记笔记了，开始写作业了。当他用完一个作业本后，他拿着另一个新本自信地对我说：“老师这个作业本我一定比第一个本写得好。”是的，我相信！之后的课堂学习，小睿敢于举手了，我也把回答问题的机会适当向他倾斜。即使他有时回答不上来或错误，我也想办法表扬他、鼓励他。

作业中，我会经常写到：“今天你表现特别好”、“书写好看”、“会看书了”、“今天的作业没写完，没关系。”……有时为了让他取得好成绩，我会将检测题提前透露给他，让他提前练习。几次过后，他居然说道：“我计算的优势是乘除法，不足是加减法。”话语中流露出他的成就感。我当即表扬：“这是人的最高境界，不仅知道自己的优点，而且明白自己的不足”，多好的学生呀！我们全班同学都要向他学习。这时你再看小睿，咪咪笑呢！

一个学期下来，小睿的数学作业大多时间都可以在学校写完。数学成绩由考50多分到60多分70多分，现在可以达到80分了。奶奶说她有进步了，妈妈夸他变化大，同学们祝贺他成绩提高了，而我更欣赏的是，他有自信了！

又一天，小睿悄悄地递给我一封信。打开一看，正是小睿的妈妈写给我的：

这一年，孩子身上出现了很多可喜的变化。首先，是精神面貌上的变化。由于老师的细心观察，充分发现孩子身上的优点及每一点进步，毫不吝惜的予以肯定，孩子变得自信起来，他开始认识自己的价值，不再一味逃避，愿意主动表现，回到家也开始喜欢说学校和课堂上发生的事。田老师对于他手工作品的赞赏，使得他很喜欢动手制作，喜欢多方开动脑筋，来完成他的一些小创意，在这个过程中手眼协调能力得到了很多锻炼。其次，学习上他开始主动，原来写作业总是要我陪着、催着，现在他一回家就自己为每项作业计划好时间，上好定时器，时间管理的效率明显提高。写口算作业时，他会要求家长离开，他说“田老师都说我行，我能抓紧时间，做完了我告诉你吧。”我们也对他采取信任态度，给他培养自我管理能力的机会。只要他在规定时间内完成计划；节省下的时间都由他自己做主，由于得到认可，他的积极性很高。

效率的提高还表现在这个学期，在学校的课堂作业基本都能完成，很少拿回家做了。另外，田老师经常以言简意赅的座右铭启发孩子，潜移默化中为孩子建立起阳光向上的认知体系，他开始喜欢关注收集这些短语，喜欢阅读，常常在不经意间用这样的话语表达他的想法，他从一开始只是希望获得别人的认可，到开始逐步建立起自我激励机制。

这个学期，我们每周带他打一次羽毛球，每天晚上在完成一项功课后也要打上一会儿球，孩子不再拒绝这样的大运动量活动，对于任何事的获得（学习抑或其他）都必须付出的代价有了客观的认识，因为运动能力的提高对促进学习能力的提高也有帮助，变化也在一天天呈现。现在，通过与田老师交流，按照田老师的建议，我们开始对他的计算能力进行强化，每天要求他完成一定量的计算，量不大，不会构成负担，日积月累循序渐进的提高，孩子对此方法很乐意接受。

一个好老师给予学生的不只是知识，更多的是人生价值观的建立。欢喜为人，虽简而实难。有师如之，学子之福！这个学期孩子的变化让我们欣喜，相信通过老师和家长的共同努力和呵护，他会变得更加自信乐观，快乐成长的。

2011 年 5 月 31 日

老师我重写

上课的铃声响了，我将全体学生的目光定格在教室后面的柜子上，“同学们，上面是你们每个同学本学期的作品，昨天我用了一天的时间欣赏你们每一个人的作品。一个本一个特色，令我感慨，让我学习。这些作品不仅我要欣赏，学校领导也特想欣赏。此时再看看你们大家的作品，你们想说点什么?”同学们你看看我，我看看你，虽然没说什么，但都心领神会了。

第二天早晨，我刚刚进入教室，后面便传来“老师，我买了一本新的数学小状元”，循声看去，詹子豪同学摇着手中新买的“小状元”，说：“老师，我要重写。”

“老师，我要重写。”，这是学生的自觉，自省的表现。一年来，他的作业一直是在我的催促之下而完成的，用他妈妈的话来说就是：“我一让他写作业，他就要哭”，家长已无能为力，可以说改变他学习的状态，养成按时作业的习惯彻彻底底就落在了我的肩上。每天一有时间我就会把他叫到身边有时写一个填空，有时做一道计算题，或分析一道应用题……，在一个填空，一道计算题，一个应用题中我会把我的发现写在旁边。“今天的字写好看啦”，“这道题算得好”，“主动改错，真好”，“能用笔和书说话啦”，“这道题，读得很好”，“10 分钟能做三道计算题啦，进步真大，”“今天的作业按时完成，我特为你高兴”……就这样他的一本小状元终于在同学们先写完 20 天之后完成。当他的小状元放在同学们小状元一起的时候，却真有点儿与众不同……，但我相信他。

果然不出我所料。他执意要用一周的时间写完，看到他的自觉，看到了他的变化——他知道了什么是“真”，什么是“美”，什么是责任。我随手拿起一个学生的小状元，双手递给了他，“你可以看，也可以抄，重要的是学习。”他接过后高兴得笑了。

一天，两天……。第七天他准时把重新写好的作品交给了我，这个作品此时在我心中是他的一份责任，他向全班同学证明他能承担这份责任。同学们的掌声真的让他激动不已……。同时我奖励给他一个新本，并在本的第一页写下了一段发自肺腑的话：

詹子豪你好！

当我看到你新写完的小状元时，我感动于你的进步，你懂得了担当，懂得了责任，你是个有集体荣誉感的好孩子。

抓紧时间，主动学习，积极改错，每天都会有新的进步，老师相信你，同学相信你。不要让爸爸妈妈再为你操心，因为你长大啦。你知道了学习是自己的事，完成作业是自己的责任，这是你每天应该做好的事情呀！

老师希望你用这个新本，继续写出漂亮的字，继续算出正确的题，继续留下美的回忆。继续向全班同学证明你是好样的！

一切从头做起。加油！加油！

新的学期开始了，我真的又看到了他的进步，他的变化，有什么能比这让我还高兴的呢？

跟着学生的感觉走

这是新学期开学的第一天，当我面带微笑，以新学期第一天异常饱满的精神状态走进教室的时候，我发现全班大部分学生，没有像以往坐好了准备上课，而是愉悦在数学书中……

我改变了我的教学预案。“孩子们看我和同学们一样啊，我也特喜欢这本教学书，让我和你们一起翻开第一个页面——”

“我看过介绍《九章算术》的书，《九章算术》距今已有 1900 年了，在世界上有很大影响，已被译成日、俄、德、英等多种文字出版。我们前面学过的页数、分数、面积，在《九章算术》中有研究。”“看来淘气对《九章算术》也有了一定的了解。”智慧老人笑着对他们说道：“对这一学期将要学习的方程，早在《九章算术》中就出现了。”

“谁读过《九章算术》?”教室里一片安静。只有两个同学小声说：“我听别人说过。”“读一读数学故事，了解数学的发展历史，对我们的学习是很有帮助的。新的学期，让我和你们一起走进《九章算术》，进行数学发展的‘旅程’。”我的号召，赢得了全体学生的响应。我们还决定读完《九章算术》将一起交流体会。

带着这份快乐，我们翻到了目录。

“看到目录，再翻一翻书中的内容，哪个会，哪一点有所了解，哪个知识点不会，请你们都写在书上。”这也是我对全册内容的初步调研统计。

“小数的加减法”——全班45人，42人高高地举起了手表示会，3人表示不会。

这42人中，有掌握小数加减法运算，有初步认识的，也有略知一、二的。这些可以说是感性的，一种直接的经验，给学生一个展示的平台，满足学生们的需要。

我让学生将书翻开，看书第14~17页，用自己的心与书进行对话，用自己手中的笔与书进行交流，给学生独立阅读，展现自我的机会。

在这节课中，学生做了37道题，其中含有横式、竖式计算，表格，解决实际问题，不仅有一步试题，还有两步试题。在学生中只有5人有一道计算错，其余学生都是一遍准确无误。读书促进了他们的学习，评价也使他们得到了快乐，我对一次做对的给A100，及时改正过来的我给B100，学生笑在脸上，喜在心里。

评判中，我发现了“3.7+3.12=6.19”“18.3-12.51=6.52”的错例。这是计数单位，计算法则不理解的错误。评判中，我发现“4.8-2.8=2，4.8-2.8=2.0”的表现形式。

在学生兴奋点到最高潮时，我向学生发出了追问：“小数加减法在计算过程中，为什么要小数点对齐，你们能用什么方法说明理由，2与2.0大小一样，你又怎样说明？2与2.0这两个数真的完全一样么？透过学生表情，我看到他们真的有些困惑了。

“这两个问题，你们通过再读书，并结合我们每人心中已有的知识，在通过你们之间的讨论交流，肯定能找到正确答案与理由。”老师用期待的目光，深情的话语，给学生勾画出了自信的底线。

当学生谈对本节课的感受时，有的同学说：“我很棒，所做的题全对。”有的说：“看书，使我对小数加减法及计算有了更深的了解。”有的说：“不明白的问题，经同学们的帮助，我就明白了。”有的说：“8.10写成8.1可以省时，以后能省的0，我不写。”

………

有的同学还提出了出乎老师预料的有价值的问题：“小数点后面是不是还有很多位？”

——这正是下一节课教学资源呀！

我为学生的收获而快乐。

放开手，他们走得很好

这是一节解决“鸡兔同笼”问题的数学课。

上课的铃声响了，我打开了投影，学生全神贯注——“鸡兔同笼”。

那是学生看到投影上出现欢蹦乱跳的一群鸡和兔子。

“谁知道鸡兔同笼的问题？”我环视了每一个学生，亲切地说。

“我在数学课学过。”“我妈妈给我讲过。”“我在数学书里看过。”……当然还有的默然无语。看上去教室里绝大部分学生对这部分知识已不陌生。而我是按照北师大教材所准备的。先用列表尝试解决问题。

“鸡兔同笼问题，是现在的吗？它发生在什么时候，当时又是怎样叙述的？”我边说边在投影上出示了：现有鸡兔同笼；上有12头；下有32足；鸡兔各有几只？

学生不约而同摇头晃脑读了起来，我也随即打起了“拍子”。“读题过后，留下的是笑声，笑声过后留下的应是我们的思考，同学们知道鸡兔各有几只吗？”我也笑着对他们说。

我毅然采用了大家喜欢的那种方式，把学习片子发了下去，学生欢呼着开始解决问题，我暗暗为自己的决定感到高兴。在我巡视同学们解决问题的过程时，杨添同学把我拉到他的面前，用商量的口吻对我说：“老师，这节课的鸡兔同笼问题由我来给大家讲吧！”话音未落，聪明的展之遥也站起来，“老师，我也要给同学讲！”我为之一振，“好，就这么决定了，这节课由杨添和展之遥两位同学来为我们上课”。我坐在了学生座位上，教室里顿时响起了第一次掌声……

杨添走上了讲台：“同学们，大家在列表时，有三种填表情况。”他一边说一边将学会的3种填表方法放在了实际投影上，“这些表都填对了，咱们看看哪个解决问题更快呢？”“中间的那个”——大部分学生说。“为什么？”，学生纷纷说出自己的理由。多种列表形式中的择优，学生在不知不觉中，在学生们的对话交流中彻悟了。伴随着学生的第二次掌声，杨添举着手高高兴兴说着："Yes"，走下了讲台。我离开了杨添的座位上也高兴得笑了。

展之遥同学又跑到了讲台。"请12个同学到前面来。"我还没有反应过来，全班同学已高高举起手来。

12个学生来到前面，展之遥像模像样的指挥着，请你们12人把两只手放在身后。现在你们就是12只可爱的小鸡了。12只可爱的小鸡应该有24条腿，学生清晰可见，黑板出现了12×2=24（条），"实际是32条腿怎么办呢?""加上!"学生说，"加上多少条腿呢?"32-24=8（条），学生列出了算式。"怎样加呢？同学们请看这里!"由于兔子是四条腿，请其中的一个同学把两只手放下，并且哈着腰，一只活泼的小兔就出现了，再请一个同学放下两只手，哈着腰，又一只可爱的小兔子出来了……8里面有4个2，就有4只小兔子，8÷2=4（只）的算式又出现在黑板上，小鸡的只数也就迎刃而解了，12-4=8（只）鸡。……站在下面的我，吃惊地笑着。

当然12个学生哈着腰，伸着手，还可以都当回小兔子……

展之遥还提醒着同学，一定要注意腿数应2只、2只的加，或2只、2只的减……，伴随着学生的第三次掌声，展之遥同学向全班鞠躬下台。

看着展之遥，我不禁感叹：小小年纪，真不简单——创设情境、直观形象，让假设法走进了同伴的心里。

"展之遥的假设法引起了我的思考，我也用假设的方法，我边向前走边说，假设鸡的只数是X只，你可以想到什么?"话音刚落，郭奕菲同学跑了上来："老师，我要说。"此时的我，乖乖的退到门边。

"如果鸡有X只，那么兔就有32-X只"，我就可以联想到：

2X+（32-X）×4=32。

↓　　　　↓　　　　↓

鸡的腿数　兔的腿数　总的腿数

随着郭奕菲同学的讲解，学生连连发出"噢、噢"的声音。

余物飞同学也跑上来了，边跑边说："我也能假设。"

如果鸡有X只，兔有Y只，就可以得到：

X+Y=12；2X+4Y=32；

这时全班又响起了第四次掌声，这掌声配之以全班同学灿烂的笑容，又配之以全班学生亮晶晶的眼睛。

下课了，学生把我围住了："老师，这节课太有趣了。"

"老师，我三年级时，就学了鸡兔同笼，但是我没学会，今天我学会了，可以说是清楚至极。"

"老师，这节课我不仅学会了列表，而且还学会了假设。"

“老师，三年级我就会列表，四年级我学会了假设，今天我又学会了的方程。”……

教学又何尝不是如此呢？学生的一句话，一个表情，一个动作，都能成为让我们为之一振的精彩，教学的艺术就体现在敏锐地捕捉学生身上显露出来的教育细节，静静地倾听，深入地挖掘，在细节上做文章，于细微之处见精神。这样，教学就会走进学生的内心世界，就能赢得学生的阵阵掌声，那时的我和我的学生将更加美丽、迷人。

不让小数点添乱

早上第一节课是我的数学课，我高高兴兴地来到教室，今天的教学内容是《小数乘法》。揭示课题后我要求学生编几道乘法算式。

我把学生编的乘法算式写在了黑板上，然后指着这些算式说：“有多少同学已经会算了？”大部分学生举起了小手。有的学生还不由自主地说出：“老师，这类题很简单，按照整数乘法的方法计算，再数因数一共有几位小数，最后从积的末尾向前数出几位，点上小数点。”“是吗？”我问，“是！”学生肯定地回答。我再让两个学生将“按照整数乘法的方法计算，再数因数一共有几位小数，最后从积的末尾向前数出几位，点上小数点。”这种方法各说了一遍。此时的学生似乎全明白了。

学生个个跃跃欲试，我将计就计，指着黑板上的三个题 4.02 ×2.6、7.427 ×1.9、38.005 ×6.14 请同学们用竖式计算，话音未落，学生就算了起来。我在行间巡视，发现了计算中的种种问题，并把它一一列举出来，从而引发学生的讨论。“不让小数点添乱！”学生举例提出建议。我让学生按此法算了一道题，学生欣然接受了。

在小数乘法计算中，写竖式时不写小数点，算完乘积后，写在横式上再点小数点。多么敏锐而独特的建议。接着我让学生用自己喜欢的方法，将我课前准备好的小练习《小数乘法》（10 个题）用 12 分钟进行计算，结果全班 45 中人 41 人全对。

看到学生的成绩，我真是喜不自禁。让学生用自己的方法去思考问题，鼓励学生用自己认为好的方法学习数学，对学生来说，这就是创新。

这是极其普通的一堂课，但是我认为它是一节成功的课。因为课堂上出现的问题学生用自己的方法解决了；其次，知识上的超前性，在课上起到了“推波助澜”的作用；课堂上生成的错误资源转化成为我所需的宝贵经验，并成为学生所用的宝贵财富。

相信你的学生

20 分钟的思辨，让我回忆；20 分钟的思辨，我的学生在超越。时间退回到 3 月 28 日的数学课。

"同学们会画三角形吗?"我环视学生，微笑着说。

"会!"——在学生看来太简单了。

我紧接着说："快，在数学作业本上任意画出三个不同的三角形。"

学生静静的画着，高兴的互相欣赏着：钝角三角形、锐角三角形、直角三角形……

"只要是三条线段就可以围成一个三角形?"我用肯定地语气问。

"是!"——学生异口同声地回答。

"既然如此，我们按要求再画三个三角形。"

2 厘米　3 厘米　4 厘米

1 厘米　2 厘米　4 厘米

2 厘米　2 厘米　4 厘米

学生静静的画着。刚开始画时，教室里非常安静，一会儿就有小声说话的学生，我保持沉默——从小声说话的声音中，我明白了学生非常一致的认识到，第一组的三条线段可以围成一个三角形，第二组绝对不可能。

说话的人越来越多，声音也越来越高，全班 45 人，38 人认为第三组的三条线段不能围成三角形，7 人坚持自己的意见，可以围成三角形，我在一旁不动声色的继续观看。这 7 个人，一会儿拿出学具小棒摆，一会儿摊开纸在画……"我测量你画的三角形，这条边画长了，有误差。"持不同观点的学生说。"孩子们我也想动手摆一摆，请将你们的目光移到屏幕上。"我边说边用电脑再次演示了第二组、第三组不能围成三角形的过程。全班学生慢慢地平静下来。

学生认知冲突引起的争论持续了 20 分钟——认知的冲突，真实的争论，激发了学生进一步探究学习的欲望，为学生有效建构数学知识开了个好头。

"能够围成三角形的三条线段到底有什么特点呢?反之呢?请你们将已画好的三角形的三条边测量出来，看看、比比，有什么发现?"

学生又进入了交流与讨论……

教师不急于结论，而是将学生的思维引向深入，把对知识的深刻理解又抛给了学生，从而帮助学生实现了对数学知识的有效建构——三角形任意两边的和大于第三边。

20 分钟的思辨时间，在我的课堂教学中是不多见的，但他留给我的是永不消逝的记忆——留给学生足够的思维空间，相信你的学生！

需要：在青蛙儿歌中体验

小青蛙这首儿歌，人们很是熟悉，它通常在讲完字母表示数后，学生的一道练习题目。而我再次读到这首儿歌时，我越发感觉到它的教学魅力，它不仅能体现字母表示数，数量、数量之间的关系，还能体现用字母表示数的优越性，他不仅使学生建立符号的意识，形成不完全的归纳思想，而且还能提高学生的抽象概括能力，于是我带领着学生走进了“小青蛙”。

“同学们，今天咱们先唱一首小青蛙儿歌好吗？”“好——”

随着音乐的响起，看着清澈的河水，粉色的荷花，绿色的荷叶，美丽的青蛙，听着朗朗上口的儿歌，学生已按捺不住自己喜悦的心情，跟随着音乐的旋律也唱了起来：

1 只青蛙 1 张嘴；2 只眼睛 4 条腿；扑通……跳下水

2 只青蛙 2 张嘴；4 只眼睛 8 条腿；扑通……跳下水

学生越唱越慢，越唱声音越小……

“怎么了，不想唱？”学生笑着摇头。

“老师，越往后唱，青蛙的只数越多，眼睛和腿就不好算了”，一个学生着急地说。

“老师，这首儿歌唱不完”，几个学生异口同声地说。

“你有什么好的办法，将这首儿歌每一句的特点概括出来。”一时激起千层浪，学生不约而同的或左右、或前后讨论开来，看着他们的小脸，各个洋溢着探索知识的快乐。

五分钟过后，请你们将思考讨论结果写在纸上。也可以写到前面的黑板上：

板书：	青蛙	嘴	眼睛	腿
①	1×1	1×1	1×2	1×4
②	△	△	△	△
③	X	Y	A	B
④	X	X	X	X
⑤	□	1×□	2×□	4×□
⑥	a	1×a	2×a	4×a
⑦	N	N	2N	4N
⑧	?	?	2?	4?

学生用图形、用标点、用字母……表述出每句儿歌中的数、数量的关系，我指着第一列数，"这些不同的符号表示的都是什么?"，"青蛙只数"，学生说。

"青蛙只数都是什么数?" "1、3、15、134、3.5、……很多个?" "是吗?"我保持了沉默，几个学生陆续举起了小手，"老师，小数不可以，"不可能有半只青蛙，有的同学笑了，有的同学点着头，有的同学连声说对，一个符号的取值范围，结合着具体的情境，学生完全理解了。

面对黑板上8种表示的方法，你认为哪个合理，哪个不合理，我又问道，学生讨论后，②④不合理；①⑤⑥⑦⑧合理，③有争议。

学生说出②④不合理的理由是不能表示眼睛，腿与青蛙只数的关系，同一字母在同一个情境中不能同时出现，为了表示我对这个同学的感谢，我走上前去与他握了握手，转身过后，我便说出③是正确的——同一个情境用不同的字母表示是正确的。持不同意见的学生已坐不住了。

"老师我反对。"

"老师我有意见，"

"老师您也错了，"

"数学是需要讲理的，你赢得了讲理的机会，请把你的理讲给大家听。"我抚摸着他的头说。

"虽然是同一情境用的是不同的字母，但他仍然不能说明眼睛与青蛙只数的2倍关系，腿与青蛙只数的4倍关系。"全班同学以掌声鼓励。"

"①⑤⑥⑦合理的，如果让你选择，你准备选择哪个表示方式，说说为什么?"

"老师，第一种表示方式，只表示的是1只青蛙的特点；第⑥、⑦、⑧种我都可以选择。"

"老师，我选第⑦种，昨天我看书，字母与数相乘时，X号可以省略。数还要写在前面，1和任何数相乘都得任何数，……"

"第⑧种呢"我问。"不通用"学生充分地讲出了道理。

听着学生的发言，看着学生专注的表情，亮亮的目光。我再次感到学生那种在批判中找到正确，以及再度选择的重大作用。学生完成了由算式思维到代数思维的过渡，完成了用字母这个符号表示数的需要。

师生合作，生生合作，使字母表示数成为一种需要，自然地流淌在学生的脑海里。

学生带着微笑，继续唱着这首儿歌。

1只青蛙1张嘴；2只眼睛4条腿；扑通……跳下水；

N 只青蛙 N 张嘴；2N 只眼睛 4N 条腿；扑通……跳下水；

多么自然、多么有深意啊！教学的过程是一种唤醒，教学的过程更是一种体验，教学过程是学生自我理解，自我批判，自我收获的过程。

用错误点燃思维之火

错误既然造成了，师生的注意力往往都被错误吸引着，将错就错，用错误聚焦新知，把错误当做一种教学资源，去点燃学生的思维之火，“同学们，你们知道分数的加减法吗？”我在了解学生对分数加减法认识。

“我知道 $\frac{1}{2}+\frac{1}{2}=1$”

“我知道 $\frac{1}{4}+\frac{3}{4}=1$”

“我知道 $\frac{1}{5}+\frac{2}{5}=\frac{3}{5}$”

……学生踊跃发言。

“你们会计算 $\frac{1}{4}+\frac{2}{5}$ 吗？”我抛出异分母分数加法，对学生来说是一个挑战。

“会。”学生们快速地算了起来。

赵林：$\frac{1}{4}+\frac{2}{5}=\frac{3}{9}=\frac{1}{3}$

孙倩：$\frac{1}{4}+\frac{2}{5}=\frac{5}{20}+\frac{8}{20}=\frac{13}{20}$

李义：$\frac{1}{4}+\frac{2}{5}=0.25+0.4=0.65$

张小兰：$\frac{1}{4}+\frac{2}{5}=\frac{10}{40}+\frac{16}{40}=\frac{26}{40}=\frac{13}{20}$

……

“请每一个学生就上述 4 种方法进行点评。”学生的讨论十分热烈。

相互否定，相互补充，将关注点移到 $\frac{1}{4}+\frac{2}{5}=\frac{3}{9}=\frac{1}{3}$。

“$\frac{1}{4}+\frac{2}{5}$ 的分数单位不一样，不能直接相加。”

“要把 $\frac{1}{4}+\frac{2}{5}$ 这两个分数转化成分母相同的分数，就可以相加了。”

“第二种与第四种方法。你在计算中会选择哪一种？”我问。

“第二种”。

“赵林能从心里服气吗？怎么办？”我继续追问。

“画图。”学生说。

一幅幅图画到黑板上，伴着课件显示，分数加法的计算方法，学生真的明白了。

“从$\frac{1}{4}+\frac{2}{5}=\frac{3}{9}=\frac{1}{3}$中有没有我们可学的地方。”

“老师，$\frac{3}{9}=\frac{1}{3}$是对的。”

“老师，赵林同学知道分数加法的和要用最简分数表示。”

这时的赵林红着脸笑了，全班同学将温暖的目光投向他。

此时，张小兰同学迅速跑到黑板将$\frac{26}{40}=\frac{13}{20}$，全班同学又将温暖的目光再次投向她。

接下来，我又出了一道$\frac{5}{6}-\frac{7}{12}$，同学们得到了相同的答案$\frac{1}{4}$。

错误可以说明学生实实在在的学习，因为失败是成功之母，精彩便从错误开始。巧用错误点燃学生思维之火，一定让学生淋漓尽致的去体验，去经历、去收获。教师用一颗细腻的心，富有奇异的洞察力，成全学生丰富的生活，让教育光芒照亮学生的生命，让生命的灵性摇曳多姿。

跳起来的感觉真好

“一切为了学生的发展。”是新课程的核心理念。在实施新课程的数学课程中适当的选择增添一些现实、有趣、学生喜闻乐见的数学知识和练习形式，旨在深化知识，体现价值，把关注孩子的成长变为我们的自觉行为。

挑战极限，争夺冠军的口算竞技比赛，就是在这个理念支撑之下所进行的。3 分钟 70 道题计时比赛，24 题为达标，学生可根据自己的实力，有选择的继续往下算。此举大大调动了全体学生的积极性，受到了同学们的欢迎。

挑战极限争夺冠军的口算竞技比赛结束了。拿着自己的竞赛试卷，同学们相拥在一起，高兴得跳起来。看着孩子们高兴的样子，我也同样地感受到，跳起来的感觉真好！

特别是在 3 分钟内，口算题达 60 ~ 70 题之间的学生更是兴奋不已。这是孩子们综合实力的体现，这里不仅有孩子写的速度、算的速度，而且折射出了计算中的技巧。他们都主动地与同学分享计算的思路。

展之遥：7.5 +2.8 =7.5 +3 -0.2 =10.3

周之皓：4.7 -2.9 =4.7 -3 +0.1 =1.8

冯华鑫：3.5 +5.6 =3.5 +0.5 +5.1 =9.1

郭亦菲：1.3 -0.6 =1.3 -0.3 -0.3 =0.7

……

课上这几个孩子分别说出了自己的计算方法，一次次赢得了同学们热烈的掌声。

不同的要求，弹性的题量，“让每个学生都能主动地发展”、“不同的人学不同的数学”，这样做不仅关注了学困生的需要，也想到了超前生的需求。

教育的成功，一靠服务。真心实意地了解学生的内心需求，帮助指导他们满足需求。二靠关爱。体现为千方百计的调动学生的学习主动性和积极性，无论是优等生、中等生、还是期待成功的学生都应一视同仁，认真地开发和利用，真正地做到让每块金子都能发光。

工作的实践一次次让我感受到：面对胆怯的学生，面对不自信的学生，面对无自律的学生，弯下腰倾听学生的心声，睁大眼睛走进学生的心里。每一个动作，每一句话都应体现出尽心地呵护与欣赏，因为这是上天所赐给我的独一无二的幸福。

田立莉的阳光教学

把"甜式"奉献给我的战友，我可爱的老师们

起初与老师们一起备课，他们称我在"搀"着他们行走，继而再行进中"扶"着他们上路，最后放开他们的手，他们自由自在地"跑"上快乐的征程。

一个"搀"字何以了得！"搀"让我回味，使我浮想联翩，同时又勾起了我的许许多多的回忆。

一个"搀"字，凸现了战友的虚心与孜孜以求。同时也鼓励我学习，激励我进步，如果我没有先进理念，智慧的头脑，驾驭课堂的机智，我怎能与你们一同探讨，一同发展，而得到你们对我的尊重。一件件事，一节节课我不能有一点儿懈怠。

一个"搀"字，使我无怨无悔地甘做你们脚下的秋叶，让你们踩在这舒展的黄地毯上去寻觅希望，实现梦想。当初的我，就是被我的前辈，我的老师，我的伙伴，这样的搀起，我不会忘记他们，是他们教我如何做人，如何上课，如何面对人生的失意与困顿、挫折与沮丧，我也学会了承受与坚强。

一个"搀"字，使我看到了你们大家的工作热情，是燃烧的火，工作有斗志，是长盛的绿，工作有追求，是鲜明的橙。我无法离开这样一个朝气蓬勃的教师群体，我会一直努力！

因为我知道，抓住了你们，就是抓住了明天的教育先机，愿你们都成为充满青春气息的"阳光教师"。望我的奋斗，你的征途，与志同道合的大家共同分享，让课堂教学的追求成为生命的一道七彩虹。

我也相信有了大家的一路同行，我会与你们手拉着手一路走好！

在生命中起舞

——感谢张荣普、陈千举、刘锌

北京中关村一小、阶梯教室、张荣普、陈千举、刘锌还有我。

在那个夏秋交接的日子，我和这三位年轻教师走进了那个拜师会的现场——阶梯教室。也就是从那时起，我更喜欢上他们那一张张笑脸——年轻、纯净、真诚得不含一点杂质的笑脸，多么可爱的年轻老师呀！我惊喜地发现，在他们的身上有很多吸引我的地方，有很多是我学习的地方。

也许不会有人想到这3个看似很年轻，仿佛还是大女孩、大男孩的身上竟有如此大的吸引力。他们温雅、虚心、上进，如同流水一样渗透到我的心里。

于是，开始了每天的探讨、实践，我习惯乐呵呵地跟他们研究，习惯他们将评价的语言、知识的导言，表现得如此到位，习惯欣赏着他们将一个个数学活动演绎得如此生动。有时我会去看窗外风，想夏天的阳光，登山远眺去欣赏大自然的美景，这都像在我眼前的他们3个一样让我无法抗拒。课堂教学成就我们之间的情感，也成就了我们4人共同追求的偏好。

我一直相信岁月会改变人，但我更固执地认为有些东西是不会变的。正如真挚、朴实、善良、坚强、乐观这些让我在生命的每个阶段都倍感温暖的字眼儿。张荣普说过的一句话一直让我印象深刻“您给我指导完的课，我上起来感觉特踏实。”但让我印象更深刻的是她每每上完课后眼中闪烁的晶莹泪光。我不会忘记陈千举上课之后洋溢在脸上的开心笑容，但我更不能忘记课前他紧张而疲惫的样子。我也不会忘记刘锌对我心存的那份感激。

我们之间有太多太多的时光和故事，让我开怀的笑，精心的思考，仔细地品味。

他们脸上的真诚告诉我，曾经的拥有是幸福的；他们专注的眼神告诉我，珍惜彼此是重要的。我欣赏着他们，祝福着他们。是他们，为我生命中收获纪念的时光和翩然改变着我的心灵。

我仍然在课堂教学探索之路上跋涉着，我仍然在为自己的目标苦苦的追寻着，但我知道我已经不再孤独——因为我的身边已有了他们。当我确感疲惫不堪时，我反而要告诉自己坚持，坚持就是成功——有时他们给了我力量。

这时我真正地感觉到，他们3个已成为我生活中不可缺少的一部分，我的生命已经不同。

去面对，去体验，去奋斗，我会想起张荣普的话，陈千举的笑，刘锌的想，我感受他们在我心灵留下的一种叫做温雅、努力、善良、机智和真挚的东西，在我的生命中翩然起舞。

浓浓的“数学味”

——写给甄泽

浓浓的“数学味”，是你的数学课留给我最深的感受——不仅仅给学生数学知识，而且清清楚楚地给了学生数学思想及数学方法。

浓浓的“数学味”，让你走进了海淀区、门头沟区、大兴区、石景山区，走进了来自成都的40位教师心中，他们也和我有了同样的感受。

浓浓的"数学味"，折射出你课堂教学中，"放开手，他们会走得更好"的教学理念。

数的整除，令我体味无穷。

导入：同学们，请大家回忆一下，我们学过哪些除法算式，你们能列举出几个吗？

根据学生的回答教师有目的地并按着一定的规律板书。

提出要求：你们能把这些算式分一分类吗？分出后，请说出理由。

学生思考，同桌讨论，集体汇报交流。

学生分类后，教师指出：研究第一组算式的特点是这节课的重点之一。

观察：第一组数的算式中被除数、除数、商有什么特点？

学生讨论后交流。

小结：当被除数、除数、商都是整数而且没有余数时，就是一个整除算式。追问：整除的算式有什么特点？

你们能举出一些整除的式子吗？

设疑：整除的式子太多了，能想个办法把大家列举的式子概括成一个整除式子吗？（若学生回答不上来，教师适时启发：可以猜字母帮帮忙。）

学生回答，教师板书：$a \div b = c$。追问：在这个整除算式中，a、b、c、有什么特点？

小结：当a、b、c都是整数而且没有余数时就是一个整除的式子，我们就可以说a能被b整除，b能整除a（板书）。

让学生结合列举的整除式子说一说整除的含义。（鼓励学生用自己的语言来说一说什么是整除。）

判断：下面各题中，那几道题的第一个数能被第二个数整除？为什么？

根据学生的回答，教师板书，并适时追问：整除和除尽有什么关系？

指导学生看教材，思考：约数和倍数的存在必须具备什么样的前提条件？

结合："当a能被b整除，b能整除a时我们就可以说a是b的倍数，b是a的约数"，引导学生根据具体的算式，用类似的语言来说说。

你在教学过程中，没有采取"以教师为中心"向学生"授渔"的模式，而是把学生推到学习活动的中心，创造条件让学生在"自主学习"、"主动求知"的学习活动中，发现掌握规律，增长才干；让学生在自主探究的过程中，体验知识产生的全过程。这节课从新旧知识的对比到构建新的知识结构，都由学生自己自主独立获得，学生真正成为学习活动的主人，这样的教学活动有利于学生的创新意识和实践能力的培养，达到了创造学习的教学水平。

我不胜感激。是的，放开手他们会走得更好。其实，在我们的学习过程中，放开手，让学生自主去探索，远比我们的苦口婆心的讲解要好得多，所以让我们在课堂上尽可能给学生多一点思考的时间，多一点活动的余地，多一点表现自我的机会，多一点体验成功的喜悦，让学生自始至终参与到知识形成的全体过程。努力做到：凡是学生能够探索得出的，教师决不替代；凡是学生能够独立发展的，教师决不暗示；使自己真正成为课堂教学的组织者，指导者和参与者，让学生真正成为学习的主人。

教学追求与童心共振

读看寻角、想角心力历程有感——写给中关村一小韩健博

一席谈话，一个晚上写出几千字的反思前行——发自内心，真情实感，说不完，也历数不尽……。让我心动，让我感慨，也更让我佩服。

这当中有教育的神圣，教育的严谨，它将开启一颗童心，给其以智慧；给其以愉悦；给其以享受。

为了这节“角的认识”，你翻着报刊杂志，从中获取灵感，寻求教学知识，为了这节课，你上网搜集相关资料，扩大自己的视野，充实知识的内涵，为了这节课你研究学生的心理，进行学生前在状态与课堂新知识的有机切入的实践与探索，两个月的心路历程，我真的要向你道一声“健博你辛苦了!”我高兴得再对你说：“健博，你真的长大了，一步步走向成熟了。”

这节课在教学的理念上：可以说，你走进了学生斑斓的世界，走进了学生多彩的童心！是呀！教学就是在与童心共振。

教学跳动着童心，才能赢得教学的童真。角的认识这节课，你真心地在为学生着想，特别是在真诚地为学生未来着想，学着今天想着明天。

教学跳动着童心，才能塑造教学自主。谈话中，你向我道出课上的设计，教学活动完成的感受，使我有了一种身临其境的感觉，使我看到了——民主的教学，是老师脸上沐浴着的春风，是学生眸中期待的眼神，是老师蹲下慈祥的身影，是学生贴在老师耳边悄悄的话语。就是呀！民主教学平等的对话，是心灵的沟通。

教学跳动着童心，才会产生教学的理想。教学不能只是墨守成规的知识灌输，要有好奇心理，要有挑战精神，你将角的含义的各个方面，梳理得是那样清楚，将“活动角”的教具的存在，又有了新的诠释，将“角的比大小”进行了科学的定位，合理中再现着你的创造。这节课的教学过程是一个让学生孕育梦想、追寻梦想、实现梦想的过程，教学的本身应该是催生学生

七彩的梦——健博你正在实践着，体味着！

教育跳动着童心，才能焕发生命的活力，学海无涯，不能永远苦作“舟”，应扬起快乐的风帆，为此你上完第一节课静静地坐在椅子上，认真的反思、总结、改进、再实践。课堂上荡漾着灿烂的笑声，你也享受着开心的时刻。

教学要努力营造、期待、激励的情境，亲近自然的情境，强身健体的情境，激活学生生命的活力，使学生感受生活的乐趣，感悟生命的珍贵。

童心如花，童心如诗

拥有童心是一份年轻，拥有童心是一种幸福

与童心共振，教学才能放射人文的光辉。

感动“连加”

——写给李志兰、李琳

春天的一个中午，煦风微送，晴空万里。阳光，正让人有些惊喜的倾泻而下，暖暖的照在每一个人身上。

楼道里我和你们相遇了，李志兰腼腆并微笑着走到了我的面前。小声地说：“田校长，您对我的帮助太大了，我特感谢您。”“这是我应该做的，谢谢你们。”我真诚地边与他们握手边轻声地说。看着你们走进办公室的背影，不禁使我想起你们一同探究课堂教学的情景，浮现在我眼前的是你们教学实践的一幕幕……

“连加”这节组内研究课，李志兰作为执教教师，展示给二（1）班的学生，迎来的是热烈的掌声，留下的是你的自信、自如、自然、真实、扎实、朴实。这节课过去两个星期了，但每当我静下心来，总是能感受到集体思考的气息，感受到你们的思维给课堂带来的挑战与生机。

对于连加，学生是不陌生的，他们有了一定的认知基础。你们能从学生的现实基础出发，巧妙地进行教学结构的调整——课堂中少了一些喧闹，多了一些沉静与思考，在你所要求的看图表提问题地轻声交流中，学生的思维在不断地进行碰撞。

接下来，你引领学生用3种方法验证连加的计算的特点，大胆地说出连加计算方法的特点，你还利用多媒体课件再度进行小棒、方格、计数器直观演示，学生在用心观察，用心体悟的基础上动手操作，结果连加的计算方法一个个陆续成功了。

学生的思路在不断的深化，在汽车运输中求一辆汽车可以运几次？或几辆汽车运一次？既巩固了连加的计算的特点，又孕浮着加法交换率和加法结合律的联系，这是非常具有挑战性的问题。

听着学生的发言，看着你满脸洋溢的快乐与幸福，我想，你收获的不仅仅是学生的结论，更重要的是一种数学思想和方法，是学生对数学的热爱。

我感动着你的感动，收获着你的收获。

我看到小组合作学习时，你快速进入小组排除学习的障碍，满足学习需要，介入小组的学习中，了解学生的学习状态，为后面的交流做好准备。

我看到，当学生的认知和原有的经验发生冲突时，你勇于放手，给学生更大的思维空间，因为，课堂教学是为学生的学习和成长服务的。

一幕幕让我回忆，一幕幕令我感动——这是“质”的飞跃。

“质的飞跃”这句话是我听完你们的“连加”这节课时说出的第一句话。语言巧，细节清，生高兴，学轻松。此时的你们是高兴的，此时的我更是高兴的。

还记得吗？为了这一节课，在备课时，你们很有想法：既然课题是“捐书活动”，那么为什么捐书？怎样才能唤起同学们捐书的想法？如何对学生进行献爱心的思想教育呢？于是你们就从网上找了一些贫困山区孩子们那种渴望读书的图片。经过筛选，最后还是确定用大眼睛的小姑娘作为情境图，李志兰站在讲台上指着大屏幕练习着说：“同学们，你们看，这是贫困山区的孩子们，他们多么渴望读书啊，可是没有书，怎么办呢？”话音未落，李琳马上就叫停，她说：“你的话不能唤起我的共鸣，因为你还在微笑，应该读出严肃、发愁、揪心的感觉。”于是李志兰再来一遍：“同学们……”当说到“怎么办呢？”拳头放在胸口，自己完全进入角色，是那么地揪心与无助，李琳拍手叫好：“就这样，很好。”李志兰马上将这句话，这些个动手重做两遍，加深印象。

第一次试讲时，李志兰用上了这句话，果真一下把学生的注意力吸引过来了。“你能提出用加法解决的数学问题吗？”“左右两边的算式你看看有什么区别？”“请你们用自己喜欢的方法进行准确地计算。”“请你睁大眼睛认真观察”“哎呀！他说得多清楚呀，我们把掌声送给他。”“这道题还缺点儿什么？老师帮他补上。”一句句发自心底的话语，让学生一次次进入学习的愉悦状态，这正是教师语言的艺术与魅力。

还记得吗？为了这一节课，在解决实际问题时，你们选用书上的内容“帮妈妈算钱”。在算钱中有估算、有计算、有易有难，共3道题，基础、能力都体现了，也接近学生的生活。但你们并没有满足而将题中的“妈妈”改成“李老师”，独具匠心，为的是拉近教师和学生的距离。为了这一节课，你们不惜牺牲休息的时间，熬上几个通宵。

当你们自然轻松地走上讲台的时候，学生呢？一会静思，一会奇想，言语中虽有磕磕绊绊，但透视着学生的积极，因为你的教学活动设计着眼于学生的学习困惑，你构建的是适合学生成长的"土壤"，搭建了适合学生认知发展的支点。在教学中，我看到了你这个"支点"，109 +98，102 +98，109 +102，109 +102 +98，475 +263 +149，727 +114 +86，98 +368 +348。这个"支点"是根据学生的思维特点和认知发展水平所设置的。

"计算的目的就是要解决实际问题"正如你所说。在后续的练习时，你们结合学生的实际精心设计习题，从"过桥"到"需要几辆汽车?"无不彰显着你们的教学思考与智慧，真是为改变教学内容的呈现方式和学生的学习方式所进行的。

你们在全力地把适合教师所讲内容，变成适合学生探究研究的素材呀！我看到了你们全身心地投人。我也同时看到了学生在课堂上学习到的不仅仅是知识，而且是技能了。

在教学中，我知道了你们的心意，更知道生命中无法忘记我对你们的一次又一次感动，真可谓感动"连加"。作为一名"老"教师，我从感动中陡然明白了责任更大的范畴，从而也陡然增添了一份压力与动力，我会向你们学习，用微笑的力量不断改变自己，超越自己。

猜+感受=较大数的认识

《较大数认识》教学后的思考——写给黄燕舞

"没有大胆的猜想，就不可能有伟大的发明和发现。"——牛顿名言。我也曾不止一次的听说过，也曾不止一次的实践过。数学猜想实际上是一种数学想象，是一种数学联想，也是人的思维在探索数学规律或本质的一种策略。它是建立在已有的事实经验基础上，运用非逻辑手段而得到的一种假定，是一种合理的推理。在教学中，"猜想"作为探究性学习方式被引入到教学之中，这种方式的引入将有助于学生开阔视野、活跃思维、形成创新意识、促进探究能力的提高。燕舞的《较大数认识》，整节课运用"猜想"展开教学，整节课学生思维活跃，思路清晰、表现出较强的创新意识和探究能力。这节课的教学设计，给了我很大的启发，使我有了新的定位——猜 + 感受 = 较大数的认识。

猜想、感受是人的心理活动，当学生思维被激活，情绪兴奋，急切地想知道某个问题的答案时，往往先进行猜想，以满足自己求知的需求。所以，教师在课堂教学中，应巧妙的构思，精心的设问，创设问题情境，调动学生饱满的热情和积极的思维，激发学生的内驱力，让学生产生猜想的欲望，主动地、创造性地获取知识。

"同学们，今天老师给你们带来几张照片，想不想看一看？谁来估计（猜）一下，这张照片（照片一）上大概有多少名学生？"燕舞老师笑着问。

照片一

"30 人"、"40 人"、"36 人"……学生毫不费劲的说。

（照片二）"谁再来估计估计（猜猜），这张照片上大约有多少名学生？（出示第二张照片）"燕舞接着又问。

照片二

学生边思考边答："120 人"、"119 人"、"140 人"……

教师再次引发学生思考："这次你们估计（猜）是上百人了，让我们再来看看第三张照片吧！"

"1300 人"、"1000 人"、"1100 人"……学生的回答已逼近教学的主要内容。

照片三

猜想因疑而起，因此，"猜想"活动的展开需要问题情景，需要借助学生对该问题相关知识的了解，只有这样才能激发学生猜想的动机。在这个环节中，燕舞巧妙利用了估计的方法，紧紧抓住了学生想说的特点，让学生在原有知识的基础上，带着问题去猜测相片上的人数，去估计相片上人的数量，使学生感知生活中不同人数的存在。为学生创设了宽松、活泼的学习氛围；为学生进行合理猜想提供了良好的契机，有效的诱导学生开展联想。

学生想去估计，想去猜想，并不意味着学生会估计或会猜想。在数学教学中，学生新奇大胆的猜想是要被鼓励和保护的。

"昨天老师给你们布置了数豆子的任务，你们完成了吗？谁来说说你每个杯子里数了多少粒？是怎样数的？"老师在引领学生走近1000。

学生积极发表自己数数的方法："每个杯子里100粒，""我是5个5个数的""我是2个2个数的"；"我是10个10个数的；我是4个4个数的……"

教师将学生推进探究："你们想不想把你们小组每个同学数的豆子集中在一起，看看会有多少粒豆子呢？"

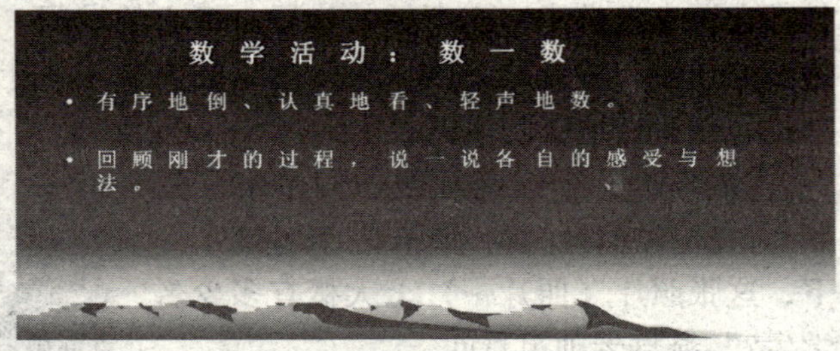

"把10个杯子的豆子全部都倒进大杯子，而每个小杯子里的豆子是100，这个大杯子中的豆子就是1000。"学生脱口而出。

"这个1000到底有多大呢？我们就一起数一数，看一看。"教师提出质疑。

学生高兴的走进了数一数的数学活动。感受大杯子中的豆子就是10个100，也就是1000粒。正像学生所说，10个100就是1000。

一杯杯的豆子，让学生敢猜；渐进的感知，让学生会猜；学生在倒豆子的过程中，思维活跃，表达也随之流利，积极而自信的确定10个100就是1000，1000里面有10个100。

想象和理智的结合就是创造，燕舞你在不知不觉地实践着。的确，估计是否有依据，猜想是否有价值，真是需要进行探究验证。当猜想理智地提出后，教师适时组织合作学习，引导学生动手操作数豆、倒豆、合并豆子，再用说理的方法进行探究验证，教师将学生从感性思考提升到理性思考，使学生对千与百的关系有了更深刻地认识。

"现在我们这里有这么多个大杯子，每个杯子里都是1000粒豆子。你们通过10个100认识了1000，那你们能联想出10个这么多放到一起又是多少吗？"引发学生的联想，教师的话说得恰到好处。

"10000"大部分学生高声地说。

数型结合让学生深刻感受："你们连一万都知道，如果把这些豆子都倒到这个大桶里，你认为会在什么位置？谁来比划比划？"

两名学生走到前面比划了不同的高度。

"他们谁比划的高度对呢？你们想不想看看？"继续激发学生的探究欲望。

师生一起倒着、看着、数着……啊！原来一万粒豆子倒进来，有这么多！学生们都惊呆了。

看着学生们吃惊的样子，老师加重了语气一字一句地说：“昨天同学们数出了100粒豆子，今天课上我们又得到1000粒和10000粒。”学生默默地、使劲地点了点头，好像感受到10000的分量。

联想也是一种猜想，不过是一种意向更为明确的更深层次的猜想。它可以开阔视野，拓展思路，激发创新意识。

“为了让大家更清楚地观察这100、1000、10000粒豆子，老师把他们都放到相同大的容器里，你们会发现百、千、万之间有什么关系？”此时，老师借助学生的积极情绪，有方向的思维，再次展开联想。这个教学环节，继续采取了数型结合，不仅有助于学生对百、千、万的认识，而且促进了学生进一步理解它们之间的关系。

同学们带着对十、百、千、万的感受，描述了这几幅图片的数量，描述得非常准确。

良好的认知结构是学生猜想的前提条件，学生的每一个猜想都是他们的生活经验与已知知识的拓展。教师在教学中要帮助学生不断沟通知识间的联系，构建成知识网络，更重要的是要有意识的渗透数学思想方法，引导学生不断总结思维方法，从而丰富学生的思维经验，使学生的猜想合理化，提高学生的猜测能力和信心，让学生更善猜。

在这节课中，多种方法地探究，小组合作学习的开展，不仅有利于验证估计、猜想的正确，而且习得了猜想——验证的数学基本方法。

在这节课中，我看到了数学"估计与猜想"的魅力，体味到"感受"的潜在活力，这可能就是新课程所倡导的数学课堂吧！

课堂语言是需要尽心准备的！

——读《我的语言为什么苍白无力》——写给刘亚美

"语言是教学思想的直接体现，是教师使用最广泛、最基本的信息载体，在整个课堂教学过程中，学科知识的传递、学生接受知识情况的反馈，师生间的情感交流等，都必须依靠课堂语言。"——《我的语言为什么苍白无力》第一段。

读完这段话，我真的有一种轻松的感觉。因为，亚美也真地读懂了我的"良苦用心"——"课堂教学的艺术首先是课堂语言的艺术。"说明教师的教学效果很大程度上取决于她的教学语言。

有人也曾对我说，当您的学生是一种福气，听您上课是一种享受。（其实没那么好）究其原因，固然有着自己一定的教学经验、扎实的教学功底，但最重要的原因是来自尽心准备的课堂语言。

《比赛场次》的教学，让亚美快快乐乐的看到了恰当运用课堂语言，课堂一定能充满生机教学景观。可见课堂语言是多么的重要啊！

1. 浓浓人情味

教师把爱心、耐心、信心贯穿于每一节课，正确运用课堂语言。

"同学们，你们都喜欢上体育，因为体育不仅强健体魄，而且让大家身心愉悦。可是你们知道吗？体育课当中还有数学问题呢？亚美老师话音未落，全班学生的目光投向了老师。——上课的开场白，就达到了激发学生学习热情的目的。

"我这里有两个比赛场次 12 场和 6 场，这是两种不同的答案但过程描述方法相同。（展示排列当中重复的和不重复的）你能给你的方法起个名字吗？你认为哪个比较合理，说说你的想法。"——学会知识对于学生而言是必需的，但掌握获取知识的方法是更重要的。因此，教师的语言，不能停留在简单肯定所学知识的层次上，而要选择独特视角，开阔学生视野，激发深入探究，使他们的学习、思考进入更深层次。

"我听你们说他的重复了，你们看看哪儿重复了？你愿意接受他的建议吗？你上来改正吧！"——对知识正误及学习方法的点评，让学生感受得到同学帮助的快感，及时改错并赢得同学再次肯定的乐趣。

"他的表示方法你能介绍吗？你觉得他说的和你想的一样吗？谁观察到他

们的共同点了?"——有意思的"连环滚动"串问，对于这些学生，教师特别要善于等待时机，在他们想表现时及时给予机会。要从他们身上去发现让他们自己认同的优点，进行准确的评价；发现闪光点，树立自信心，激发努力学习的愿望。我们的评价语言应快速跟进。如"虽然你没有把问题说对，但你能举手发言就很了不起．勇气可嘉""你真有毅力，一次次说错，一次次重说，一次次克服困难，终于说对了。""今天你回答问题非常准确，一定是认真预习了。""发言的好处真多，瞧，大家一起帮助你，36 位同学热心地提醒你，相信你下次不会错了！""这位同学的错误可帮了我们的大忙！不少同学也是这样错的，老师借这个机会请大家一定注意。"……让每一位学生的学习自尊都得到了保护，让每一位学生始终处于一种积极亢奋的状态，这时他们所释放出的热情和潜能就会收到意想不到的结果。

2. 启发人智味

课堂教学有时间性，在 40 分钟里，课堂教学的语言特别要注意引导学生参与学习过程的评价。教师的评价要看准时机，结论太迟会浪费不必要的时间，过早会不利于学生的深入思考。教师评价语言要在不同学段的学生学习、参与的过程中起"点睛"作用。亚美在教学过程中的几个"拐弯"处，是这样"点睛"的！

"你的思考方式虽然在有的地方重复了，但是你为大家当了一面镜子，让大家照出自己错误的原因。"

"看到大家的笑容我知道这个问题已经达成共识，排除重复的场次，正确的答案应该是 6 场。"

"这里还有几个同学都是 6 场比赛但表示方法不同，大家在静静欣赏的同时一定要思考哪里是相同的?"

"同学们，你们利用有序的思考，不但描画出了排列的方法，而且设计了精美的循环图解法，看来有顺序的思考问题，真是好处多多呀！"

教师充满魅力的课堂语言，可以黏住学生，可以吸引学生。在课堂上．她让我们看到的是学生一张张阳光灿烂的脸，听到的是学生的欢声笑语，体悟到的是学生的个性张扬。

《比赛场次》教学的每一个环节，教师的"点睛"都很自然的起到了概括、提升、总结的作用。

"拐弯"需要"点睛"，过程也需要"点睛"。

我的教学片断（一）

师：看"王刚同学有 3 块月饼，李林同学有 2 块月饼。你可以知道什么?"

生：两个人一共有几块月饼？3+2=5（块）。

师：你知道了部分、部分和总数的关系，求总数也就是求和用加法。你的发言，为全班开了好头。

生：王刚同学比李林同学多几块月饼？李林同学比王刚同学少几块月饼？李林同学与王刚同学相差几块月饼？3-2=1（块）

师：不同的叙述方式，表达了同一个意思，我听清楚了，他知道了两个事物间的相差比较关系，像他这样思考，两个事物间还有什么比较的关系呢？

生：王刚同学的月饼是李林同学月饼的几分之几（百分之几）？王刚同学的月饼比李林同学月饼多几分之几（百分之几）？李林同学的月饼是王刚同学月饼的几分之几（百分之几）？李林同学的月饼比王刚同学月饼少几分之几（百分之几）？

生：王刚同学的月饼与李林同学月饼的比是3∶2。王刚同学的月饼与李林同学月饼的比是2∶3？李林同学的月饼是两个同学月饼的比是2∶5？王刚同学的月饼与两个同学月饼比是3∶5？

师：无论是谁是谁的几分之几（百分之几），还是谁与谁的比，表示的都是——两个事物的倍比或分比关系（学生说）。而这些关系的成立，都建立在等分的基础上，很多的问题都与分有着密切的联系。现在老师就要与这两个同学均分月饼啦！我们每人要吃到多少？我手中的5元钱怎样分给他们两人公平？

我的教学片段（二）

师：你知道循环小数是怎样产生的吗？它的家在哪里？想知道吗？

生：（异口同声）"想！"

师：出示：2÷9=　；3÷11=　；5÷12=　；　1÷7=　。

生：分组练习并写出竖式，发现特征——余数与循环节的关系。

学生一次又一次计算，当他们经过第三次第四次计算后，就不往下算了，他们发现了这种有趣的计算现象，并归纳成规律，每个人都露出自信的样子。看着他们洋洋得意的样子，我追问到：知道了2÷9=0.2；想不想知道1÷9？3÷9？知道了3÷11=0.27；想不想知道1÷112÷11？5÷12=0.416，想不想知道7÷12？11÷12？1÷7=0.142857；想不想知道2÷7？3÷7……？

学生齐答："想。"

学生又进入快速计算中，沙沙写字声传出来了，"老师我知道了"，4÷9 5÷9……老师我也知道了……

在与数学亲密的交流中，学生们时而惊讶，时而高喊，时而向往，时而赞叹。这难道不是一种快乐吗？对于学生来说，这是道亮丽的"风景线"。

$1\div9=0.1$；$2\div9=0.2$；$3\div9=0.3$；$4\div9=0.4$；$5\div9=0.5$；$6\div9=0.6$；$7\div9=0.7$；$8\div9=0.8$；

$1\div11=0.09$；$2\div11=0.18$；$3\div11=0.27$；$4\div11=0.36$；$5\div11=0.45$；$6\div11=0.54$；

$7\div11=0.63$；$8\div11=0.72$；$9\div11=0.81$；$10\div11=0.90$。

这不仅仅是一种美，更为重要的是学生有了对数学学习的一份向往与热情。

“是不是所有除法算式都可以产生循环小数，请举例说明”。

老师再次追问：举例说明，教师板书。

- 小数
  - 有限小数
  - 无限小数
    - 无限不循环小数
    - 无限循环小数
      - 纯循环小数
      - 混循环小数

因为它的神奇，所以会吸引着你；

因为它的神奇，所以令你来探索；

师：孩子们，请你们认真观察，你会发现更多有趣的知识。

老师激情的语言，将孩子们的思维又一次推向深入，学生默默的思考，教室里一片安静：

师：0.18 的第 100 位的字是几，第 1001 位呢？一句话打破了教室的安静。

生 1：第 100 位是 8，第 1001 位是 1。

生 2：只要是偶数位上的字都是 8，奇数位上的字都是 1。

师：多么有水平的概括。让人惊喜。

师：前 100 位数字之和呢？

学生：脱口而出：$(1+8)\times(100\div2)=450$

此时我高兴，学生也兴奋。

我再次将 0.142857 第 100 位是几？前 100 位数字和是几？这两个问题抛给了学生。

这时我发现了一只高高举起的手，这只手是我在课上，叫了三次都没发言的学生，而这时他主动的高高举起手，他用了最简便的方法得出结论：$100\div6=16\cdots4$；0.142857；第 100 位是 8。全班学生不约而同想起了热烈的掌声。而前 100 位数字之和呢？全班同学已站了起来。

$(1+4+2+8+5+7)\times16+(1+4+2+8)$

$=27\times16+15$

$=447$

师：0.3＝1÷3；0.21＝（　）÷（　）；教师又将新的问题交给了学生，下课铃声响起，学生不愿离去。

课后，学生在日记中写道："我爱数学，因为他能使我的大脑变得更加灵活，我爱数学，因为它给我带来无穷的乐趣！"

是的！学生在喜欢数学，发现数学，研究数学的过程中，惊讶着数学的神奇，赞叹着数学的美丽，感受着数学的情感，向往着数学的奥秘。

3. 关注差异性

教师评价语言必须关注到学生个体的差异。我们说，"世界上没有一片相同的叶子"，每一位学生对教师评价语言的需求与领悟能力是有差异的，因此，我们在课堂教学中对学生进行评价时，应关注到他们各自的特点，用恰当的语言进行引导。

前不久，我与六年级3位学习成绩比较优秀的学生聊天时，问了这样一句话，"课上你没听清楚教师提出的问题时，你希望老师说什么？"3位成绩优秀的同学分别是这样回答的："我希望老师说：听问题时能更专心一点！""我希望老师说：你没听清楚，我再说一遍"，"我希望老师说：对我的问题你有什么不明白，说给老师听听。"仔细分析这3种答案，明显地体现着学生的个体差异，第一位同学要求老师能提醒自己认真听；第二位同学要求老师再给他一次听的机会；第三位同学希望老师对他听的方法给予引领。对不同年龄段的学生评价的侧重点应不同，对低年级学生更应侧重于情的引导，而对中、高年级学生应注意方法与价值观的引导。教师的一句恰当的评价，会使学生进一步认识自己，赏识自己，找到进步的方向，平添无穷的力量，以饱满的情绪参与课堂学习，使学生感受到学习是一项快乐、富有成就感的活动。

《比赛场次》的教学，因语言而与众不同。听这节课，我们不断听到的是鼓励、是启发、是引导，是善于与学生进行心的交流，我想，这就是《比赛场次》教学所表达师爱情怀时的超人之处。

让我们为了每一个学生的发展尽心准备课上的语言吧！

激活学生体验，课堂更能生成精彩

——读《冰水情结》　——写给刘艳丽

《冰水情结》道出了你的心声，画出你7次试讲的心律变化。无论结果怎样，你都是成功的。因为我看到了你的所思、所想……

"在上课的时候，我关注了预设，同时也关注了孩子们的生成，让每个孩子都有话说，有事做，真正地"卷入"到活动中去。如：测量温度做到了人人参与。我用聊天的方式。摸水玩水的方式调动了学生的积极性，帮助学生构建了温度的概念。在课堂上，我也没有拘泥于预设，重视让学生感悟数学知识与现实生活的密切联系，做到深入浅出。引导学生从现实的、有意义的生活情境中抽取出数学问题，并在熟悉的情境中加深对数学知识的理解，体会数学学习的价值。整节课做到深入浅出，让学生在不知不觉中感悟到负数与正数所表示的意义，感受悟到负数在生活中普遍存在。在比较提升、对比中建立概念。借助一些具体事例来体会温度，注重加强对比、直观理解。情境引路更为重要，重视利用情境，操作等方法，引导学生亲身经历知识的产生过程。我想这样才更能生成精彩吧。”关注学生，关注学习方式——自主、合作、探究在你的教学进程中。

冰融于水，水结成冰，是温度所影响的变化物，也是你七次教学实践的生动写照。

认识温度—体验温度—感受温度。一块冰，几杯不同温度的水，让学生摸摸、玩玩，就玩出了零上零下的温度，体验到 4 度与零下 4 度的具体温度是什么样的感觉。学生在这一活动中的那快乐的样子，那收获“温度”的样子，我至今难忘。

我不禁想起这样的一个小故事：著名妇产科专家林巧稚小时候有一次上生物课，老师问道：“树叶是什么颜色?”，“是绿色的。”林巧稚的同学异口同声地回答。老师又问道；“树叶是什么形状的?”“是椭圆形的。”生物老师并不急于对学生的回答作结论，而是把他们带到山上去，采集各种树叶。采集回来，大家把树叶放在课桌上，老师让大家重新回答那两个问题。这回他们知道了，原来树叶不仅有绿色的，还有红色的、黄色的、紫色的……树叶的形状更是千奇百怪，锯齿形的、针状的、扇形的……各种各样的。这一堂生物课给林巧稚留下了深刻的印象，终身不忘。为什么一堂普通的生物课会给孩子们留下如此难忘的记忆？那是因为，教师没有繁琐的讲解，没有枯燥的说教，全部成功都来自两个字——体验。

《温度》这节课也再次证明；在数学教学中应努力让学生在体验中学习并获得充分发展。这又和上面的小故事何等的相似呢。

“兴趣是最好的老师”。呈现给学生的学习材料，既要和已有的经验有一定的联系，同时又要足够的新颖，才能产生冲突、引发兴趣。在教学中，你从生活中提出新颖有趣的素材，让学生急于参与，从而唤起他们求知求解的迫切心理。当学生全身心地投入学习的过程中的时候，就会充分体验到知识内在的魅力，从而获得持久的学习动力。

“你知道零度是什么程度吗?”在学生苦苦思索而找不到答案时，你适时地进行引导，让学生自己摸摸冰，一切都知道了。这样的教学设计，怎能调动不了学生的学习兴趣呢？

负数比大小是教学的难点。因此，在教学中你让学生借助温度计来认识负数，并能比较负数的大小，尽可能让学生动手操作，尽可能给学生提供“看”的机会，可以使学生获得大量的感性知识，掌握了负数比大小的方法。

心理学知识告诉我们，一个人只要体验到一次成功的喜悦，便会激起无休止的追求意念和力量。

（教学片段）

师：水有温度，还有什么也有温度？天气的温度就叫气温。（板书：气温）

师：这是一幅中国地图，你能试着读出这些城市的气温吗？（大屏幕，无序出现，其中含有：0℃，指名读出）

师：现在，我们就穿着这身衣服，一起来到哈尔滨，你会是一种什么感觉呢？你给大家表演一下。当我们往南来到青岛的时候呢？最后我们到达海口后，你会是什么感觉？

生：（快乐的表现实际的样子）

师：我们不仅知道了天气有冷有热，而且还知道了冷热程度是不同的。那就请你把这些城市的气温，按照一定的顺序进行排列，写在______上，并说说你是按什么顺序排列的。（一学生板演，其余学生填写在纸上）

附：我是按照从______到____的顺序排列的，我排列的温度顺序是________

________ ________ ________ ________

汇报：（1）先说排列顺序，再说气温。

（2）先说气温，可以叫学生互相猜一猜，我是按照什么顺序排列的？

师：请你们看着自己排列的顺序，再结合这些城市的地理位置，认真地思考，你还会发现什么？

生：北冷南热，越往北越冷，越往南越热。

可以看出，分层教学恰到好处，这样做不仅会激发学生心灵深处那种强烈的探究欲望，而且能让学生在自主学习中获得成功的体验，只有这样才会使学生产生强大的内部动力。因此，你在设计活动时，以激励学生学习的积极性和自信心为出发点，因人而异地使教学成为“活”的探究活动，让不同层次的学生经过自主探索都有成功的体验，为后续学习注入生生不息的活力。

“孩子们，水有水温，天气有气温，你有温度吗？我们人体的温度叫什么？”

“请你摸摸自己的手、脸，什么感觉？猜一猜现在你的体温是多少？”

“人体正常体温大约是36~37℃，体温高出的时候，就会怎样？人体会不会有0℃的时候？”

亲切加幽默，看似简单的几句话，却达到了“一石激起千层浪”的目的。学生纷纷从不同的角度来理解体温的含义。特别是听了第三句话，教师的幽默使学生们顿时兴趣盎然，满是惊讶的语气，异口同声对老师说出：“不可能”。同学间的交流，让他们真正体验到成功的乐趣。由此可见，你只要给学生以信任，他就会给你以惊喜。借助常识经验来教学人的身体温度，将单一的气温课与万物温度有机地结合起来，使学生不仅掌握了气温、体温，而且也渗透了万物都有温度的知识，培养了学生的“温度感”。天空、宇宙、大自然等学生感受不到的万物温度课件演示，给学生身心以神奇的激励，给学生一种美的感受。

“孩子们，万物都有温度，温度有冷热之分，冷用负数表示，热用正数表示，冷和热是相反的意思，在生活当中还有没有像冷热这样，表示相反的意思或者相对的意思呢？他们还能不能用正负数来表示呢？”你的话，引发了学生的思考，学生带着新的思考走向下一节数学课，去继续新的体验。

总之，体验使学生感到自己是学习的主人；体验使学生迸发出智慧的火花；体验使学生视学习过程为自己的成长历程。教师如果能充分关注值得学生体验的内容，提供学生体验的时间和空间，就能真正地把握住数学教学的过程性目标，促进学生全面、持续、和谐的发展。

“问题”是学生的好朋友

——《组合图形的面积》教学后的思考——写给吕玉娟

“上完课的一霎那做个深呼吸，真有一种如获释重的感觉，压在心里的石头终于落地了。坐下来静静地回味一下这段日子磨课的经历，饱尝了不自信时的烦恼，失败时的困惑，也品尝到了成功时的喜悦。”……从“如获释重”到“石头终于落地”，刻下了我们5次的磨课心路。

“第一次试讲，大的环节没有问题，问题在计算巨山小学面积的反馈环节。发现学生基本图形面积公式不会。而且不会找隐蔽数据。我没有及时处理学生中出现的问题。

第二次试讲，两人合作，计算结果正确率不高。问题还是在找隐蔽，计算巨山村面积时，给的时间不够。

第三次试讲，问题出在第二个活动，利用巨山小学的占地面积估计巨山村的占地面积。学生在没有根据，没有方法的估计。没有起到培养学生估算能力，学习估算方法的作用。所以这一环节删掉。

第四次试，讲计算花池的面积占用的时间长，而且效果不明显。为了关注差异，把这一环节改为学生能用几种方法就用几种，老师到学生身边去判。

第五次试讲，每个环节都按估计时间计时。看时间的分配是否合理。从头到尾把教案过一遍。”

我能体会到评优课给你带来的不仅是动力，而且有压力；从“不自信”、“困惑”到“成功时的喜悦”，我也看到了你对学科专业知识的渴望，对教学方法的追求，特别是这个过程的收获——“问题”是学生的好朋友。我伴随着你的经历也经历着怎样使你有自信，如何解决你的困惑，有效把握、调整课堂的过程。

教学过程是一种创设问题、提出问题和解决问题的持续不断的活动。问题正是学生的需要，学生在整个教学过程中，不断出现问题、发现问题、解决问题，这也正是学生的智慧与创新的象征。

1. 学生的问题会在哪

组合图形面积实际就是不规则图形的面积。

你认真地走进文本，解读了教材：

从图形本体看，每个图形均可分为相应的几个部分。学生在分的过程中将产生不同的思考方法，他们可以根据自己的经验、思考与解答习惯，去思考如何解决这类问题。从学生认知看，计算不规则图形的面积，教师应利用课堂教学的平台，给学生一些解决类似问题的方法。从学生发展看，会计算图形的面积固然重要，但形成较强的空间观念，更是学生学习的重要方面。

因此，通过对图形的分割、添补，培养学生的空间想象力，提高学生应用知识进行综合解决问题的能力。

你真地走进学生，了解学生问题的所在。

调查问卷（全班所有学生）：

（1）求出下列图形的面积（单位：米）

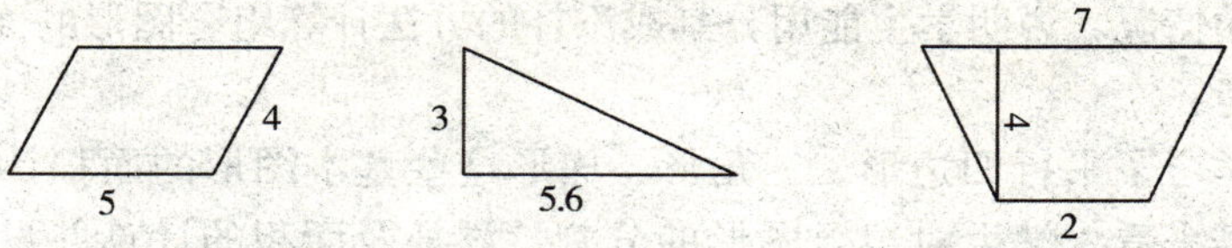

目的：调研学生已有知识基础的掌握情况。（计算面积的方法）

<table>
<tr><td rowspan="2">回答情况</td><td rowspan="2">正确</td><td colspan="2">错误</td></tr>
<tr><td>三角形面积</td><td>梯形面积</td></tr>
<tr><td rowspan="2">人数</td><td rowspan="2">40</td><td>3</td><td>2</td></tr>
<tr><td colspan="2">5</td></tr>
<tr><td rowspan="2">百分比</td><td rowspan="2">88%</td><td>6.6%</td><td>5.4%</td></tr>
<tr><td colspan="2">12%</td></tr>
</table>

通过调研的情况，说明此班学生绝大部分能够准确把握基本图形面积的计算方法。但是极少数同学在计算三角形和梯形面积时出现了错误。2 名同学在计算三角形面积时没有除以 2，其他 3 名同学计算错误。

（2）下面各个图形可以分成哪些已学过的图形，你有几种分法

通过调研，所有的学生都能把这些图形分割成已学过的基本图形。

（3）请你求出这个图形的面积并说说你是怎么做的

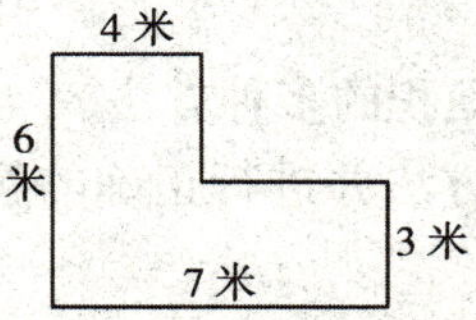

<table>
<tr><td rowspan="2">回答情况</td><td rowspan="2">正确</td><td colspan="2">错误</td></tr>
<tr><td>计算错误</td><td>不会做</td></tr>
<tr><td rowspan="2">人数</td><td rowspan="2">30</td><td>10</td><td>5</td></tr>
<tr><td colspan="2">15</td></tr>
<tr><td rowspan="2">百分比</td><td rowspan="2">66.7%</td><td>22.2%</td><td>11.1%</td></tr>
<tr><td colspan="2">33.3%</td></tr>
</table>

通过调研的情况，说明学生能用分割或添补的方法计算组合图形的面积。

我们的思考：

学生已经学习了平行四边形、三角形、梯形这些基本图形的面积计算方法，从整理数据来看，学生对组合图形的分割、添补及面积的计算并没有感到困难。学生只是巩固已学过的基本图形的面积计算方法。为此，。在保留教材知识框架的同时，进行拓展。打破以往的教学模式，突出计算组合图形面积的方法多样化，进行多种方法的优化；突出分割、添补的有效性；并且在本课设计中增加了估算，而且让学生初步运用比例尺解决问题。以学生非常熟悉的巨山小学学校平面图为切入点来激发学生的兴趣，让学生在独立思考、小组合作、全班交流等多种学习方式的情况下，探讨、研究求组合图形面积的方法。

策略的知识、方法的知识比技能技巧更重要。本节课并不是要教会学生求几个组合图形的面积，而是让学生体会到割补、转化的方法是求未知平面图形面积的重要策略。当学生真正获得了策略的知识、方法的知识的时候，就能举一反三、触类旁通。

为此，我们一同制定了科学、合理、并具有挑战性的学习目标：

知识与技能：

（1）在自主探索的活动中，理解计算组合图形面积的多种方法。

（2）能根据组合图形的条件，有效地选择计算方法并进行正确的解答。

（3）能运用所学的知识，解决生活中组合图形的实际问题。

情感态度：

感受数学与生活的密切联系，体会数学学科的魅力。

教学重点、难点：

（1）理解计算组合图形面积的多种方法。

（2）并有效的选择计算方法并进行正确的解答。灵活运用分割、添补的方法。

（3）运用比例尺进行换算。

2. 巨山小学占地面积大约是多少——问题具有探索性

儿童思维的发展是外部活动转化为内部活动的过程。教师应尽量给学生创设趣味性、探索性、延伸性的问题情境，让学生主动呈现问题，形成良好的数学思维习惯，发展数学应用意识，感受数学创建的乐趣。

片段一：

师：同学们，你们来自祖国各地，能不能向在座的老师介绍一下，你来自哪里？你们从祖国的四面八方来到巨山小学，喜欢这里吗？这就是你们所喜欢的巨山小学的占地面积图———一个用曲线围成的不规则的图形呈现在学生面前。想知道巨山小学的占地面积大约是多少吗？——教师首先提出问题。

生：想——（学生异口同声。投影上出现了不规则的用曲线围成的多边形——学生表情顿显出茫然）

师：数学离不开算，那你们就算算吧！

生：不能算！边是弯曲的。——学生发现问题。

师：拉成直的。"——教师微笑着说。

生：没数据。"——学生摇着头。

师：给你们数据，这下可以了吧。"——让学生体会从生活中的不规则，抽象成数学中的规则多边图形的过程。

生：独立进入了计算——学生专注地探索问题。他们根据已有的知识经验在分析问题、探索问题，解决巨山小学占地面积的问题。

教师为学生提供应有自主探索的"巨山占地面积图"，学生有了问题才会探索，只有主动探索才会有创意，创设不规则多边形面积计算的问题情境，是促进学生建构良好认知结构的推动力，是体验数学应用，培养创新精神的重要措施。学生也由此探索解决多边形面积计算的内涵，为"分割"与"添补"知识方法的内化创造条件。

生1：我把图形分成了三角形和梯形……

生2：我把图形分割成了长方形和梯形……

生3：我把图形分割成了大三角形和小三角形……

……

生4：我添上一个三角形使它成为一个大长方形……

在交流的过程中，有的问题在学生和学生之间就解决了，有的问题通过在教师的帮助引导下解决了。学生总结出计算组合图形面积的多种方法——分割后计算、添补后计算。这些方法已写在学生的笑脸上，准确地寻找已知条件已镶嵌在学生们的眼神里。

3. 巨山村的占地面积大约多少平方米——问题带有延伸性

学习数学就是为了解释和解决生活中、学习中的新的问题。在教学中，拓展问题情境的时间和空间，使得学生将自己的学习带入下一个新的起点，当再次面对新的数学知识时，就能主动地寻找实现背景，并探索其应用价值，同时还能做出合理的判断。

片断二：

师：这是巨山村的占地面积图。——图形由曲线逐步变成直的多边图。巨山小学坐落在巨山村，你能根据巨山小学的占地面积估计出巨山村的面积大约是多少平方米吗？你能口算出大约是多少吗？——培养学生应用比较进行估算的方法。

生："180000 平方米"、"200000 平方米"、"240000 平方米"……学生更多地从大面积与小面积的比较中来进行估算，也正是老师设计此环节的初衷。

师：到底谁的估计更接近准确数呢？我们还要动笔算一算。——培养学生数学的思考方法：验证。"这次的数据我可不给了。但相信你们一定能行。怎么办？"——教师继续创设问题情景，引导学生主动回忆知识，主动探索问题，解决巨山村的面积计算问题。

生：测量（大部分学生争着说）

师："对，借助手中直尺量。请看提示，谁来读一下：第一，为了计算方便，测量数据保留整厘米数。第二，几句提示后，你明白了什么？。——教师着重培养学生在分割或添补的基础上，动手测量所需数据，并能应用"图上 1 厘米相当于实际的 100 米"的提示，来求得巨山村的实际占地面积。"问题"不仅是学生学习的目的，也是学生学习的任务"驱动"，从而促进了学生的高效学习。

师：刚才你们计算时，我发现有一个同学是这样分割的。你们看行不行？

生 1：行，分割成了一个梯形一个三角形。

生 2：不行，不是梯形，梯形是一组对边平行的四边形，它分割后的对边不平行。

教师及时追问，并展示一名学生的分割方法——学生的错例：分割后的错误图形，无论计算多么准确，结果也一定是错误的。

通过教师的课件演示，学生的讨论，说理，大家对这个错误地认识更清晰了。分割时不能盲目，要有效，必须分割成已学过的规则图形，得到了同学们的共识——这正是本节课的精彩之处。

4. 你能用几种方法，计算花池的占地面积？"——问题富有开放性

你能用几种方法，计算花池的占地面积？在这种开放式的提问下，学生必然会展开多角度，全方位的思维活动，获取新奇和独特的反应：

"有困惑的同学，可以看黑板上的算式。"

"解答完的同学，推测一下你旁边的同学用的是什么方法计算这个图形的面积？"

教师两句亲切的话语，满足了学生间的接受差异。

"能把你的方法表示出来吗？可以找一人和你一起折一折。"解答方法的多样性，折一折的动手操作，使学生由思维的广阔性和灵活性向思维的优化型转化。

5.“学生喜欢怎样的问题?”——教师要智慧设计

(1)让学生思维富有灵活性，知识获取后进一步伸展——教师要智慧设计启发提问。

启发式提问，是指提出的问题对学生具有很强的启发性和诱惑力，学生跃跃欲试，而答案又不能脱口而出，必须通过自己的思索和努力才能获取。这不是已有知识的简单再现，而是将已有知识重新整合，才能达到问题解决的目的。

如:“你能根据巨山小学的占地面积估计出巨山村的面积大约是多少平方米吗?你能口算出大约是多少吗?”

又如:“这次的数据我可不给了。但相信你们一定能行。怎么办?”

再如:“你能用几种方法，计算花池的占地面积?”

(2)让学生将问题的答案凭借自己的想象、估计，推测出来的，或是指通过证明后才能确定的——教师要智慧设计猜测式提问。

由于是猜测，学生感兴趣，情绪兴奋——想猜;由于是猜，学生能放开胆量，自由表述敢猜;由于学生有一定的知识基础，心中有据能猜。而猜测以后的学生思维状态是急切的盼望证实。这时，证实猜测的过程变成为学生的渴望。

如:“到底谁的估计更接近准确数呢?我们还要动笔算一算。”

(3)大部分学生对所学知识已经掌握，但还不规范，或者是还不是深刻理解——教师要智慧设计适时的追问，有利于学生对所学知识的全面掌握。

如:“刚才你们计算时，我发现有一个同学是这样分割的。你们看行不行?”

(4)让学生对教师提出的问题，解答方案不是唯一的——教师要智慧设计开放式提问。如:“你能用几种方法验证，这道题你能用几种方法解答，这个活动你有几种设计方案。”

(5)是让学生对所求问题的答案不限于课堂所学的内容，也不限于所学课本的知识内容，而往往越是课本知识以外的回答，其作用越是开阔学生知识视野，为数学特长生提供表现自我概念——教师要智慧设计突然提问。

如:“几个巨山小学的面积才是巨山村的面积，你能用几种方法解答?”

(6)互动交流，学生学会互问。

“发明千千万，起点是一问”，从一个问题中，培养学生以问引问，借问说问，用问辩问，达到激活学生已有的知识和经验，引起认知冲突，说理争论，达成共识的目的。

如:生1:“行，分割成了一个梯形一个三角形。”

生2：“不行，不是梯形，梯形是一组对边平行的四边形，它分割后的对边不平行。”

问题高效解决，成功随之而来。

问题是数学学习的核心，让学生在课堂教学中与问题携手前行才能使学生的思维与交流焕发出勃勃的生机——我们应牢记在心。

诊治数学教学病症的“医师”

——特别的反思特别的关注——写给杨凤英

刘芳《统计》这节课虽以过去多日，但这节课留给我们的思考是那么样的相同。

1. “干脆利落的语言将我原本的困倦一扫而光。”

困倦往往是由疲劳造成，如果是在听课的时候，则更多的是这节课没意思，对这节课不感兴趣所至。而刘芳的《统计》这节课，她那“干脆利落的语言却将你那原本的困倦一扫而光”。可见，教师的课上语言不仅对学生产生很大的影响，对教师也具有很强的吸引力。

镜头回放：

“谁愿意介绍自己的生日，几月几日？”

“知道你出生的这个季节吗，告诉大家你是哪个季节出生的？”

“不知道的同学看看书，她会告诉你季节是怎样分配的。”

“你能看着黑板说说你是哪个季节出生的吗？”

“我怎样才能知道你们是哪个季节出生的，什么季节出生的人多？什么季节出生的人少？”

“今天我们班有一名同学没有来，你猜猜他是哪个季节出生的，为什么？”

“这个同学的发言虽然不够流利，但他很勇敢。”

“我手中有绿色、红色、黄色、白色四张卡片，你想用什么颜色来表示各种季节，说说为什么？”

教师的语言对学生既有鼓励又有肯定。学生在学习过程中有些说的是不正确的，有些说的正确，但讲不出道理来，这是教学中常见的现象，刘老师在课上决不轻易给以否定，她坚持鼓励学生自觉思维，大胆发言，并引导学生通过逻辑思考弥补发言中的不足。从而使数学知识逻辑化、条理化。

学生在这节课的学习中出现了许多新奇的表现和独到的说法。对于学生的这些上佳表现，教师抓住时机给予鼓励。在教学中，教师还鼓励学生自己数数，自己填表，让他们不断的经历分类、整理、填表的统计的过程，鼓励他们不断地再创造、再发现。

2. 老师，您知道吗

“老师，您知道吗?”这句话已折射出你对当前数学课的一些看法——“数学味”变淡了。数学课教师应给学生留下的是什么，学生在这节课上学会什么样的思考方法，形成哪些思维能力，没有计算的课不能称为数学课，没有思维的数学课更不能称之为数学课，没有思维挑战的课也不能称之为数学课。如你所说：“我们在上一节展示课或评优课之前，不是搜集相关的数学知识，自己先学习正确的数学基本概念，而是到网上搜罗一些所谓的优秀教案和电脑课件使自己的课更具观赏性。虽然，这些动画效果会吸引孩子和听课老师的眼球，但是总感觉数学知识学习不到位，总感觉这些活动离这节课的本质还有些距离，好像在“数学知识”周围画了一圈美丽的花边，但学生却找不到一条可以通向它的道路。”你这里所指的“本质”应是数学的知识“点”；是数学的知识“线”；是生活的实际应用。有的课气氛活跃、很热闹，一个个问题学生对答如流……下课后问问老师这节课学生的思维有哪些提升呢，课堂的新收获在何处，老师您知道吗？有的课该讲的内容学生已有所知，教师还在“原地”起步，而这些学生的心里所想，老师您知道吗？有的课学生呈现的方法多种多样，而教师却不知所措，此时的学生将这一切会完整的照在心里，10 年后、20 年后他们会作为一个个故事讲给别人听，老师您知道吗？学生不会，我们是老师，老师应该干什么您知道吗？

我不能不说，不忍心不说：数学的教学过程就是在教师指导下，学生通过自己的智能活动去探索获取知识，并在探索获取中进步发展智能的过程。

因此在上课前，教师应根据教材和学生实际，制定科学、合理、并富有挑战性的教学目标。精心创设启迪创新能力的环节。这样，学生就可以在教师的指导下，步步深入探索，利用原有知识对新知识进行思维加工、消化吸收，把新知识纳入原有的数学认知结构中去，再解决生活中的新问题。

训练直觉思维在小学数学教学中尤为重要。

学生面临大量的数学题目，其中许多要凭直觉选择和判断解答的方法、途经、手段，在经过尝试探索取得成功。数学直觉能力是在数学学习过程中逐步培养起来的。其中特别重要的环节应当是在学习数学的过程中努力达到“真懂”或“彻悟”的境界，即我们不应满足于让学生弄清各个数学结论的演绎证明步骤，而应对整个过程进行分析和概括，包括结合具体实例的分析，弄清相应的结论或方法的直观背景，直至整个内容在头脑中成为非常直观浅显、非常透彻明白的东西，也就是达到了“直觉的把握”。在数学课堂教学中要引导学生大胆猜想，鼓励学生猜定理、猜证法等。

3. 数学知识来不得一丝马虎

"任何形式都是为学生掌握基本的数学知识和数学技能服务的，作为一名数学教师，应该自己先做出准备，电脑课件和花哨的形式不是不可取，而是不能把主要精力放在那些上面，那些只是我们的一些辅助手段，毕竟数学是十分严谨和规范的。

"把数学基本定义读一读、背一背，把习题做一做"。正是我参加工作以来一直所坚持的，它是我今天在你面前就数学问题可以"说长论短"的基础。说实在的，在我的生活中，让我最开心、最快乐、最幸福的是学生，让我最伤神、最费心、最可怕的还是学生，学生每天的知识吸纳量，是惊人的。"老师，您这儿讲错了"，"老师您这儿判错了"，"老师这道练习题是错的"……像这些对老师的提示语在我们的工作中虽不可避免，但出现的频率应尽最大可能减少。学而不厌诲人不倦。数学的知识我们做老师的应首先达到"真懂"与"彻悟"，绝非教哪儿想哪儿，教哪儿算哪儿。我们承担的是传承文化知识的历史责任，身体、身心，智力、能力同时得到发展。我们向书本请教，向同伴讨教，也要向学生学习，要尊重学生的提问、学生的人格、学生的探索精神，教师应鼓励学生自学、自得、质疑、提问、讨论，成为引导学生学会寻求知识、运用知识、解决问题的"组织者"和"向导"，成为理解学生观点、想法和感情的"知音"。

要学会与学生共同学习、共同探讨问题。教师并非十全十美，也有不足之处，而学生有可能想到教师没有想到的问题，教师要善于向学生学习，因为数学知识来不得一丝马虎。

4. 哪怕是在说书上的例题和练习题

反思现在的集体备课，确实是"名"多而"实"少，更多的是"听客"和"看客"，很多只是走走形式，凑足材料而已。我觉得关键是我们现在缺乏这种集体研课的氛围，因为老师的工作太多、太杂，我们已经习惯由于上级工作安排不甚合理而给自己找借口了。一方面，我觉得首先要建立起同一学段或年级组研课、说教材的机制，同时，领导要检查。只有形成了坦诚研究的氛围，根据研究的内容，才会有真正得到的效果，教师的底蕴才有机会更深厚。

这一段话道出了你对集体教研的渴望，这里所指的集体可以是一个教研组，可以是两个人，还可以是多个文本，这里的研究方式可以是集体座谈，可以是两个人的聊天，可以是一个电话……就那么一个例题、一个练习题，你可能会在学生的一生中留下永不消逝的记忆，你可能会成为学生崇拜的偶像，你可能会是学生心中的一本书，一本永远读不完的书。

俗话说：“不积跬步，无以至千里。”其实无论是集体教研还是教师自己学习数学基本定义，归根到底还是在走好每一小步。只有我们具备了扎实的基本功，学生才会有扎实的基本功。我会与你重温“不积跬步，无以至千里。”我会与你、与你们、与大家一路同行去构筑教师那与众不同的知识底蕴。

说真的，上好一堂数学课，绝非轻而易举之事，只有加强以上几个方面的认识，并将变成自己的实际工作行为，才能提高课堂教学效率，为学生可持续发展打下坚实的基础，才能无愧于教师这一光荣的称号

建议语文、数学能够实施分科教学：对于这个问题，宋校长已在思考，你们每一个人都是他心中的美丽棋子，相信他会下好这盘棋，不过要给他点时间。

练习课到底怎样上

——精心思考，认真选材，沟通联系——写给杨云霞

时间推回到12月初，我高兴地接到了海淀区小学数学教研室束春华老师的邀请。请我在12月27日为全区六年级做数与代数部分的复习讲座，涉及到教材的内容为《百分数》和《比》，与上一节练习课与讲座主题紧密相连。

“是上百分数的练习课，比的练习课还是上百分数与比的综合练习课?”我问。“都可以。”束老师爽快地回答。显然，为我们选择上哪种练习课创造了空间。

上百分数与比的综合练习课和讲座主题是吻合的，但难度大——对我来说也是个挑战。“我把上练习课的任务交给老师行吗?”我再次向束老师请示。“没问题，但您要指导好。”束老师叮嘱我说。我坚定地回答道：“请放心，我保证完成任务！”此时，我深知，要把复习讲座的主题、知识复习的方法、重难点的突破转化成你的认识，并践行在练习课上表现在学生的身上，呈现在所有六年级教师眼前的难度。

练习课不同于新授课，注重突出新意，也不同于复习课，侧重于理顺知识体系；练习课必须以练为主。但“以练为主”并不是一练到底，为什么要练，练什么，怎么练，教师都要认真地思考，深入地研究。特别是在设计教学过程时，一定要把学生放在首位。教师设计教案之前就要考虑学生已经会什么，他们现在最需要什么，他们喜欢什么；设计每个环节每个问题是要考虑学生能否接受，学生跳一跳，能否够得着；学生通过什么途径来解决，是独立思考还是合作交流？学生在这次数学活动中能得到什么？不同学生有什么不同的收获等问题。教师只有做到心中有数，才能有的放矢；教师只有想

得周到，研得深入，才有可能设计出好的练习课来。

我们开始了近两周的全力准备，先后五次与春燕、索主任一起备课，修改素材3次，调整教学活动3次，试讲5次，最终迎来了第六次也是全区示导练习课的成功——你的废寝忘食，你的用心努力，有了回报。

在这里，我和你一同经受了锻炼，一同得到了提高，一同在收获着。

练习课教学也应体现《标准》的基本理念。

1. 在情境中爱数学

小学阶段的学生对大量的巩固练习缺乏主动兴趣，容易产生厌倦心理。依据小学生的认知特点：儿童有一种与生俱来的，以自我为中心的探索活动方式。正如苏霍姆林斯基所说的，“在人的心灵深处都有一种根深蒂固的需要，这就是希望自己是一个发现者、研究者、探索者，而在儿童的精神世界中，这种需要特别强烈”。因此，练习课上教师不能只让学生一味单调地练、练、练，使他们成为做题的机器，而应该在教学中创设一些新颖的情境，把联系的内容寓于其中，有较大的空间让他们主动探究或合作交流，调动学生的积极性、主动性和创造性；让学生在练习中多一些数学思考，多一些真实的情感体验，更多一点练习的快乐。让学生真正感到自己是一个发现者、研究者、探索者。只有这样，才能帮助他们从厌倦的情绪中解放出来，唤起他们主动参与练习的激情。

片断一：

情景：同学们，中秋节家家都不可缺少的一种食品是什么？

生：月饼。

师：对呀！老师也非常喜欢吃月饼，所以每个中秋节，老师都要到超市买几块月饼，这次呀！我遇到了我们学校五年级的两名同学，王刚和李明。他们每人分别买了几块同样的月饼。具体情况是这样的：请同学们看大屏幕。

出示课件1

师：王刚买了6块月饼，李明买了4块月饼。（出示课件）快把你们看到的信息读给大家听。（师：板书）

片断二：

在我和王刚、李明的聊天中，了解到五年级期中考试的数学成绩是这样的。（课件出示）你看到或可知道什么？

	一班	二班	三班	四班
及格率	95%	85%	96%	85%

2. 在简单中学数学

《标准》在基本理念部分明确指出：数学教学活动必须建立在学生的认识发展水平和已有的知识经验之上。教师应向每一个学生提供充分从事数学活动的机会，帮助他们在自主探索和合作交流的过程中真正理解和掌握基本的数学知识、技能、数学思想和方法，获得广泛的数学活动经验。小学生对周围的事物充满好奇，他们具有创造和探索的潜能。调查表明，三年级以上的学生已经基本具备了所学知识解决问题的能力，无论是新授课后的练习，还是综合练习课，学生具备了自行解决问题所需的基础知识和技能。在教师的引导下，一般都能顺利地完成练习任务，并有一定的针对练习内容提出问题的能力。

《标准》还明确指出：要学习有用的数学，旨在说明要把所学的知识与现实生活紧密联系起来，达到学以致用的目的。"行是知之始，知是行之成。"是教育家陶行知的观点，他概括了"学以致用，然后知不足"的思想。因此，要设法让学生的所学，能够在生活的简单中加以运用，以调动他们学习数学的积极性。

练习时应把练习内容进行合理组合、归纳、提炼，使练习内容简单化，以利于学生对所学知识的梳理、巩固和提高。

片断一：

如：王刚买6块月饼

李明买4块月饼

生1：6+4=10，6−4=2

生2：6÷4=3/2；4÷6=2/3；（6−4） ÷4=2/4=1/2；（6−4） ÷6=1 ÷33÷2= $\frac{3}{2}$。

（求一个数是另一个数的几分之几，巡着这个分数，你还可以想到几分之几？）

生3：4÷6=66.7%；6÷4=3÷2=150%；（6−4） ÷4=50%；（6−4） ÷6=33.3%；4÷ （6+4） =40%；6÷ （6+4） =60%。

（这是求一个数是另一个数的百分之几，除此以外还可以想到哪些百分数？这个百分数表示什么意思？）

生4：6∶14=3∶12；4∶16=2∶ 3；4∶1 （6+4） =4∶10=2∶5；6∶（6+4） =6：10=3∶5。

（用两个数的比来思考）共计18个。

创设问题情境，巩固提高：

我们3个人平均分10块月饼，每人分得多少块月饼？

老师吃了王刚和李明分给的月饼，需要付钱，那么老师的10元钱，怎样分给他们就合理了？

生1：给王刚6元钱，李明4元钱。

生2：我认为应先算1块的价钱 $10 \div 3\frac{1}{3}=3$ 元，（3元是几块月饼的价钱？$3\times\frac{2}{3}$ 这个算式表示什么意思？）

最后给王刚 $3\times2+2=8$ 元，李明2元。

生3：我是这样想的：$2\frac{2}{3}:\frac{2}{3}=4:1$，再按比进行分配 $10\times\frac{4}{5}=8$ 元，$10\times\frac{1}{5}=2$ 元。

最后也是给王刚8元，李明2元。

师：再看6元、4元是怎样想的？

生：这种想法是用没分的10块月饼来分10元钱，这样想是不对的，应该用自己给出的部分来分10元钱。

片断二

	一班	二班	三班	四班
及格率	95%	85%	96%	85%
任课教师	孙老师	孙老师	蒋老师	蒋老师
班级人数	40	40	50	60
及格人数	38	34	48	51

师：比较百分数的大小？哪个班的成绩好？你比较的方法是什么？

生：三班成绩好，我比较的方法是合格率高成绩就好。

师：老师想知道一班、二班的及格人数，需要补充什么条件？

生：需要补充全班人数。

师：（课件出示）一班40人、二班40人。一班和二班的及格人数分别有多少？口算可以吗？

生：38人及格，34人及格。

师：如果老师给出三班、四班及格人数，大家可以求出三班、四班的班级总人数吗？

师：三班及格人数48人、四班及格人数51人（课件出示）。数据有了快算一算吧！

生：三班全班50人，四班全班60人。

师：你们算得又快又对，真棒！

师：他们的任课教师分别是：孙老师和蒋老师，同学们再想一想哪个老师教的成绩好？应怎样比较？（课件2）

生：先独立算一算。

小组交流各自的想法。

汇报：生1：我是把两个班的及格率相加再除以2，得到蒋老师教的成绩好。

生2：我是把及格人数算出来，再比较，也是蒋老师教的成绩好。

生3：我认为及格率是指及格人数占总人数的百分之几，所以我们应该用两个班的及格人数除以两个班的总人数，才能求出及格率。

师：针对以上学生的不同想法，你同意哪位同学的观点？为什么？

生：第三位同学。因为孙老师和蒋老师教的都是两个班，所以应是两个班的及格数占两个班的总数的百分率，这才是正确的比较方法。

师：最后我们比较出哪个老师教的成绩好？

生：他们所教的成绩同样好。

师：同学们如果这样比及格率，必须具备什么条件？

生：每个班的人数必须同样多。

师：通过刚才大家的分析和比较，我们对于及格率有了更加清晰地认识。

3. 在综合中用数学

复习除了对所学知识进行整理、梳理之外，还应做到对所学知识的综合应用。因此，复习时必然会出现不同学生或同一学生对同一问题由于不同的思考角度而出现多种解法的情况。然而，只有对不同的解法实行优化，找出新颖、独特的最佳解法，才是复习的最佳目的。所以，复习时必须在注意解法多样化的同时，比较、提炼出最佳解法，从而达到优化解题思路的目的。

例题1：工程队修一条20千米的公路，前4天修了全长的10%，照这样计算，修完这条公路需要多少天？

方法一：$4 \div 10\% = 40$（天）

方法二：$1 \div 10\% = 10$（个）

$4 \times 10 = 40$（天）

方法三：$4 \div 10\% = 40$（天）

$1 \div 10\% = 10$

$10 \times 4 = 40$（天）

方法四：解：设修完这条公路一共需要X天。

$10\% X = 4$

$X = 4 \div 10\%$

X = 40

方法五：10% ÷4 = 2.5%

1 ÷ 2.5% = 40（天）

方法六：1 − 10% = 90%

10%∶90% = 1∶9

4 × 9 + 4 = 40（天）

方法七：20 × 10% = 2（千米）

2 ÷ 4 = 0.5（千米）

20 ÷ 0.5 = 40（天）

方法八：20 × 10% = 2（千米）

20∶2 = 10∶1

4 × 10 = 40（天）

当学生出现不同解法后，教师可以让学生比较、优化，从而沟通归一、倍比、方程、百分数、分数等知识间的联系，引导学生从不同的角度、不同的侧面，运用不同的分析方法解决问题。

4. 在巩固中，融通数学

教师要充分信任学生，相信每个学生都有探索学习的潜能，帮助学生认识自我、建立信心，让学生消除自主练习的恐惧心理，全身心投入到练习活动中。在素材的编制中要融会贯通，针对本班不同层次的学生进行习题设计。同一个问题，用多种形式呈现出来，在直观、形象思维的基础上——图文并茂、数形结合，形成概括、抽象思维——数学算式。

如：把一块长方形菜地分成大小不同的几部分，其中甲面积占总面积的25%，乙面积占总面积的 $\frac{1}{8}$，丙面积是10平方米，且丙与乙的面积比是5∶3，求涂色部分面积。

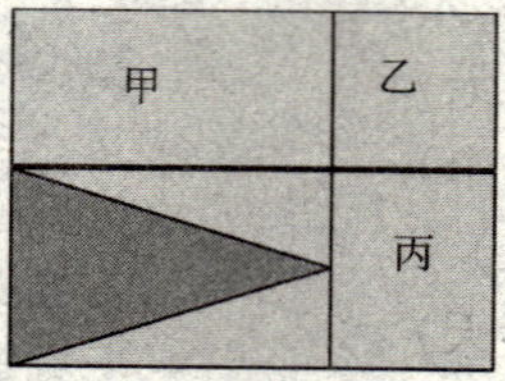

5. 在争论中，辨析数学

《标准》提出："在评价学生学习时，应让学生开展自评和互评，而不仅仅局限于教师对学生的评价。"教师应结合练习课的内容及学生完成的情况，从基础知识的掌握情况、做题的认真程度、解题的能力等方面评价学生。同时，应努力为学生提供一个自由发展的舞台，把辨析问题的权利交给学生，把争论的空间留给学生，把评判的机会还给学生。在自我评价中学会自我肯定、自我否定、自我改变。

"10 元钱，怎样分配合理呢?""两位老师谁教得成绩好呢?"

通过学生的辩论，正确的计算方法得到了清晰地认识，激励了学生的学习热情，促进了学生的个性发展。

教学经历是教学阅历的元素。有时教学的经历是不可多得的，它像是一个"提速器"，又像是一个"加油站"，它是教学的"点"。

在这个点上，我们彻悟了：练习设计要明确目的。

根据《标准》以及学生的实际情况，准确把握教材，确定本节练习课巩固哪些基础知识，培养哪些基本技能，提高哪些技能技巧。进而紧紧围绕练习课的目的来设计练习题，针对学生存在的问题展开练习，力求在最短的时间内以最少的题量获得最好的教学效果。

在这个点上，我们彻悟了：练习设计要有层次、有坡度。

练习一般经过模仿、掌握、熟练和创造几个阶段，练习设计要体现优化，一定要由易到难、由浅入深，有层次、有坡度。学段练习课，应以本学段的知识与技能目标为标准，题型可以是基本的、单一的、带有模仿性的，使学生形成初步的技能。通过综合练习，积累知识，形成熟练的技能与技巧，使学生能灵活运用所学的知识解决问题。

在这个点上，我们彻悟了：练习设计要有针对性。

练习的针对性原则要求，练习的设计要针对知识的重点、难点和学生的弱点来精心设计练习，练习的设计要面向全体学生，为全体学生提供联系的机会，使学生在原有基础上都能有所提高，从而促进各个层次学生的发展，让每个学生都得到不同的收获。

在这个点上，我们彻悟了：练习设计要形式多样。

儿童心理学告诉我们，儿童的注意力是很难持久的，尤其对单一的活动更是如此。因此，教师在设计练习时，要注意形式的多样化，可以采用填空、判断、选择、匹配、组合、游戏等方法，既能使学生对学习保持新鲜感，又能巧妙地把学生的注意力吸引到学习中来。

"点"给我们留下的是美好的，"点"记录了我们《练习课》的足迹，我们又何尝不需要有更多的这样的"点"呢?

情感互融　思维共鸣

——感动《时间与数学》——写给马艳芳

"虽然还没有最后的结果，但是在这个过程中我努力了，付出了，收获了。通过活动，我深刻地意识到教师对教材的理解程度，会直接影响孩子。正所谓：站得高，看得远。我们要站在数学核心思想和全新教学理念这两个更高的起点上进行自己的教学设计。这也是我今后不断努力和追求的方向。”读着你的教学反思，我从心里涌动着一种兴奋。因为，这正是我们所应该收获的，它比获取一等奖更有价值。

回想我们所走过的每一天，追忆已过去的每一节课，真是令我们回味无穷。

我们一同走进了教材中的时间与数学，深入研究时间与数学之间的关系。我们之间的情感伴随着对时间与数学认识的不断深刻而逐渐深刻，并且和认识时间与数学交织在一起。时间与数学将我们的情感融合在一起，使我们全身心地积极投入时间与数学研究，较好地完成了《时间与数学》教学任务。

1. 学习融情，学生好学

我们一同走进课堂中的《时间与数学》，我们看到了学生表现积极的学习心态、稳定的学习情绪和良好的学习习惯。

让学生正确地看待不同的“符号”可以表示爸爸、妈妈、和飞飞的休息日，这正是上课伊始培养积极学习心态的第一关键。要让学生认识到“符号”是简捷的数学语言。不同的表示方法呈现的是学生不同的思考，不同的知识基础，也是学生获得进步的机会。暴露自己的思考，才能得到老师和同学的帮助，教师有意识地让学生展开思维，用自己喜欢的方法来表示三个人的休息日，激发学生的认识不同，这是学生心理发展的动力。他们在“表示”过程中会遇到这样那样的困难，也会产生种种情感。对此，教师因势利导，一方面，加强学习方法的点拨，为学生思维铺路搭桥，帮助他们克服认知不同，强化积极的情感；另一方面要用直接或暗示的方式把期待的信息传递给学生，使他们体验到老师的亲切与信任，从中受到激励，坚定克服困难、获得成功的信心，建立良好的数学情感。

教师及时表扬先进，鼓励后进，使学生有了稳定的学习情绪，“胜不骄，败不馁”，让学生更加坚信：只要想成功，就一定能成功：如果失败了，那么就是因为努力不够；如果成功了，那就需要更加努力，争取更大的成功。从而使学生始终保持积极稳定的学习心态，争取各自更大的进步。

“就请同学在日历中找出飞飞一家每个人的休息日，以及他们共同的休息日，并用自己喜欢的方式表示出来。”“这种记录方法你能看明白吗？谁和他的表示方法一样？能和大家说说你的想法吗？”“谁来找飞飞的？你说，马老师来操作，看看咱们配合得怎么样！我们就要开始了，下面的同学也要注意观看，注意倾听，当你注意观看时你就会得到新的启发。”

积极专心的听课，响亮、完整和流畅的发言，认真及时的作业。促进学生健康心理的形成，这些良好的习惯养成体现在教师一堂课手把手地训练，一招一式地培养，身临其境地指导。

2. 内容融情，学生易学

爱因斯坦说：“教育应该使提供的东西，让学生作为一种宝贵的礼物来享受，而不是作为一种艰苦的任务要他负担。”将学习内容情感化，就是将抽象乏味的数学知识通过拟人化、形象化手法变为学生喜闻乐见的生活或游戏，使他们感到亲切、熟悉、有趣，从而消除对数学的恐惧感，不断增强学习的成就感或成功感，由“要我学”转化为“我要学”。如：

为了能发现更多的规律，我们把12月的日历拉长变形，像一列长长的小火车。

师：先单独观察爸爸的休息日，你有什么发现？

（学生分别汇报自己的发现）

师：通过你们的发言，我发现了，原来爸爸的休息日是和4这个数有关系。是吗？

师：那么，你能用算式分别来表示这些休息日和4的关系吗？（乘法算式）

师：具有了这样的关系，我们就可以说爸爸的休息日都是4的倍数。

师：我们再来看看妈妈的休息日，它们又和哪个数有关系呢？

（妈妈的休息日和2有关系）

师：那么，你能用算式来表示这种关系吗？

（学生说，教师出示算式）

师：现在我们把父母的休息日合并起来一起观察，你又有什么新的发现？

生：爸爸休息，妈妈就一定休息。

师：那爸爸和妈妈共同的休息日又都和哪个数有关系呢？

师：的确是这样。父母共同的休息日都和4有关系。

3. 过程融情，学生乐学

教育家乌申斯基说：“没有丝毫兴趣的强制性学习，将会扼杀学生探索真理的欲望。”学习过程应是学生体验美、感受美、表现美的过程。学习过程至少能体现动静交错的变化美、合作参与的静态美、民主平等的人性美。

课堂上的“静”表现为学生上课准备状态静，学生要备好上课用的书、本和学习用具等，静静地坐正，等待上课。还有一种“静”常被教师忽视，那就是做作业时的“静”，足够的写作业时间和静静地写作业氛围直接决定了课堂教学的效果和学生的作业质量。而复习、新授、巩固则是学生“动”的过程，即让学生充分参与的过程。教学中应引导学生实现'三全参与"，即全员参与、全程参与、全感参与，也就是让每个学生用多种感官参与教学的全过程。

解决坐车问题：

师：确定了日期之后，他们对这次外出活动进行了精心的设计，决定采用坐公交车的方式去郊游。恰好他家楼下有1路和2路两路公共汽车。（出示公共汽车的图片）乘坐这两路车都可以到达郊游的地点。

问：1路：每3分钟发一次车，2路：每5分钟发一次车。

问：在早上7：00到8：00这一个小时内什么时间到楼下，既可以坐1路车又可以坐2路车，找一找，可以同时乘坐这两路车的时间有几次。

（学生自己进行独立的尝试）

（用实物投影进行展示。写出八点之后的）

问：他填的和你填的一样吗？

问：他分别是按照什么顺序填写的？

师：我们最终确定的同时发车时间是几次。（观察集合圈）

追问：这些同时发车的时间有没有什么特点？

师：解决这个问题，你还有什么别的方法吗？

（我们也可以利用计算的方法解决。）

小结：有的同学是用计算的方法找出他们都有的那个倍数，还有的同学是用列表圈一圈的方法找出同时发车的时间。这样，飞飞一家外出就方便多了，可以选择以上的5个不同的时间出发。

师：你建议飞飞一家选择其中的哪个时间出发呢？说说你的理由。

师：我会把同学们的建议转达给飞飞一家。他们也让我转达对大家的感激。

教学要民主，要面向全体学生施教，不能偏爱一部分人，对另一部分人（特别是对学习有困难的学生漠不关心；要鼓励学生发表自己的见解，哪怕是错误的见解。相信每一个孩子都有巨大的潜能，鼓励他们去不断地自主探索，使他们的才华得到淋漓尽致地发挥。

4. 方法融情，学生善学

弗赖登塔尔认为："学习数学的唯一正确方法是实行'再创造'，也就是由学生本人把要学的东西自己去发现或创造出来。"让学生"学会学习"是知识经济时代的要求。那么，如何让学生积极地投入到学习过程中，并且从学会到会学呢？我认为，有效途径之一是将学习方法情感化，即通过"设疑引胜"唤起学生参与的热情，通过"全感参与"使学生体验成功的情感，掌握创新学习的方法，成为学习的主人。

“我们所体验到的最美好、最深刻的情感，就是探索奥秘的情感。”每个学生都非常想成为一个探索者、发现者。为此，教师要创设情境，使他们形成“急于跳一跳摘果子”的积极心态，处于好奇、好胜、好思的踊跃参与状态。如：

师问：你们知道刚才我们填写的这3个圈在数学课上叫什么吗？

（学生说自己的想法）

师：他们叫集合圈，顾名思义，就是休息日到集合圈里来集合。

师：通过填写集合圈的过程，集合和刚才的表格记录的方式相比更有什么突出的特点？从表格中一眼能看出什么？从集合中一眼能看出什么？同桌之间先小声交流交流。

师：表格记录很有序，将数据整理填到集合里，休息日到底有哪几天就能看得更清楚。

师：刚才你们的这种有序整理和对3个休息时间的分别集合，也激发了马老师的兴趣，我也想对这些数据整理一下，请你们把眼睛睁大，给我点自信，好吗？

（教师用课件演示）

师：我发现：8日和16日既是父母共同的休息日也是飞飞的休息日，所以我把它们提前。除了这两天，父母共同的休息日还有……日，飞飞的休息日还有……日。我把父母共同的休息日填进一个集合圈里，把飞飞的休息日填进一个集合圈中。为了美观，我再把这些圈的位置挪一挪，摆一摆。

师追问：红圈里表示的是什么？蓝圈里表示的是什么？两圈相交的部分表示的呢？

教师总结：老师的这种表示，也叫集合。这种集合的表示方式不但能看出父母共同的休息日，飞飞的休息日，而且还能更能清楚地看出全家共同的休息日。

总之，教师要通过充满情感的创造性教学使学习中的各要素情感化，使学生好学、易学、乐学、善学，培养学生“衣带渐宽终不悔，为伊消得人憔悴”的学习情感，在亲密师生关系中得到促进，在高涨求知欲的基础上得到提高。从而使师师情感共融、师生情感互融，思维得到共鸣，使学习成为师生终生追求的目标和人生最大的乐趣。

这正是《时间与数学》给我们带来的收获。

让我们带着对学生的爱一路走下去

评优课后我们共同的感受——写给海洋

“让我们带着对学生的爱一路走下去。”这是我们七节《统计》课堂教学践行的脚印，所留给我们的共同感受。我们一路迎“风”顶“雨”，终于看到了横跨天空的“彩虹”以及那期待已久的“晴日”。

1. 课堂是什么——课堂是美丽的

2007 年 11 月 19 日，是海洋参加海淀区评优课的日子，是海洋难忘的日子，也是海洋收获的日子。因为也正是在这一天，海洋将课堂是什么？又做了新的诠释——40 分钟是美丽的，课堂是美丽的！

课堂是课程与教学活动的综合体。在那里，你所选择的五颜六色的小气球被学生的一只只小手高高地举起；伴随着音乐声，学生又将手中的小气球整齐的在黑板上排好队；一辆辆令学生爱不释手的小汽车拉进了你与学生距离。学生看到了你是多么亲切呀！

在那里，你认识到了——课堂是师生互动、心灵对话的舞台，是传授知识、探究知识的场所，是通过对话探寻真理的地方；

在那里，你体验到了——课堂是生活，是生命相遇、心灵相约的场域，是师生一起走过的生命历程；

在那里，你感受到了——课堂是精神生活的空间，是师生的精神上的享受，是师生思想上的营养。

是的！课堂是一幅社会存在的缩影，从那里可以看到：广泛的人际交往、丰富的情境激发、真实的交流沟通、全面的师生互动以及热切的对话商讨。课堂给师生带来的是无限的快乐！

2. 小气球、小汽车的教学素材——教师选取、组编是精心的

在数学活动中，应该关注学生是否有浓厚的学习兴趣和积极的学习态度，让学生在生动活泼的教学活动中，积极参与，获取快乐。因此，在选取教学素材时就要考虑学生的实际，选择学生熟悉的、选择学生喜欢的。教师所选择的五颜六色的小气球，上课伊始就让学生眼前一亮。学生举着自己喜欢的小气球，神采飞扬，每个孩子的脸上都露出灿烂的微笑，这正是教师的独具匠心所在。在玩气球的过程中，尽管学生不都是尽善尽美，但他们积极参与的热情、鲜明的个性特征、思考中所孕育的智慧足以让老师心满意足，让同伴高声称赞。因为大家玩出了统计图，玩出了统计表。

活泼好动是儿童的天性，变静为动，化虚为实，放手让学生合作实践，有利于学生对知识的体验和感悟。你能看出有几种车吗？每种车各有几辆吗？

(老师放投影)

让我们就通过刚刚学过得分、排、数、填的统计方法来帮助警察叔叔统计一下每种车的数量，制成统计图，完成统计表——学以致用。

投影上一辆辆小汽车快速而过。要帮助警察叔叔统计汽车数量，小组合作已成为必需。于是孩子们分工合作，进一步感知统计的方法，整个教学过程以学生的独立思考、再小组合作为主线，让学生在积极的学习状态中感悟统计。

3. 让学生去分、去排、去数、去填——他们是喜欢的

关于教，伟大的教育家叶圣陶曾说过：“教者，盖在善于引导启迪，使学生出自其力，自致其知，非所谓教师滔滔讲话，学生默默聆听；导者，多方设法，使学生能逐渐自求得之，足抵于不待教师讲授。”从这个意义上来看，教就是指教师在教学过程中充分发挥主导作用，善于启发学生的思维，并教给他们学习方法，使他们勤于思考、乐于探索，逐渐地不需要老师也能学习，达到教是为了不教的目的。所谓不教，就是指在课堂教学中，对那些学生自己能学会的知识或能探索出的结论，教师不讲授，给学生留下足够的空间，让他们自己独立去探索、去研究。

“好，就请同学们把气球贴在黑板上。”教学的第一个活动在优美的音乐声中开始。

学生快乐的无序的贴着——这是学生最本真地呈现。

“同学们，这样能不能一下就看出来哪种颜色的气球最多?”教师的话直触统计图的本质。学生一片茫然。

“请同学们讨论讨论，怎样摆就能一下看出来什么颜色的最多?”——给学生留下思考的空间。学生想、学生说、学生动手到黑板上调整，一幅美丽的统计图跃入学生的眼帘。

“现在你能不能一眼就能看出哪种颜色的小气球个数最多？为什么？还能看出什么?”老师的话音未落，学生已纷纷举起了小手。

“我们搬着这块黑板给售货员阿姨，你说麻烦不麻烦？请你想个办法，用最简单的方式告诉阿姨。让阿姨一眼就能看出来每种颜色的气球有几个?”由图到表的巧妙过渡，将学生思维引向了深入——数数，填填，教师再加上几条横线和几条竖线就形成了一个统计表。

学生在老师的引领下经历了分、排、数、填的统计过程。学生不仅收获了统计图、统计表，而且收获了得到统计图、统计表的方法，更是收获了思考的过程。

教师创造性的设计教学活动，是教师教学机智发挥得淋漓尽致的产物。

它体现了教师为学生主动学习而教，为学生运用智慧方法学习知识而教，为学生在探索和发现中学习知识而教，使学生成为知识的挑战者。

《新课程标准》指出："我们要爱护学生的好奇心、求知欲，充分激发学生的主动意识和进取精神，倡导自主、合作、探究的学习方式。"新课程改革要求学生形成主体性的探究式学习方式，同样，也要求教师在课堂教学中必须留给学生自主探究的时间和空间，充分发挥学生的主体作用。学会"不教也是教"。课堂教学中教师适当地引导，不仅能充分发挥学生的主体作用，激发学生的主动意识和进取精神，而且还能培养其创新能力。教师这种"教"起到了"此时无声胜有声"，"不教胜教"的效果。

4. 快乐其实很简单——每一分钟链接的

看完海洋的反思，敲下这些文字时，我不停地问自己，什么是快乐？快乐其实很简单——每一分钟链接的！

无论是"风"是"雨"，无论是"彩虹"是"晴日"，它们是我们工作的全部，它们是我们人生的营养。

一次教学活动的设计，不适合学生这不算什么，关键在于我们及时地纠正了。

出错怕什么？错正是教学的宝贵资源，错是学生通向成功的前兆。

教师的提问是课堂教学的艺术，我们一同追求。

违背学生的认知规律，教学必然"摔跟头"，我们一同警示。

"风雨"阻挡不住我们向前的脚步，"彩虹与晴日"使我们心怀不泯的教育希望。在今后的日子里，我们一直记住要和我们的学生在一起，让我们永远带着对学生的爱一路走下去！

给自己找"麻烦"的人

——写给中坞小学刘静

如果一节数学课你关注的是好学生，你会发现这节课上得很开心很顺利。而课后的作业一定会告诉你，你这节课是失败的。这是我几年前初为人师的经验教训。——中坞小学刘静

平时在课上，刘静总是提问学习困难的学生，以至于做公开课，自觉地给自己找"麻烦"。

她讲《图形的变换》这一课时，让每个孩子用 1 个三角形在方格纸上动手演示什么是旋转和平移。因为是已学知识孩子们每个人演示得都很好。

教师增加难度，出示了 4 个三角形。从正方形如何变换成风车。

可想而知，难度增加了，孩子们都在自己的方格纸上演示着。本来我想让一个口语表达能力好的好学生来回答这个问题，这样能给其他学生做示范，还可以节省时间。孩子们陆陆续续举手示意可以回答问题了。可是看看举手的孩子，无疑都是符合回答问题的孩子，而那些我平时“在意”的孩子们还都在低着头。就在我有意等他们的时候，周林抬起了头，他并没有举手，但是我能看出来他也有自己的答案了。

“周林，你来说说你的想法吧！”

周林走到了实物投影面前，我轻轻拍了拍他的肩膀，他缓慢地说着自己的想法，思路有些不清晰，也不太有条理。但是周林还是完整的说出了变换的整个过程。由于这个环节耽误了一些时间，所以下面的环节我不得不有所调整。但是我觉得这个“麻烦”找的值，周林掌握了这部分知识，还有什么比这更重要的呢？

提到小组合作学习，刘老师也同样喜欢给自己找“麻烦”。小组学习，一到讨论问题时这些学困生总是作为倾听者，他们没有表达自己想法的机会，一听同学的意见就马上否定了自己。虽然这样的合作学习讨论得比较快，但是对于组中的学困生来说，这样的学习方式并不理想。

刘老师大胆地改变的学习小组的分配，让学习水平相当的孩子为一个学习小组。她在讲《包装的学问》一课时，小组合作探索 4 本书如何包装，使其表面积最小的最优策略。刘老师来到了学困生这一组，在旁边听着他们的讨论，因为水平相当，所以每个人都能有说话的机会。看他们动手摆了三种形式。然后摆一种，找到长宽高，每个人就开始计算，因为计算比较复杂，所以有的组都已经 3 种方法都已算完，这个组刚刚计算出一个方法。但是我还是想给他们时间让他们完整的完成这个思维活动，于是给他们个小建议，余下的两种摆法，分工来完成。这样这个学习小组顺利的完整的完成了这次活动课，并且找到了最佳方案。我想这样训练下去，这种“麻烦”的小组，一定会不再麻烦的。

以真诚的微笑面对学困生，创设一种轻松愉快的学习氛围，才能有效地提高学困生学习的积极性和主动性。作为老师，应该给予学困生源源不断的动力支持，使他们充分地展示自身的价值，从而使我们的数学课堂更加和谐，更加让学生满意。

细

樊老师的语文教学指导——写给香山小学樊微微

樊老师的语文课——细，能够突显语文学科的特点，听、说、读、写训练贯穿整个课堂，扎扎实实地在提升学生的语文素养。给我留下深刻印象的是“读有目标”：借助读帮助学生理解、体会，体会之后再读，把自己体会到的读出来，插入对比句进行比较，然后继续读，这样的读有层次，学生有提高，使学生逐渐能做到正确、流利、有感情地朗读；其次，“训练扎实”：关联词语的添加，在理解的基础上加关联词，加上之后再读再感受，没有一带而过的痕迹，看得出教师的设计是在为学生的学服务；还有那个令人回味无穷的“延伸与积累”环节：许多课的积累都是一带而过，也可以理解，课堂40分钟时间紧，任务多，但是今天的延伸与积累学生先读、再理解、然后进行摘抄，步步落实。课的优点很多，大到教学设计，小到环节之间的过渡语言，都值得品味。

樊老师所批阅的学生作文——细。看着她批阅过的作文我们不由得为这位年轻的语文教师的敬业而感动。她的学生的习作草稿本，每一本上都是密密麻麻的红色笔批改痕迹，这样的一本没有10分钟是绝对下不来的！然而这仅是学生的草稿本。草稿本批改后学生誊写，教师进行二次批阅，四、五百字的文章，读一遍也是需要几分钟的，教师还加上了具体的、很有针对性的批语，细算下来，一次作文至少教师要用去近10个小时，到现在她们班已经写了7篇作文。看到这儿，更加敬佩小樊，二十几岁的年轻人，正是风华正茂、谈情说爱的黄金季节，听音乐、看电影、逛街是再正常不过的事了，而小樊却能沉静下来，放弃自己许多休息时间，把师爱实实在在的落到学生身上，这种工作态度，这种敬业精神，谁见了不叹服呢？

精美的摘抄——细。学生自行读书，自己设计摘抄笔记，一个个积累本既漂亮又有丰富的知识内容，从这个本子能看出学生不动笔墨不读书的良好习惯，更为可贵的是学生在自己自主学习，主动积累。

教师唤醒了学生学习愿望，逐渐形成了学习能力，这种学习力才是支持学生过幸福、完满人生的根基呀！

教学中的“领导”

——写给北坞小学主管教学的傅静副校长

北坞小学主管教学的傅静副校长就是我们学区教学领导中的代表。她常说：“领导就是带领、引导老师干正确的事。教学领导就是带领引导教师钻研教材内容，选择巧妙的教学方法，最终提高学生质量。但绝不是指手画脚的指令员。”她是这样说的也是这样做的。

平日里她和老师们一同研究教材，一同上研究课，一同进行同课异构。

本学期共上研究课5节，其中六年级的《穷人》一课，采用了“长文精读，重在心理，揣摩想象，读出感悟”的教学方法，博得了高年级组语文教师的好评。在这次参加海淀区语文评优课的层层选拔过程中，她克服了儿子生病住院的困难，和同组的老师一同备课，一同试讲，研讨。每次看到他们积极研讨的场景，我都会有一种感慨——我们的教学领导身先士卒，肯于实践，与教师关系融洽；一种感动——研讨中没有领导，有的是研究者不同的思想，这样下去每个人肯定会有收获；一种感情——置身在这样的团队中，我好高兴。也正如傅静在反思中写道：“评优课的成绩对于我来说是次要的，重要的是在这次评优课准备过程中，我感受到了‘教学研讨’的美妙过程，感受到课堂蓬勃的生命力。感受到领导只有身先士卒，才能拉进干群关系，才能博得老师们的认可，在此过程中我收获着人间的真情，研究成果的甘甜。”

在北坞小学她带领着老师们实行“挂牌上课”的教研制度。每逢周三、周四就会有老师主动挂牌上研究课，同学科的老师除特殊情况都会参与听课评课，校本教研开展得非常出色。在这次学区内的评优课和说课比赛中，北坞小学共有五名老师参加，其中三名一等奖，两名二等奖，三位老师被推荐参加海淀区评优课。

“消灭不完成作业”的工程。傅静副校长每天统计全校各班作业完成情况，并进行全校总结，还将每月作业完成情况制成了统计图标的形式进行分析，并与班主任和任课教师及时沟通。对于作业完成情况不好的班级，她主动与不完成作业的同学谈话，亲自开车带不完成作业的同学回家与家长沟通解决，并且邀请不完成作业的同学及家长与校长、班主任老师一同检查学生的作业。她时刻秉承着“领导为教师服务，领导为学生服务”的宗旨，走近教师，走近学生，了解情况，解决问题。期末复习阶段，她走进班级，除了听复习课外，还亲自辅导学困生。目前北坞小学不完成作业的人数由原来的127人降到了20人。学困生的成绩也有了明显的变化，三年级一名学生数学成绩由原来的57分提高到84分，三年级其中一个班的数学平均成绩由原来的67.7分提高到78.6分。

傅静副校长还担任学区三年级组的语文教学组长工作。她采取“点面结合，以点带面，层层推进”的工作思路，搞了两次学区级的语文教研活动。她说：“这种跨学校教研活动，是为了进一步加强校际之间的教研合作，构筑教研共同体，加强学校之间的交流、协作，弥补学校师资参差不齐的缺陷，加大教研合力，形成1+1>2的效应。这种交流也是从教师发展的角度搭建展示平台，为教师们才能的施展提供了一个自我挑战的舞台。教研中每位教师要善于开放自己，加强专业切磋、分享经验，逐步形成互助合作的人文关怀氛围，促进共同成长。达到资源分享、智慧共生、成果共享、共同发展的目的。”

这只是我们教学领导中的一个缩影，学区的每一位教学领导都是这样甘为铺路石、勤勤恳恳、默默无闻地与一线老师同呼吸，共成长。

每个人的字都这么漂亮！

这是走进巨山小学的感受——写给巨山小学语文老师

走进巨山小学，你会看到每个孩子都能写一手工整漂亮、刚劲有力的中国字；你会看到一本本整齐、干净的作业，令人赏心悦目；你会看到教师们所留下的书写指导的“足迹”。

1. 创编口诀，加强培训

想让每个孩子写好字，首先老师必须练好字。我们利用课余时间，组织教师进行硬笔书法基本功培训。请书法郝老师为大家从笔画、偏旁部首到字的整体结构，分段进行细致地讲解。为了便于记忆掌握字的结构，在书法曹老师的引领下，老师们结合实践中的经验，共同创编了简明易懂的写字口诀，“横要平，竖要直，撇要尖，捺有脚，折要拐，点要顿”“独体字中对中，左右结构看谁高谁低谁平齐……”就这样对照口诀集中训练，课下自己练，每月老师练钢笔字两篇，书法老师逐一批阅，个别指导。老师的粉笔字对孩子们的潜移默化的影响更大，所以利用中午休息时间，组织老师练粉笔字。每位教师带一块有田字格的小黑板，到教室集中训练，从笔画到部首，一步步练习，书法老师耐心指导，老师们边练边交流。就这样使每位教师逐步掌握了写字的方法和技巧，书写越来越美观，为更好地指导学生写字奠定了良好的基础。

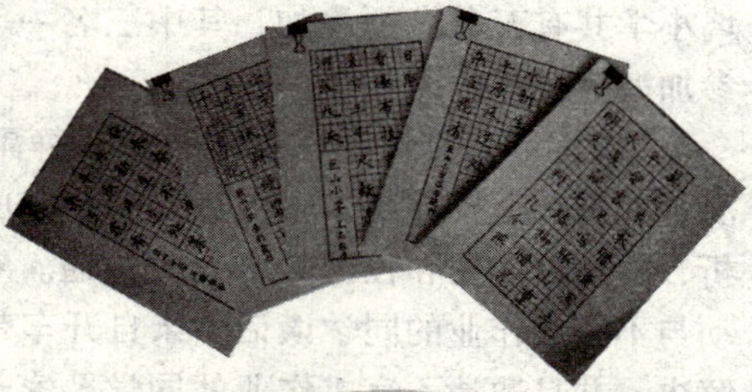

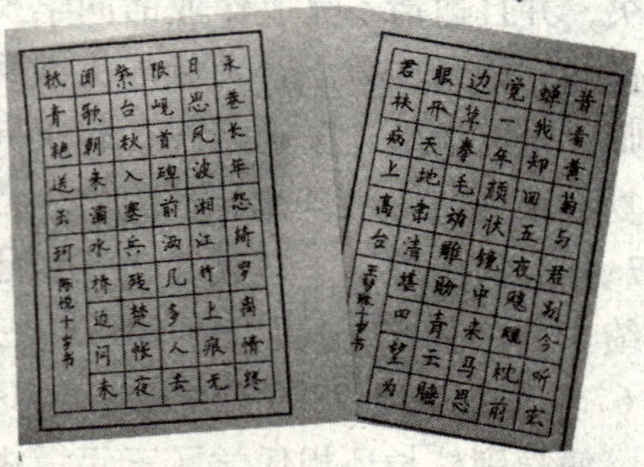

2. 专时专用，严抠细训

老师们掌握了写字口诀和写字方法，然后教给自己班里的孩子。背过了口诀，知道了方法，更重要的是通过反复练习提高书写技能。为此，我们将写字活动纳入日常管理的“六好”活动中。即“读好书、写好字、诵好诗、画好画、扫好地、做好操”。每天中午全校安排10分钟练字时间，要求班主任带领学生练，不求多而求实，每天练4个字，从一笔一画练起，结合阴文字帖临摹。班主任老师要耐心指导，当堂反馈，及时了解学生写字出现问题的原因，给予指导。渐渐地让学生掌握汉字书写的规律。就这样，专时专用，严抠细训，坚持不懈，每当中午练字时间，走进每一个教室，你会看到在班主任老师的指导下，孩子们在一笔一画专注地练着，形成了巨山小学一道靓丽的文化风景。

3. 激励评价，创设舞台

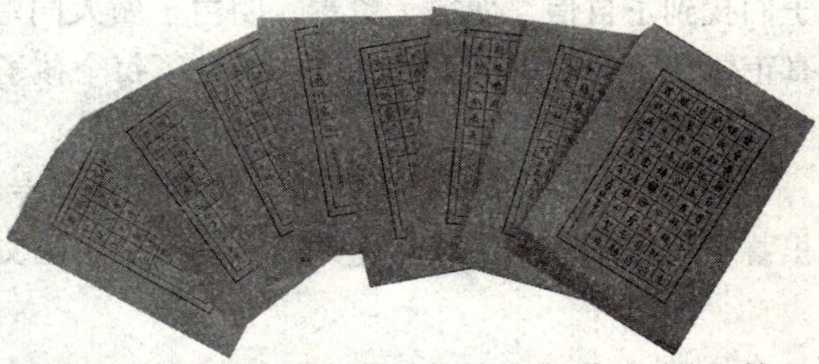

以激励性评价引发孩子的写字兴趣，帮助孩子树立写好字的自信心，激发孩子的学习积极性。多年来，我校坚持组织了“小小书法家”比赛，学校每周五验收各班练的20个字，到教导处。书法老师批阅后，把评出各班的优良的人数及发现的问题反馈给班主任。每周评出“小小书法家”张榜表扬，以“正”字笔画表示获得书法家的次数。孩子们兴趣非常高涨，每到周五赶快去看自己的成绩，看到自己一次次获得到了“小小书法家”的称号，个个兴奋不已，练字的兴趣越来越浓厚。

经常举办多种形式的展览。在校园内专门设有一大块黑板，随时展作业、展试卷、展练字，对学生有极大的鼓舞作用。我们每学年学校组织孩子们参加北京市、海淀区组织的硬笔书法比赛，学校出比赛费用。在每年的海淀区硬笔书法比赛中，全校大部分学生获奖。在北京市教育科研课题“加强与提高小学生汉字书写规范的实验研究”比赛中，参加的两个班级分别获集体一等奖。在展览、比赛的舞台上，孩子们更自信了，兴趣更高了，把练字当作一种快乐，当作了一种追求。

4. 结合课题，深入研究

学校申请了中国教育学会小学语文教学研究会科研课题“加强与提高小学生书写规范的实验研究”的实验校，论文比赛中有11位教师的写字论文获奖。上学期又参加了北京市肖启宏教授组织的“汉字全息高效法识字”的课题研究。结合课题研究进一步分析了我校写字现状，确定了新的研究内容，系统制定了研究计划。这使我们的写字研究更规范化、科学化，达到了可持续发展。结合课题研究，我们将继续深入地探讨写字的方法和技巧，提高学生书写水平。

播下良好的行为，收获良好的习惯；播下良好的习惯，收获良好的品德。"心静而致远"，在写字过程中孩子们养成了专注认真的好习惯；"心正则笔正"，在每天的练字过程中，孩子们从汉字方方正正严谨的结构，从汉字的横竖撇捺间，认识了笔画间的避让，懂得了做人谦让的道理，体会了中国汉字的和谐美，感受了汉字的刚劲、柔媚、安闲、飞动。写字已成为"我负责、我能行、我快乐"校园文化的基石，在写端端正正中国字的活动过程中，孩子们找到了自信，懂得了负责，明白了做人同写字一样，要行得端，走得正，真正体现了我们中国人的气概，激发了每个孩子"做一个堂堂正正的中国人"的民族情感。

孩子们在写字训练中养成了做事严谨、专注的好习惯，懂得了负责任，积蓄了一笔丰厚的民族文化财富，感受了中国文化的艺术魅力。

"教然后知困"聪明教师的高明之处和可贵之处

——写给安玉萍、白春宝

《学记》有云："学然后知不足，教然后知困"这里的"困"，对教师来说，可理解为是教学后的困惑和遗憾，还可理解为是以后的教学资源与财富。注重捕捉"教然后知困"，不浪费"教然后知困"，是一个聪明教师的高明之处和可贵之处。《长、正方形面积》的教学之后，你们的高明之举、可贵之见，让我高兴，让我佩服。教师如何捕捉"教然后知困"，你们为同行、同事做出了榜样。

1. 教后抓紧时间多聊天

聊天，常被人们认为是一种在茶余饭后的闲谈。随着时代的发展，"聊天"一词在社会上使用的范围越来越广，使用的场合越来越多。比如，你们讲完《长、正方形面积》就坐在各自的办公室，用你们桌上的电脑马上开始"聊天"了吗！

安："今天上了《长、正方形的面积》一课，感觉不是很好，心中不免对自己有些失望。"

白："怎样能够将这节课讲明白，让学生不仅会求长方形的面积，还要让学生能够明白长×宽实际上表示的是什么？”

安：“课前，我虽对几名学生做个别访谈，试问学生：你认为长方形的面积与它的什么有关，有怎样的关系？课上学生却不知怎么回答。”

白：“为了突破长方形的面积是随着长边或宽边的变化而变化，我们不妨可以这样想：

课件出示：

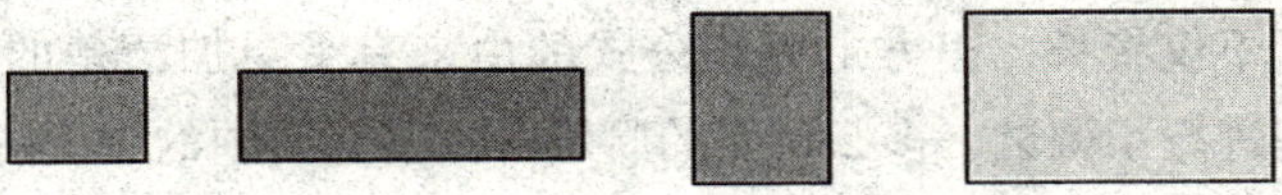

原图　　图 1　　图 2　　图 3

图 1 的长增长了，宽没变，面积变大了；图 2 的宽增长了，长不变时，面积也变大了；图 3 长和宽都增长了，面积也增大了。

安：一节课下来，我心中总有些堵的荒，心中感到有些对不起孩子们，因为我觉得我没讲“透”。探求公式的过程应该让学生思维清晰，跳出自己的元认知，深刻理解了为什么长方形的面积＝长×宽，而并非一味盲目的“摆”之后再发现公式。现在想想这节课好像让一部分孩子在原地转了一圈，认知上没什么变化，还是没明白个所以然。原本认为很简单的一节课，但实际研究起来就会发现处处都需要老师认真的思考每一个问题和每一个环节。

安：第二次试讲了《长、正方形的面积》一课，课后感觉比第一次好些，心里稍微舒服些。

白：怎样能够突破本节课的两个重点问题：长方形的面积和它的什么有关系？长方形的面积为什么是长乘宽？两个问题是本节课的支柱，哪一个没有打牢都会成为残缺的课堂。

安：摆的“过程”是我们应该较劲的地方，只有在这儿跟学生较劲，才会将形成面的过程留在学生的头脑中。

安：课堂中出现了多种方法解决这个问题，多么好的资源啊！这么多种方法都说明：长方形一行能摆几个小正方形，长就是几；一列能摆几个小正方形，宽就是几。所以就是用长×宽计算长方形的面积。课上到这儿，好像觉得这节课的重点已经讲明白了。但现在想想，似乎像是窗户纸没有点破一样，仍然有悬空的感觉。

白：数学的本质在哪？虽然找到了需要解决的重点，但应该落在什么地方呢？知识之间的连接点在哪？为什么长方形一行能摆几个小正方形，长就是几？对，实际这就是连接点。因为一个小正方形的边长是 1 厘米，摆了几个小正方形，就是几个1厘米，所以长就是几；宽也是这样，而且宽还表示了能摆几行。所以表示几个几的时候，就是运用乘法解决，而不会用到加法或减法。

安：这样的连接，不仅将已有的知识和今天学习的内容有机的连接起来，留在学生头脑中的也是一个连续的知识体系。

一节聊不完的课，一个研究不完的内容……研究是为了追求教学的更好！

通过聊天不仅将长、正方形面积公式的由来有了更加清楚的认识，还对你们双方心理进行了调试，多么可贵的聊天呀！多么必须的聊天呀！

作为一个教师，要懂得"教然后知困"绝非自然而来，他需要通过一定的方式去了解，通过亲身去感悟。经常在教学课后的空余时间，及时找同年级、同学科的听课教师聊天，很多教后的困惑，就会在轻松自如的聊天氛围中得以解决。

教后聊天的主要方式有两种：一是及时多和听课的教师聊天。如今在一些学校搞公开课，许多人听完课，要么不做声，要么都讲好话，很难听到真实情况。如改用"聊天"方式，让教师在一种轻松自如的氛围中说自己想说的东西，很多肺腑之言就会在不经意中流露出来，有时尽管三言两语，却大多数是真话实话。二是及时多和学生聊聊天。学生时时刻刻都在用自己的眼睛和心灵观察和思考着教师，他们中的不少人尤其是"学困生"、"心困生"对教师常常抱着一种"敬而远之"、"怕而远之"的复杂心情，每当自己遇到学习困难时，往往是有想法而无办法，有话不敢向教师倾诉。如果教师能放下"架子"，把他们当朋友去亲近，主动在课余时间，通过聊天的方式多接触他们，往往在交谈中，很容易发现许多学生身上存在的思想意识、学习心理、学习方法、知识技能等方面的问题，许多"教然后知困"往往"得来全不费工夫"。

2. 教后多角度反思

美国心理学家波斯纳提出了一个教师成长的公式：成长 = 经验 + 反思。这个公式，从某种意义上反映了反思对教师成长的作用。从某种角度来看，反思是连接教师自身经验与教学行为的桥梁，只有经过反思，教师的有效经验才能理性地上升到一定的理论高度，才能对教师的后继教学行为产生积极的影响。教师的教后反思，往往是教师反思中最具活力的时刻，它对于教师捕捉自己的"教然后知困"具有独特的作用。教后反思，是教师对教学诸要求、诸环节的再认识、再研究、再整合的过程，是教师思维的再活跃、再碰撞、再定位的过程——聊天，是也是反思的一种形式。

教师的教后反思，主要是反思师生在课堂教学中教、学行为的得与失。比如，这堂课的教学目的是否达到？教师的教法和学生的学法是否科学？教师自己在教学中出现了那些教学灵感与顿悟？学生在学习过程中出现了那些意想不到的障碍和"闪光点"？各堂课最大的成功之处和失败之处在哪里？这堂课今后在备课和教学时应在哪些地方作改进和创新？教师如果能经常梳理这些反思内容，经常以此为据去对照反思，并养成教后反思习惯，不仅可避免教学中某些重复性失误，更对捕捉"教然后知困"有好处。对此，你们已有了收获。

捕捉"教然后知困"，可通过转换视角进行反思。如：与学生的视觉进行教后反思，"学"必然会反映"教"，学生对某些知识和技能掌握得不好，就说明教师在这些地方教得不好，引导得不好，只有借助学生的眼光来反观教师的教学行为，教师才容易找到"教然后知困"。又如，与同伴的视角进行教后反思。不同的教师对教材的处理方法往往不同，对学生往往会采取不同的教学方法，多请同伴一同备课，多请同伴听听自己的课，并要他们在听完课后发表意见，通过"意见交锋"和"思维碰撞"，以引动自己的教后反思。再比如，与专家的视角进行教后反思。通过与专家对话和阅读专家的文章，用专家的思想来观照自己的行为，以专家的专业视野和理性高度来审视自己的教学，从而捕捉到更多的"教然后知困"。

3. 教后及时地动笔

俗话说：好记性不如烂笔头。"孩子的智慧出在他的手指上"，其实教师的智慧也是出在教师的手指上。两篇教学后记，写下了你，即你和白春宝老师的一个个的教学得失、教学机智、教学偶得和各种学习所悟。这样做，天长日久，不仅能捕捉到许多"教然后知困"，防止许多经验和教训流失，更能在聚沙成塔般的积累中，感受到"教然后知困"的情趣与享受——你们或多、或少已经品尝到了。

教后动笔的形式主要有：一是写教学后记。教学后记可长可短，它主要记录教师在课堂教学上的成功之举、失败之处、探索之路、智慧之光、学生之见、经验之得等。教学后记可写在书上，也可写在教案上的相关地方。二是写教育学日记。苏霍姆林斯基说："我建议每位教师都来写教育日记，教育日记是一笔巨大的财富，写教育日记让教师终身受益。"写教育日记，就是教师把一天里在教学中的所见、所闻、所思、所悟，用日记的形式记录下来。写教育日记不要记"流水账"，要记些有意义的东西，要突出重点，捕捉亮点，抓住要点。三是写教育随笔。教育随笔表现形式灵活多样，可以抒情，可以叙事，可以评论。教育随笔主要是写教师在教育教学实践中遇到的各种情感体验、教学感悟等。

有人说：学会学习，善于反思，勤于动笔，是一个教师提高教养素质的好办法。作为一个教师，不仅要养成一种教后多聊天、多反思、多动笔的习惯，还要像鲁迅先生那样，经常翻一翻那些自己日积月累花心血写成的教学后记、教育日记、教育随笔，让自己在温故知新中，反复进行自省、自悟，不断用各种"教然后知困"来提升自己的教学素质，使自己能聪明地在教后，从"捉困"到"知困"最后达到"解困"。

祝你们在"教然后知困"中，不断进步。

我在与教师的交流中共同分享快乐，共同承担责任，共同走向未来！

田立莉与学生共同分享学习的收获

“甜式”教学评析篇

教学因细腻而精彩

五一小学教师　田桂梅

在课程改革的新时期我越来越感觉到：我每天忙碌于备课、上课、批改作业，自己感觉很疲惫，回头看看我的学生，一副应试教育的面孔，没有什么快乐，更谈不上聪明了。我真的感受到：学生很苦，教师很累。带着这么多的困惑，我走进了平易但不平凡的我的师傅——田主任。

第一次见到田主任除了感觉她很平易近人外，更多的是被田主任饱满的精神状态所感染。我想：一定是她的教育教学使她青春永驻！我很庆幸我见到了我想见到的人。

本学期我的主要任务是跟随田主任一起听课学习。学期初我们共同制定了本学期的目标以及每个月的具体计划。课余时间，我参与了田主任任教的四（3）班学生作业的批阅。我本着态度认真，力争不批阅错为原则，认真地对待每一本作业。几本作业批阅完，田主任微笑着对我说："老师的对勾不要太大或太小，占两个格的位置比较合适，另外对勾尽量不要压住学生的字迹，横、竖都要对齐。"几句朴实的话，给了我很深的印象。以往我只关注了学生的书写，要求学生的字迹要工整、美观，而对自己的要求只是做到不错判，不漏判就行了。田主任却把自己对学生的严格要求首先落实在自己身上，她不仅达到最基本的要求，还力求给学生带来一种美的享受，一种认真的学习和生活态度。我想：我们教师的字迹印在学生的作业本上不会太多，当每一名学生看到自己尊敬的老师漂亮的字体，认真的工作态度。无一不会被她的行为和精神所感染着，最终他们会把这种崇敬之情落实在自己的学习和生活中。

一个小小的对勾体现了田主任严谨的治学态度，而课堂效率的提高，学生数学综合素质的提高在田主任的课堂上更得到充分的体现：

上课铃声响了，田主任出现在教室门口，"我准备好了，你们准备好了吗？"简单的开场白，为学生指明了方向——做好准备开始上课。田主任拿来练习册：看来要进行口算了，可是练习册还没有发下来。我想：发练习册肯定会耽误时间。只见田主任不慌不忙地说："我请4名同学帮我发练习册，其他同学心算11×2……×9　12×2……×9　……18×2……×9"噢，学生不是静等发练习册而是练习心算。""懒学生肯定会偷懒不算的，反正也是心算。”我心里想。田主任巡视学生的时候问“你算到哪了?”“16 ×4 =　17 ×4 =　”她在检查学生心算的情况，最后让全班学生说 16 ×5 =　17 ×3 =　等。从学生的表现中我看出了，老师没有给学生开小差的时间，短短的 2 分钟教学环节就安排得这样紧凑。

我想：我们每节课都是 40 分钟，有 20 个 2 分钟，如果每个 2 分钟我们都按田主任这样自然而严谨地组织有效的教学，那么我们的课还怕没有实效性，还怕质量不会提高吗？田主任说过：“上课要真实、扎实、大气、灵气”。要做到这样不是一日之功，但这确实是我们追求的目标，我为这精彩的 2 分钟而喝彩！

田主任说：“工作中无论是多小的细节之处，我都不能怠慢且随意。因为我知道，课堂 40 分钟的教学时间是有限的，合理的利用，科学的分配固然重要，但有效的组织更为重要。教学活动一定要面向班上的每一个学生，使每一分钟都有内容，都有思考。”教师要小心走进自己的课堂，像居家过日子一样，关注教育活动的过程、评价、环境、管理等内在的教育的一切方面。一点一滴进行教学加工，关注每一个教育个体的千丝万缕的联系。赋予自己一个研究型教师的新含义——细节研究。把细节研究作为一种路径，在具体的教育情景中，通过教师的教学行为加以体现。只有这样研究的教师才是高明的。因此，细节研究是我们一线教师专业成长的方向。从这一角度出发，就能够对课堂进行规律性的把握，创造性驾驭，深刻洞悉，形成敏锐反应，以及灵活机智应对的综合能力。由此，慢慢地，一点一点地在长期的实践、感悟、反思中，教师的理念，知识学识、情感与价值观、教育风格也就逐渐养成了高度。

走进四（3）班，走进田主任的课堂，我真切地感受到，这群小孩真聪明！孩子的聪明是怎样培养出来的呢？经过一段时间的观察，我知道了：是田主任每天都在精心地准备自己的课，是她每一节课前精心的预设，生成了每天精彩的课堂。她一次次点燃了学生智慧的火花。每天的数学课，田主任都是在和同学们的“聊天”中度过。

记得那是星期一，田主任走进课堂后依然开始平等的对话交流。“周五我留了一个作业，自己出一道应用题，用三种方法解答出来，谁做了？”全班同学举手。“好，我现在出一道题，检验一下你们的掌握情况。”“一辆汽车 4 小时行驶 240 千米，照这样计算，8 小时行驶多少千米？”随着教师比较快速的读题，学生也迅速把题写在作业本上，接着老师又让 2 名学生读自己记录的结果，这样既检查了学生书写的情况，又给书写速度慢的学生以继续书写的机会。老师要求学生至少用三种方法解答，当然也可以选择更多的方法解答。

经过几分钟的独立解答，老师发现多数学生都解答完了，开始反馈：

①$240 \div 4 = 60 \quad 60 \times 8 = 480$ ②$8 \div 4 = 2 \quad 240 \times 2 = 480$ ③$x \div 8 = 240 \div 4$

同学们用自己的语言解释出每种解答方法的理由，老师把说出算式同学的名字写在算式的旁边，更激发了学生的热情。就在同学们情绪高涨时，教师列出一个算式：$8 \div x = 4 \div 240$，请同学们说说理由。经过讨论得出：根据每千米用多少时间列方程。在处理 $4 \div 240$ 时，教师追问学生：“除了计算出得数是小数外，还有没有更简便的计算方法？”经过几秒钟的沉思后，一名学生站起来说：“把 4 小时变成 240 分，方程就变为 $480 \div x = 240 \div 240$”。我真的很佩服这名同学，因为她的思维已经走到了我的前面，我想田主任设计的这一个环节，就是想给学生这样一种智慧的思维，没想到学生这么聪明，这么快就回答出来了，这正是田主任的精心预设才生成了今天精彩的课堂，点燃了学生智慧的火花。

有句话是这么说的：你听到了，就遗忘了；你看到了，就知道了；你参与了，就记住了。田主任的学生每堂课都在扎扎实实地做数学，因此她们记住了，学会了，聪明起来了！一道数学题最少用 3 种方法解答，最多的学生用 9 种方法解答出来。

正像田主任对课堂教学中预设与生成的理解：教师在课前解读课程标准，钻研教材，并依据学生的情况来设计预案，这是教师所特有的工作，正如杜威所说，每一位老师带着自己的哲学思想走向课堂，越是优秀的教师，设计教案的水平与质量越高，预设一个高质量的教案，既是教师经验的积累，也是教学机智的展现，其间蕴含着教师的教育教学智慧。

具体而言：在互动的课堂中，教师要提高处理学生生成的能力。

首先，要对知识学习本身固有的思路有一个准确地把握，学会用学生的眼光重新进行审视，思考学生已有的知识点，其思维的轨迹应该是怎样，要经历哪些思维层次，哪些层次可以逾越，哪些层次不能轻易逾越，明确指示学习的路径，充分设想学生学习过程中可能出现的种种情况，从大的角度尽量给予多种方案的预设。

其次，在课堂实施中，要时刻关注学生呈现的实际学习思路，并不断判断其真实的数学学习现实。学生的数学学习是基于现有的学习现实基础上的一种自主建构，但这个现实必须是真实的，教师只有相对准确判断，才能给予学生有的放矢的引领与帮助。

第三，依据知识掌握的路径及课堂进程中的真实思维，不断调整自己预设的细节，对学生生成资源，要根据其价值的大小，或放大，追问深入，或搁置，委婉拒绝；或缩小迂回类通，有的放矢引向精彩。

如今的以学定法，更多地强调教师在备课中不适应下“苦功”见仁见智，以预想课堂中的种种可能，做到“胸有成竹”从而达到，教师在课堂中时而“兵来将挡，水来土掩”应付自如，时而师生互动，因势利导，达成预设，促进学生的发展。

田主任的课堂不仅立足于学生的今天，还为学生的明天早做打算，她引导学生阅读数学方面的专业书籍就是很好的范例：

这是新学期开学的第一天，当老师面带微笑，以新学期第一天异常饱满的精神状态走进教室的时候，发现全班大部分学生，没有像以往坐好了准备上课，而是愉悦在数学书中……

田主任改变了自己的教学预案。“孩子们看我和同学们一样啊，我也特喜欢这本教学书，让我和你们一起翻开第一个页面——”

“我看过介绍《九章算术》的书，《九章算术》距今已有1900年了，在世界上有很大影响，已被译成日、俄、德、英等多种文字出版。我们前面学过的小数、分数、面积，在《九章算术》中有研究。”“看来淘气对《九章算术》也有了一定的了解。”智慧老人笑着对他们说道：“对这一学期将要学习的方程，早在《九章算术》中就出现了。”

“谁读过《九章算术》。”教室里一片安静。只有两个同学小声说：“我听别人说过。”“读一读数学故事，了解数学的发展历史，对我们的学习是很有帮助的。新的学期，让我和你们一起走进《九章算术》，进行数学发展的‘旅程’。”老师的号召，赢得了全体学生的响应。在接下来的日子里，田主任经常带领学生读这本书。

正如一句话说的：播下一种思想，收获一种行为；播下一种行为，收获一种习惯；播下一种习惯，收获一种性格；播下一种性格，收获一种命运。

田主任的课堂是真实的、是扎实的、更是精彩的。有的数学计算课她可以带领学生做三、四十道题；有的数学概念课她让学生紧紧围绕一个问题展开讨论；她敢于打破数学书中知识的编排体系，整合教学内容。今年田主任所教的四年级，她提前2个月完成教学内容，剩下的时间对学生进行专题训练，到现在这些四年级的学生已经对小学阶段的解方程和11类应用题等内容完全掌握了，在“挑战极限，超越自我”口算比赛中，有的学生在3分钟口算出70道题。这个速度恐怕我们有的教师也比不上；在我看来学生需要40分钟做完的一张试卷，田主任要求学生15分钟做完，而且正确率很高；有的学生认为应用题是最难的，田主任的学生在应用题上却很少出错。学生这些能力的培养是在田主任基本上不留家庭作业的基础上获得的。田主任经常阅读中学乃至高中的数学课本，以专题研究引领课堂教学，正是田主任对数学知识体系正确全面的把握，才使得她的学生始终把学习当成是一件快乐的事。正如一名学生在数学日记中写道：我们和田老师一起走过了四年级的这一个学年。在这一年的生活中发生过许许多多的事情，我们一起学习，一起讨论，一起享受考试成功后的快乐。田老师告诉我们："学有思想、玩有智慧、上课专注。"这12个字融入了田老师对我们的爱。而"大考大玩，小考小玩，不考不玩"。这句话也在田老师身上体验出来。平时，不考试的时候田老师很少带我们出去玩，快期末考试了，田老师时常带我们出去玩，真是一个好老师。

"走在街上，能看出我是一名教师；走进学校，能看出我是一名数学教师；走进课堂，我就是数学。"这是田主任对数学教师的定位。由此可以看出作为一名数学教师除了具有其他教师所具备的素质外，数学教师还要有自己的特点：有思维。都说数学是思维的体操，一个有独道思维的教师定能使他的学生思维活跃而新奇，也就是说教师思维的程度直接影响到学生。在备课时我们需要看优秀教师的教案，但是我们的教案绝对不是那些优秀教案的重新组合，不能从我们的教案中找到别人的教案，我们的教案应该是众取百家之长之后迸发出的我们新的思维方式。

我们的上课应该是为享受而上课，教师的心全然享受现在，享受现在就是重视课堂中的分分秒秒，享受现在就是享受课堂人生的全部过程，中间没有放过生命的一分一秒，每一刻都活在真实之中。

这种真实是一种民主、和谐、亲切、融洽的氛围，学生一看到老师，仿佛看到了多日不见的妈妈，老师一看到学生，就仿佛看到了多日不见的孩子。

这种真实是学生心中升起的喜悦，是一种身在课堂，心在课堂的关注。心在最深的智慧，是进入一切智慧的大门。享受上课的教师能够享受生命高峰的体验，这时他比任何时候更聪明，更加敏锐，更加机智，更富有责任心，更富有主动精神和创造力，他能凭借一切教育资源兴之所至，即席发挥，斐然成章。

教育是基于生命的事业，教育是直面人的生命，提高人的生命，为了人的生命而进行的社会活动，是以人为本的社会中最体现生命关怀的一种事业。让课堂教学充满生命气息，让学习成为一种生命需要，这是教育的终极关怀。

教师确实是蜡烛，但它照亮的不仅是学生，也照亮了自己。当一个教师最大的幸福、最大的成就感和最大的价值就在于，你在培养学生成才的同时，自己也在亲历着成才；你在为学生辛勤耕耘的同时，抱有收获的期待，而那份收获的快乐必将如期而来。

很感激我的师傅——田主任在教学中给予我耐心、细心、精心的指导；我被田主任真实、扎实、精彩的课堂感动着。

怎能忘记：我们师徒二人促膝畅谈工作和生活，几次都到了深夜。

怎能忘记：为了挖掘数学课堂教学的本质，我们十几次地修改我们的设计方案。

怎能忘记：课前精心的预设，生成了精彩的课堂，我们一起享受成功的幸福。一切的一切，怎能忘记！4 万多字的教学对话将我们教学中的点滴真实地记录下来，虽很稚嫩，但却是我们的真情实感。

我会带着这份感激与感动走好未来的路！

一节体现课堂艺术之美的数学课

翠微小学教师　吴红梅

今天我有幸听了海淀区数学特级教师田立莉的一节《比的认识》的数学课，在听课中我竟然没有以往厌烦的情绪，而是跟随着田老师的那深入浅出的激起矛盾——引发思考——交流总结——激起新的矛盾的过程，欣赏了一节充分体现课堂艺术之美的数学课。在这节课上我有这样几点收获。

1. 让学生课前预习从而减小学生之间的已有知识的差距

我们很多的数学老师非常怕学生进行课前预习。究其原因无碍乎就是怕学生打乱自己的教学设计，怕学生课上不听课。于是特别希望学生在课前什么都不知道，每节课按照老师事先安排的教学过程一步一步地走下去。今天听了田老师的这节课以及课后的互动，我不得不敬佩田老师对这个问题独到的见解和对教学知识的深刻的把握。田老师认为：“学生不预习就不知道这个知识了，不预习就不能从其他渠道获得知识。预习只可能使以前不知道这部分知识的学生，与已有这部分知识的学生间的知识量差距缩小。”这句话是留给我印象最为深刻的。课前田老师让孩子们预习了数学书近 4 页的知识，一上课就让孩子们说说通过预习你“看到”了什么？让孩子们充分叙述自己看到的、理解的内容。这些内容可能是孩子们早就认识的、学过的，也可能就是在同学的叙述中突然领悟的；也有的知识其实在教学中根本没有讲解必要的，是人为规定的，比如比的读法、比各部分名称等等。田老师就是在不断引导孩子挖掘自己在自己学习过程中获得的知识。从另一个角度来说只有教师对所学知识有着深度的理解和精准的把握才敢放手让孩子们在自学的基础上进行教学，使每个孩子在这节课上都有所收获。

2. 在这节课上田老师给孩子们的素材并不是很多，归纳起来是 3 个情景

（1）将一个长 6 米、宽 4 米的长方形“搬到”纸上。

（2）判断 3 杯水的甜度。

（3）谁打的球准。

就是利用这 3 个情景，教师将比的绝大部分知识都展示给了学生，并让学生深刻理解了比的意义、最简比、求比值的方法、化简比等等。这节课给大家的印象是实在、深入，每一个知识点的挖掘具有一定的深度。老师给孩子们一个较为宽广的思考空间和时间。比如让孩子们将一个长 6 米、宽 4 米的长方形“搬到”纸上这个环节，当老师提出这个问题后孩子的脸上出现了暂时的迷茫，接着有的学生开始微笑了，这时田老师问同学们：“你们需要多少时间完成这个任务?”有方法的孩子说：“1 分钟。”这时田老师又说：“这样我给你们 6 分钟时间可以吗?”这个 6 分钟给了不会的孩子一个思考的时间，给了已有思路的孩子一个深入思考的时间，思考这样的图形我们能画多少个。就是在这样时间和空间下孩子们总结出了将长和宽同时缩小相同倍数就能画出和原长方形模样一样的长方形，并观察到无论怎样缩小，长与宽之间的比值一定，更有甚至有的学生居然总结出了比的性质。这不能不说田老师的这 6 分钟思考、讨论、动手具有较大的价值。

田立莉课堂中的踊跃气氛

3. 教师的魅力激发的学生的思维的活跃性

一上课很多听课的老师都发现今天来上课的这个班的学生比较内向，不太爱表现自己，对于自己特别喜欢的东西也是表现得很文雅，对于知识点会了也不举手，但老师只要问一般都会解答，课上回应老师不是很积极。老师们开始替田老师着急。但是田老师不急不躁，仍然不紧不慢的用提问、用鼓励的语言激发学生发表自己的想法，随着课堂的不断深入，孩子们开始被田老师的课吸引了，开始被老师抛出的一个个具有挑战性的问题吸引了，于是他们开始积极思考了，急于想将自己的想法说出来了，于是课堂气氛开始“回暖”，师生间、生生间的交流开始顺畅起来。由此可见田老师的课堂艺术的精湛。

听一节好课给人的是美的享受，上好一节好课付出的是常人难以体会的艰辛。好课是要经过不断锤炼才能获得的，只有喜爱这个工作和具有责任感的人才能上出这样美的课来。

一节平实的课堂

翠微小学教师　陆斌

从特级教师田立莉的课堂教学中，我能感受到特级教师在潜移默化中给我带来的一点启发：教师不应该是教材的执行者，而是教材的开发者。田老师的这节课没有直接利用教材上的例题，而是对教材进行了加工，她考虑到学生在预习的基础上，因此增加了教材的难度，让学生动手将实际图搬到本子上。这使我感受到教师应该要用好、用活教材，能对教材作出进一步的开发使用。也就是说教材给我们提供的主题图、例题、习题，仅是教师在预设教案时所思考的依据。那么在备课时要更好地考虑到学生的学习起点，应该认真地分析教材，以及学生原有认知与生活经验的积累。

在这节平实的课堂上，田老师创设了3个教学情境，分别是搬图、糖水、谁投球好。这3个教学情境的创设看似平平常常，但是学生们却通过这3个教学情境，使学习气氛也逐渐活跃起来，发言的学生逐渐增多，学生的思维逐渐打开。由此我也感到每设计一节课，首先想到的是创设怎样的情景，以调动学生的兴趣，这无疑是积极的一面。但这充其量也只是一种形式，事实上，更应该关注教学内容的内涵和本质，关注在教学过程中学生对问题的理解与表达。仅仅靠情景是不够的，更应该思考怎样借助有趣的学习内容，以及不同理解方式，去激发学生学习的欲望，这样才是丰实和鲜活的。

田老师在教学中采用的是教材中朴实的教学情景，没用更多多媒体的渲染，更没有夸张的表扬，她仅借助于“粉笔 + 黑板”的传统手段，而课堂中学生所表现出来的主动、投入和专注，是那么真实、自然、和谐。看来，真正的课堂，应该是一个生动、丰富、主动和富有个性的思考和实践的过程。

特级教师的课就是特别

翠微小学教师　王晓棠

如今我参加工作已经4年多了。在这4年中听了不少的观摩课、展示课，从原来的不会听，不知道什么叫做一节好课到现在能够理解一节好课的含义。以前认为自己一节课上的顺就是好，其实只不过是教案背的熟而学生又恰巧跟着教案走没有出现什么特殊情况而已。而一节真正的好课其实最重要的应该看是否学生的思维被充分激活，是否主动并深入的思考、探索，是否思维的火花不断碰撞，从而让思考达到一个新的高度。

这一次有感而发是源于又一次听了一节好课，这是特级教师田立莉讲的一节《比的认识》。

第一，这节课给我印象最深的就是老师真正把学生放在了中心位置，让学生真正参与到课堂活动中来。从上课开始的让孩子们“搬”长方形，到最后一个环节糖水哪杯甜，学生的主体地位都体现得非常明显。让孩子们把长方形搬到纸上，这无疑对孩子是个挑战。怎样搬？在学生们真正思考之后他们会想到把边缩小同样的倍数再去画，通过思考，他们解决了这个问题，对于孩子而言，这很不简单。我自己也曾讲过两次《比的认识》，可是每一次都是像书上一样，直接观察缩小后的图形与原图像不像，边有什么关系，从而进入主题。不一样的导入当然引起不一样的效果。在糖水哪杯甜这个环节中，老师真的让学生尝了水的甜度，这是在让学生计算后进行真实的体验吧，由此我想到了自己在讲立方厘米、立方分米、升和毫升的时候其实也应该让学生进行真正体验，学生才能感知它的大小。

第二，给我印象特别深的是教师和学生间的亲切沟通。在自己的教学中，我最怕的就是在领导听课过程中，自己慷慨激昂，但学生一言不发。这多半会使我失去讲课的热情，但田老师给我们做了榜样，虽然碰到了这样一个不爱言语的班，我们看到的却是一个整节课都洋溢着激情的老师，从头至尾，田老师都一直在鼓励着学生们，她的话，细致入微，没有一句表扬的话是在敷衍学生。回想自己的课堂，无非就是那几句：你真棒，你真有想法等等毫无针对性的评价。天天是这几句学生耳朵都磨出茧子的话能对学生起到什么作用呢？而田老师的鼓励使我们看到一个课堂从孩子们不发言到后来的跃跃欲试。

第三，就是学生的自学。书上所有的知识点田老师都是通过让学生自学解决了。看来老师的侧重点不在书上那些已经给出的很容易理解的知识点。一节课看似在教学"比"中的知识点，实际是在挖掘一些更深层次的东西，那就是学生的思维发展。

纵观整节课，田老师都是在让学生自己思考，给学生充分的自主思考的空间，从而发现问题、解决问题。透过这节课，我也能够看到一位平凡的老师是怎样呕心沥血的做研究，才给我们呈现一节富有魅力的课。

我想我也会努力将思考成为一种习惯，不断思考自己的教学和课堂，向着成为一名好老师的目标前进。

找到差距，提升自己

翠微小学教师　孟红伟

今天上午我校一行20多名教师非常高兴地听了一节数学大课，主讲人是北京市海淀区数学特级教师——田立莉老师。首次接触让我深有感触，讲台上的田老师风采依然，她以崭新的教育理念，独特的教学策略，激起了学生对数学学习的浓厚兴趣和强烈的求知欲望。

第一，田老师非常具有挑战精神。入课从学生的预习开始，与学生交流，通过询问"你知道了什么?"把学生自己能学会的在这里进行展示。在开始阶段学生的学习情绪比较沉闷，但田老师不急不躁，耐心引导鼓励学生"看书是智慧，看书后的思考更是智慧"时刻激励着学生去思考，去展示自己。在平时的教学中，我很少让学生预习，有着看法的误区"学生都会了，我还讲干嘛?""学生看书学会了，上课该走神了。"沉下心来反思，看书固然能学会一些内容，但是真正弄懂了吗？应该教学生学会多问自己几个为什么？这次先进教师展示课我就深有体会，作为教师就要关注学生的知识基础、生活经验，在教学设计时，设计具有探究性的情境，使得学生的探究具有实效性，实现真正意义的探究。这种探究情境的设计需要我们像田老师那样敢于挑战、敢于实践。

第二，田老师与学生的交流似涓涓细流，温婉、细致、把教师个人与学生放在平等的位置上，在老师与学生之间搭起一座民主的友谊桥梁。使我深刻体验到只有民主和谐的师生关系才能真正实现师生的情感交流——一句句鼓励，一句句启发，它关注着每一个学生。句句引导，深深鼓励深显教师素质的深邃。作为教师的我，在这方面还欠缺很多——田老师课堂上与学生交流的流畅，是她对教学内容深刻的理解，所有的知识以及前后的联系都烂熟于心，这点是我需要好好学习的——来到翠小所教的教材对于我是崭新的，都要从新开始，在平时的教学中每节课之前都认真备课，这还远远不够，还要深挖教材，对于知识点的内涵与外延要多思考、多研究，多向身边的老师请教，更好地做好工作。再有就是这种温婉细致的交流源于她对教育的热爱，对学生的热爱。你的爱要充分让学生理解、认同。我教两个班的数学，与学生的沟通至关重要，但是由于忙于工作忽略了与学生的交往，教学生活中，要设身处地为家长和孩子考虑，并且要注意艺术地与学生、家长交流沟通。感情得到沟通理解，课堂上与学生的交流就会顺畅很多，所谓“亲其师而信其道”嘛？当然这种交流需要细致入微地去做，还要有一定的策略，在今后的教学中我会不断积累经验，在课堂上与学生的交流充满理解与关爱，在数学课上充分体现出学生思维跳跃的火花。

这次听课我深有体会与特级教师的距离相差甚远，我会努力去学习，不断进步，我也非常感谢学校领导，希望今后能够经常给老师们参加这种学习的机会，使得老师们不断审视自己，得到丰富与提升。

四季田藜田立莉数学工作室寻宝记

西山小学教师　王小宁

“我曾领略一种高尚情怀，让我久久不能忘怀”，我想这是工作室教师或多或少都有的感受，这种情怀来自于田校长，我们在这里真切地感受她的人格魅力。从她身上我悟出：做人的老师，必须是“智如泉涌，行可以为表仪者”，正所谓“学高为师，身正为范”。一年时光过去了，用4个字来形容我的感受，那就是受益匪浅。在工作室中我感受到了大家的风采，体会到了教学的真谛，领悟到了人生的哲理，交到了好朋友实验四小乔咏梅。在一次次活动，我心中许多困惑，茅塞顿开，听着田校长的谆谆教诲，观摩老师们的教学，我如沐春风，醍醐灌顶。那么就让我在这里，通过总结，回顾我的点滴收获和变化。

1. 学做人

在我心目中，田校长是一个顶级人物，很“高档”的人。当听到她的讲课，才知她是那样的幽默风趣、平易近人。她抓住讲学过程中的每一情境在循循善诱中教我们做人的道理。具体到现实生活中，喜欢听田校长讲奋斗史，听完之后，我就觉得我应该是这样的人：乐于吃两样“东西”，一个是吃亏；做人不怕吃亏；一个是吃苦，做事不怕吃苦。杨敏老师那莞尔的微笑昭示着兢兢业业的干练，我要学习；“我不是名师，但是我想更好”——李琳老师的谦和、勤奋与宽容，让我不知道多少次的赞叹；杨云霞、田桂梅老师勤于笔耕，对我触动不小，激励我曾 1 周写下 5 篇高质量的反思；乔咏梅老师对教学内容相关的知识钻的特别深，进行了深入研究的那股韧劲，激励了我，明白了肯动脑筋花心思，才能把事做好。工作室里的每一个都是平凡的授渔人，但是每一个人都在我面前树起了一座丰碑。

2. 我学会对待学生的差异了

在工作室的这段时间里，通过观课评课我知道了“世界因差异而美丽，课堂因差异而精彩”，差异存在是普遍的，作为教师，面对有差异的学生，我们不该是焦躁的，在认同差异的前提下，该很好的把握差异。利用差异，实施有差异的教育，使每个学生都获得有差异的发展，这样的课堂才是有效的。

3. 我爱思考了，我爱学习了

思考应该是一种习惯，只不过在日常工作中“懈怠”了思考，而变得不愿思考，日久天长也就不会思考了。田校长用她自己的言行时时刻刻感染着我，——做一个会思考、有思想的人，要想成为一名优秀的数学教师，爱思、勤思、会思是十分重要的。到底什么是反思呢？反思就是围绕某个问题，多方面搜集“证据”的过程，反思就是反反复复地思考！反思要不断地质疑，关注“傻”问题；反思要不断地追问；反思要追求“合理性”、“存在性”；反思要关注细节。对于一个问题全班都会了，你想过怎么办了吗？这个孩子走神不听讲，你反思过为什么吗？讲课这个环节总是出现差错，反思了吗？我们的反思不仅仅是头脑内部的“想一想，自己与自己的内部对话”，而应是一个不断实践、学习、研究，自己与自己、自己与他人、理论与实践的更深层次的对话的过程。

平常很少有机会静下心来读书，来到这里受到气氛的熏陶感染，使我卯足了劲学习，对于田校长提的任何著作，网上那个比较好的文章，那个地方上课不错的老师，我都一一记下来，回到家晚上去网上搜搜看看，学学，久而久之，也无意的看了很多文章，学到了其他一些有用东西，这些使我对教育教学的理论与方法掌握得更加系统，使我感到比原来站得高了，看得远了，有一种“天更蓝、地更绿、水更清”的感觉。一年的学习，使我对一些教育观念的理解更加深刻；对教学理论的认识更加明晰；对开展教研活动的方式更加明确；对投身教育改革的激情更加充沛。

4. 我会提问题了

我觉得在提问上要这样：

第一，我们设计的问题要给学生留有探索的空间，设计的问题要能激发学生积极思维，并符合学生的认知水平。

第二，我们设计问题要有针对性，要依据每节课的教学目标、重难点，以及学生原有的认知结构设计问题。

第三，我们要设计追问。如果说一开始的设问是启发学生观察，引导学生产生认知冲突，从中寻找解决问题的思路，那么，在教学过程中通过教师对某一问题的追问，可以让学生理解概念的本质。

第四，我们要设计一些反思性问题促进学生反思。如：对你有什么启发？

总之，要在实践中不断提升自己提问的艺术性。如：多问“怎么想的”，少问“为什么”。

5. 我的一些小收获点

首先，我的数学课更有数学味道了。

其次，我上课扎实，落在实处了，讲究实效了。

第三，我能让学生有此体会：数学真好玩，我很高兴。

这样的收获还在继续，这只是一个开端，对于这里的宝藏，是取之不尽的。我明白，要想得到，就得自己好好努力，又感到自己肩上无尽的责任，这是悬数学教育之重任于肩。这一路的寻宝，给我补了元气、添了灵气、去了骄气，焕发出无限生机。写在纸上的是思想的足迹，化作动力的是思想的延伸，我得到的是人格的提升、生命的升华，愿“一片金色的回忆，一份永久的纪念”成为我重新跋涉的新起点。慢慢寻宝路，快乐随行！

激情燃烧的生命

中关村一小教师　侯亚萍

每当聆听您的讲话，我都忍不住在心底里喝彩道“这才是激情燃烧的生命！”每当看到您的面孔，我都无法把这样精神饱满神采飞扬的脸庞与您的实际年龄联系在一起，如果说您是我们的领导主任，不如说您是我们亲切的良师益友，您时时刻刻在用激情燃烧着自己映照着我们。

您循循善诱的引导我们探讨教学方法与策略，使我总是能不自觉地神游在精彩教学活动的探索中；而您知无不言言无不尽的指导课的风格更是让我们这些年轻教师受益匪浅。还记得这学期开学不久，我讲了一节《生活中的大数》，自己讲完便觉得很不满意。我本是怀着毫无信心的心情去听您评课，但出乎我意料的是您对我课堂开头的设计竟然大加赞扬，连说这样很自然流畅的切入到了主题。如果我对自己这节课有那么一点点满意，那确实就是课的开始阶段，我惊讶的是您的观察如此之细，我动用了心思的地方一下就发现了，一股相知的暖流油然而生。我一下子放下了自己心里的包袱，开始认认真真地听着您的评课。其实这节课后面的环节安排的都不够合理，所以您一直耐心的指导我怎样把课堂资源充分利用起来，怎样把知识间的内在联系串联起来，怎样自然的组织活动间的过渡……在您看似轻巧的点播之下，我深深体会到您深厚的教学功底，这也印证着课上1分钟课下10年功的道理，但我庆幸自己在您的亲自指导下走上了捷径。有了您身先士卒的鼓舞精神，我们青年一辈又有何理由不奋发图强呢？您用自己的激情燃烧出了自己生命的精彩，也点燃了我们全身的血液，这涌动的激情不断地激励着我们提高自己，不断进取。

您总是能够未雨绸缪，给大家指明研究的方向。在本学期期末总复习开始之前，您就让我们研究复习课的教学方法，还毫无保留地把自己拿到的第一手资料给我们所有数学教师。本来我对复习课的研究还是一头雾水，但学习了您给我们的资料之后，一下觉得思路清晰起来，很快便完成了《认识图形复习课》的初稿。您在听过这节课后，您的一句“挺好，就这么上!”让我差点掉下眼泪来，我终于得到了您的肯定，您的评价是我们年轻人心目中最重要的定盘星。我仿佛一下子得到了无穷的力量，在以后的修改和准备过程中，无论到多晚我都劲头十足，因为我暗下决心绝不能让您再对我失望。在经过您的几次画龙点睛般的点评后，我竟然可以带着这节课去参加手拉手的送课活动，对我来说仿佛太阳从西边升起也不算天方夜谭了，您就是这样能够创造奇迹。还记得送课前一天，您特意叮嘱我早点睡，养好精神，可那时心情澎湃的我又怎能安然入睡呢。“机会总是垂青于有准备的人”此时您的谆谆教导又萦绕在我的耳边，如果说这次送课的成功是机会眷顾了我，不如说是在您的激情工作的感染下我们想不成功也难。呵呵，我依然庆幸我在正确的时间认识了正确的人，在寄宿部零距离的和您接触的一年的时光里，成为我生命的转折。

您是一位个性鲜明的人，让人一见之后总是不能忘怀，我想这是您不断拼搏进取不断挑战自我不断超越自我而散发出来的积极向上的人格魅力。在您的言谈举止中，举手投足间我能够深深感受到您对这份工作的热爱，您用自己的激情工作谱写着生命的壮美乐章，让我们青年一辈争相传唱，您是我们学习的榜样，您给我们带来前进的力量。真的很想把这首歌送给您：真的爱你。

春风化雨暖透我的心
一生眷顾无言地送赠
是你多么温馨的目光
教我坚毅望着前路
叮嘱我跌倒不应放弃
没法解释怎可报尽亲恩
爱意宽大是无限
请准我说声真的爱你
仍记起温馨的一对手
始终给我照顾未变样
理想今天终于等到
分享光辉盼做到

冰水情节

首师大附小教师　刘艳丽

当我静静坐下来，看着眼前空空的杯子和早已融化成水的冰，我意识到，终于正式讲完课了，终于可以不再做梦都梦见冰和水了，也终于可以去医院看看家人了，然而冰和水此时却凝结在我的心里，形成了我无法忘却的冰水情节，这冰水情节全部都融进了7次试讲之中……

开始的时候，我也没太用心，我想反正讲好讲坏的都能得奖，于是在讲课内容改了又改的情况下，我拿着教案走上了讲台，那是我的第一次试讲。当时觉得好歹算是讲完了一遍，过了一遍。晚上，田校长给我说课，从头开始指出了问题，也确定了《温度》这一课的大概结构，那就是从水温入手，继而是气温以及体温，最后是课件演示看不到、摸不到的一些温度，再总结到负数，用学生的体会结束全课，全课的设计充分尊重学生的数学现实，不局限于教材，不照本宣科，巧妙设计，拓宽探索。我从整体上也对课的结构更加明确了。那天正好赶上个周末，我大早起来，一遍一遍反复听着被我录下来的田校长的每一句话，都详细地记录下来，再进行整理，我想，要是再讲肯定没问题，因为我一句没差阿，于是就翻来复去地说啊背啊。周一来了就进行第二次试讲，这一试讲才发现，完全不是想的那么回事，和预计的一点也不一样啊，我在问自己，怎么回事？这次田校长给我指出了问题所在，我是在走教案，没有融化成自己的东西，或者说我只是在背教案，没有关注到学生的学习情况，也是由于自己对教材还没有很好地把握，所以也不能做到及时关注到学生的回答是否合适。还有内容也略显得多了，这样就在原有结构的基础上，又删除了一些内容。于是在小修改的基础上，我迎来了第3次、第4次试讲，用的是住宿四年级。其中有一个环节是这样的：学生比较完各城市温度数值的大小以后，还要请学生按照自己的排列顺序，再结合大屏幕上各城市的地理位置，仔细观察，还会有什么发现？当我的要求提出之后，学生热烈地讨论开了，一会学生讨论完了，纷纷举起了小手，这个说：我发现了越往北温度越低，那个说：我发现了越往南温度越高。我心里也乐了，这不正是我想要的吗？忽然我发现还有孩子举手，我想起田校长经常说的，要关注每一个孩子，于是我说："你还想说，来，说说你的发现。"只听这个孩子声音洪亮地说："我也发现越往南温度越高，是因为越往南越接近赤道。"听到这里，我愣了一秒，判断一下，这句话说得没错，于是我说："嗯，看你的知识多丰富阿。"下课了，我想，这次我关注了学生，应该挺好的吧。但是田校长的一句话却使我如挨了当头一棒，直到现在我都记得当时的情景，田校长说："当学生回答的不是你预设答案的时候，这就是新的资源，你是怎样说的？你只说：你的知识真丰富啊。孩子的知识怎样丰富了？老师的语言没有及时跟进，这样，由学生生成的新的资源被浪费了，要是老师及时做到恰当的评价，比如：你的知识真丰富，不但知道了越往北越冷，越往南越热，你还知道了形成这种现象的原因，是因为越往南越接近赤道，但是有的沙漠地区的温度还会更高一些。如果老师这样做了既及时又适当的评价，就会起到事半功倍的效果……"现在再次回味这些，依然深刻又清晰地出现在头脑中，这就是我的冰水情节。经过再次的修改，我代表学校迎来了青岛的老师们，为他们展示了我《温度》这节课，课后，我们进行了热情的交流，可以说这节课，这次交流对我真的是受益匪浅，我也更加意识到教师对教材的理解以及把握是多么的重要，《新课程标准》中也强调：数学学习应该是一个思维活动，而不是程序操练的过程。学生总是带着自己的数学现实参与课堂教学，不断利用原有的经验背景对新的问题作出解释，进行加工，从而实现对新数学知识、数学思想的意义建构。虽然这节课是把科学，乃至中学的物理整合到一起，但毕竟这还是一节数学课，还是要回归到数学上来，这才是根本。我把悬着的心平静地放下来，认真地思考着同行们和田校长的每一句话，我要把这些话的精髓贯穿到我的课堂中。还记得讲课之前的那个周五，田校长再次把讲课的老师们集中起来，给我们讲了要注意的地方。抽签前一天下班了，把我们四个叫来，一个一个说，就连细微的衣着服装都给我们指点到了。我意识到不是我一个人在讲课，我的任务有多重。其实那时候，我最怕我的水平有限承担不起来，但是我又不敢说，也不能说出来，只有默默努力在心里加油。这也是我的冰水情节。在正式讲课之前，我见了学生，尽可能地根据孩子们的实际情况进行课堂预设。在上课的时候，我关注了预设，同时也关注了孩子们的生成，让每个孩子都有话说，有事做，真正地“卷入”到活动中去。如：测量温度做到了人人参与。我用聊天的方式、摸水、玩水的方式调动了学生的积极性，帮助学生构建了温度的概念。在课堂上，我也没有拘泥于预设，重视让学生感悟数学知识与现实生活的密切联系，做到深入浅出。引导学生从现实的、有意义的生活情境中抽取出数学问题，并在熟悉的情境中加深对数学知识的理解，体会数学学习的价值。整节课的教学起点很低，但能做到深入浅出，让学生在不知不觉中感悟到负数与正数相比所表示的相反意义，感受悟到负数在生活中普遍存在。在比较提升、对比中建立概念。整节课都是借助一些具体事例来体会温度，注重加强对比、直观理解。情境引路更为重要，重视利用情境，操作等方法，引导学生亲身经历知识的产生过程。我想这样才更能生成精彩吧。

真的要反思起来还有很多，好像当时的情景都浮现出来，但是我又无法更多地来表达出我的冰水情节，我会以这次讲课作为激励我成长的标志，我只能对自己说：加油吧！努力吧！

田立莉学生的期盼

幸福着自己

首师大附小教师　杨云霞

现实生活中，遇到幸福的人很多，我就是其中的一个。从某种意义上讲，人生的幸福就像仓库中的商品一样，它也需要我们适时的盘点与清理，这不自己有幸成为数学工作室中的一员，当静下来盘点这近一年的工作时，发现在名师的指导下，在同伴们的帮助下，自己又进步了许多，下面请您和我一起细细品尝那幸福的味道吧！

1. 幸福来自于感动

"真实做人，认真做事"这是田校长为人处世的风格。田校长每天的工作很忙、很多，那工作量不是论小时来计算的！因为那样你计算不出她每天到底工作多长时间，但是每天当你见到田校长时，却看不到他带有一丝疲倦，田校长的脸上永远洋溢着自信、快乐、可亲的笑容。特别是田校长上起数学课来，那更是全情的投入，每每听过田校长的数学课，都有一种意犹未尽的感觉，有一种常态下的感动，更有一种做教师的幸福感，因为田校长课上的那份民主、那份平等、那份尊重，让你不由自主地有一种奇想：从小能遇到田校长这样的好老师真的是一种幸运。田校长就是这样以自己的人格魅力影响着我和我的同事们，所以从她身上我们读懂了什么叫真诚，怎么是用心，什么是责任……从她身上我们懂得了首先应具备的那份独有的爱，那是师爱、是母爱、是关爱……正是那份浓浓的爱使我感受到能在田校长的直接帮助和指导下，不断成长，不断进步真的很幸福，于是在感动中、在幸福里我的教师专业发展之路越走越远。

2. 幸福来自于磨练

幸福在哪里？它不在鲜花中，它不在绿荫下，真正的幸福一定是苦尽甘来。自己作为工作室的一名成员，自觉学习、自觉反思已经是自己的每天工作的一部分了，当静静品味自己的工作随笔时，定会在其中发现一种与众不同的味道；当我与《名师交流》与《差异教学》为伴时，那些名师的魅力、课堂的精彩，让我在内心崇拜之余，也体验到读书的那份快乐！自己成为工作室的一名成员，上课、说课、评课的机会多了，从练习课、复习课到新授课；从个人评课到集体评课，再到跨学科评课；从校内讲课到校外讲课再到外省市的上课交流，等等的一切一切，让我由开始的高度紧张到后来的轻松应变；由开始的近1个多月的备课磨课准备，到后来的2周磨课经历…在这其中使我真正感受到：做一名教师难、做一名好教师更难、做一名名师手下的教师难上加难。但是自己经历多了，锻炼多了，自然也就成熟多了，所以在这近1年的时间里，我已经积累了不同类型的案例近10节，例如：《六年级应用题》复习课、《平面图形的面积》复习课、新授课《探索与发现》、《圆锥的体积》等都得到老师们的好评；同时自己也积累了反思近5万字，有自己上课后的反思、有听课后的感受、还有一些平时工作的日常随笔等，可以说我是站在巨人的肩膀上快速成长和进步的。所以我发自内心地感谢学校对自己的培养，感谢大家对我的帮助……

每天的两点一线虽然枯燥，但是当伴着歌声结束一天的工作时，细细想来，你会发现我们每天所做的工作虽平凡但却体现着伟大，因为你收获着孩子们的进步，品尝着孩子们的真爱，更感受着那份“梅花香自苦寒来”的幸福。

回顾这近1年的工作，既有收获也有遗憾，遗憾的是自己在学科知识方面积累的太少了，但我会不懈地努力下去，以名师为典范，不畏艰难，在学习中丰富自己，在实践中锻炼自己，相信在名师和同伴们的帮助下，我会飞得更高更远！伙伴们，让我们快乐起来吧！请相信：生活是美好的，只有不懈地追求才有光彩；教师是幸福的，只有勤奋地探索才其乐无穷。这份美好和幸福真的离我们很近很近，您看，它不是正向你走来吗！

被数学“算计”一次吧——特在何方

——特级教师田立莉《体积与容积》教学赏析

辽宁省千山区宁远镇中心小学教师　沈春丽

听了北京特级教师田立莉执教的一节数学课。这是一节五年级的课：《体积和容积》。整节课是在轻松愉快的气氛中进行的，学生对体积和容积有了很深的认识。看田老师和学生像游戏一样学习着新知，我终于明白特级教师特在哪里。看着同学们兴奋的表情，我知道，他们被数学算计了。

第一特：透。我们常说做教师的备课要吃透教材，可是这个“透”，透在哪里？田老师这节课，让我们看到了。体积，就是物体所占空间的大小；容积，就是容器所能容纳的物体的体积。这是我们教材对这两个名词的定义。以往我们研究教材，研究教学设计，会对“占空间大小”多做文章，对“容纳”也会多做文章，从这两个名词定义来看，忽略了其他的值得过多探究之处。可是，田老师不但对上面提到的这两方面做了文章，还对“所”字做了太多的文章。

课堂上，在容积的理解时，田老师往杯子里倒水，学生要对倒多少水监测，当杯子装水达到最大容量里要喊“停”。于是学生就密切注视着杯子盛水情况。当水接近水杯上边的边沿里，有的同学喊“停”，田老师问：“这是这只杯子所能容纳的水的体积吗?”学生马上说：“不是。继续倒。”田老师继续倒，直到学生叫停。学生在这一过程中注意力十分集中，对水的多少严密监视，甚至差一点也不行，从而很好地理解的这个“所”字，是最大最多，不能再增加，也不能有空隙。课后田老师说：“同学们喊‘倒’，也有的同学说‘不倒’，那么，说‘倒’和说‘不倒’的，是不是都参与了学习?”显然，他们都参与了学习，倒也好，不倒也好，都是他们对容器“所能容纳的物体体积”的理解。在这个过程中，他一直都在判断，修正自己的判断，分辨对这一新知的理解。

开始对物体的体积的感知，田老师是请一名同学到讲台前面来，叫同学们比较田老师和这名同学的区别。同学们一下子就看出两人的大小不一样，田老师在黑板上板书“大小”，这是体积的一个要素。然后又让这名同学转身，鞠躬，大家说在个过程中这名同学的体积并没有变。这是物体体积不因为形状的改变而发生变化的初次感知。

第二特：细。体积是物体所占空间的大小。不同的物体不同的体积。对于概念的理解，我们会关注对这句话的熟练程度，会让学生举例说明。田老师是这样做的：当她在黑板上把这个定义完全呈现出来的时候，指着教室里的实物，让学生们说这个实物的体积。于是学生们指着文具、书桌、柜子甚至人体说出了他们对具体物体体积诠释。一个个实物操练，还用得着去背这个定义吗？还用得着去理解体积的定义吗？

体积和容积的定义，田老师是写在黑板上的，是板书，可是，这个定义，不是田老师给同学们的，这个板书，不是一次性完成的。物体所占空间的大小叫物体的体积。田老师把这句话分成3部分：第1次，田老师在黑板上写上“大小”，第2次写上“占空间”，第3次写上“所”，后来在“所占空间”下面画上了几个圆点。这几次板书，都是随着同学们对体积的理解一点一点写上去的，同学们发现了哪一点，田老师就写上哪一点，直到把这句话写完，同学们对体积的理解也完成完整了。容积的定义也这样分步进行的。

容器的容积会和容器的大小有关，但也会与容器的壁厚有关。我们通常说的容积是指容器的内部容量。在教学中，在处理这方面的知识时，一些学生经常忽略这个问题。每每有同学考虑不周出现错误，经旁人指点才恍然大悟，怪自己不够细心。田老师拿出两个杯子，一个是量杯，一个是水杯。同学们都说水杯的体积比量杯的体积大，这是很明显的，两个容器的外观差距很大。大家猜测这两只杯子的容积大小，都说水杯的容积一定会比量杯的容积大，而且会大很多。猜想是要经过验证的。田老师先往量杯里倒满水，同学们监督着，一定是最满，不能留有一点余地。然后，她将这个量杯中的水倒入水杯中。可别小瞧这一倒，这一倒，水不能洒，半滴都不行，这会影响我们的数据准确性，进而影响实验的准确性，影响猜想的正确性，更重要的是影响我们日后对实验的态度，对数学的态度，对科学的态度。所以说，这一倒，是严谨的一倒。量杯里的水倒进了水杯，没倒满，可是只差一点点，与大家猜想的“差很多”不相符。看来体积大的物体容积不一定大。这个结论一下子就得出来了。在课堂上解决好了，日后还会犯不考虑壁厚的错误吗？我坐在台下又想，如果这个水杯容积再稍微小一些，让量杯中的水有点剩余岂不是更好？

在猜想论证体积相近的芒果的土豆的体积哪个更大时，大家通过猜想讨论确定把这两个物体放在同样大水同样多的量杯中比较，通过比较水位上升来判定哪个体积更大。田老师在两个参加的实验的量杯的水位处套上皮筋，这样，水位的标志线就很醒目了，学生看起来一目了然。她准备的用来做实验的液体也是有讲究的，矿泉水、冰红茶、橘汁，这样做，也同样是为实验的效果减少麻烦。容器的容积一定是最大范围的，实验操作也说明了这一点，田老师问同学们：“我们这间教室是不是容器？”大家说“是”。“那么是不是我们的教室里坐得满满的才达到最佳状态？”同学们都笑了，不行，那样会挤得很，也不存在。是呀，生活中有许多这样的事例，有的容器是要有剩余空间的。数学是生活的反映，更是要服务于生活的。

第三特：趣。田老师拿出了一盒橡皮泥。她拿起橡皮泥的盒子：“这个盒子的大小是它的……”不等她说完，同学们抢着说：“是体积。”“它能容纳的橡皮泥的体积……”“是它的容积。”学生们又抢过话来。田老师拿出里面的橡皮泥，将所有橡皮泥团在了一起，一会团成了球，一会又团成了馒头，一会又团成了饼，这张饼还在不断变化，越来越薄，越来越大，可是，它的体积并没有随着形状的变化发生任何改变。学生们像看魔术，又像做游戏，橡皮泥的形状每发生一次改变，都说体积没有变。很好很透地理解了一个物体的体积不随着它的形状的变化而变化。可是，游戏并没有结束，橡皮泥变着变着，被田老师包成了包子。包子里面是有馅的，这次不再是橡皮泥的体积，而是有容积在里面。包子皮是橡皮泥的体积，而里面的馅则是容积。学生们在笑声中既明白了体积和容积，又区分了体积和容积。

田老师让大家认识容器，大家说出了很多容器：水杯、箱子、锅、教室，甚至宇宙都说了进来。然后，田老师倒了一杯冰红茶，送给同学喝，一杯茶，喝了三四个人，最后剩下的一口田老师一饮而尽，她翻转杯子问同学们："茶水哪去了？""在你身体里。""那我们的胃是什么？""容器！"多么有趣，数学就这样不经意间闯进了同学们的心。

整堂课都在游戏中进行，同学们反复猜想，论证，实验，同学们不是在学习新知，而在玩一种游戏，他们不知道自己被数学算计了，下课了还沉浸在游戏当中，还想着向田老师要她答应的饮料，然后一个个眉飞色舞地拿着自己中意的饮料走出教室。

看了这节课，我也想做一回学生，也想被这样的老师被这样的数学算计一回。我想，我更应该想着怎样把自己也锻炼成田老师那样，用数学"算计"学生。我知道，要想那样，我必须先把自己锤炼成被数学"算计"的老师，历经无数的磨炼，然后才能带着我的快乐带着我的收获去尝试我的数学的"算计"之旅。我知道，我与田老师是无法比及的，但我会努力！

玩中学，玩转数学

——听田立莉老师《体积与容积》一课体会

北京市石景山区炮厂小学教师　荆韶华

北京特级教师田立莉老师的课给了我很大的启发。田老师的课真实、朴实、扎实、充实。这种特色源于她对学生的爱，源于她的教学理念，源于她对教材的深入研究和精心的教学设计。田老师营造的数学课堂让我们耳目一新：数学课堂原来如此快乐，如此有趣。

1. 实践中体会占空间

课堂伊始，田老师就通过动手操作让学生体会占空间的含义。学生首先通过观察、比较土豆浸在水中，水面的变化情况初步感知物体占空间的含义。接着让学生思考：你身边什么占空间，举起来。学生迫不及待地举起书、本、文具盒等用品。又让学生举了一些身边拿不起来的例子，充分调动了学生的积极性，同时又让学生体会到，数学原来离我们如此之近，就在我们生活中的每个角落。

2. 通过比较认识占空间大小

田老师请一名学生到身边，通过让学生比较，判断两人的体积谁大谁小，认识到体积有大有小。之后田老师找出3个学生走向前来，让这3名学生，分别向前、向后、向左、向右转并行走，引导学生发现她们3位无论位置有什么变化，体积是不会变的。也得出了物体不论怎样摆放，体积是不会变的。此时，田老师让学生比较大小差不多的芒果和土豆的体积，当学生感觉看不出来、数不出来时，田老师让学生在小组讨论：怎么比？有的提议放水里量，有的提议称质量，对于后一种生成，田老师并没有急于下结论，而是让学生亲自掂一掂一个苹果和一个稍大的空盒轻重如何，这个学生通过实践心领神会，正是把学生的错误当作一种资源加以利用，课堂才因生成而精彩！

让学生设计实验方案，也激活了学生的思维，增强了学生探索的欲望，同时学生也深深感到数学需要合理、科学、严谨，在实验测量芒果和土豆的体积时，田老师再次强调要轻轻地放，哪怕溅出一滴水也不准确，让学生再次体会数学的严密与精细。两个同样的量杯“水面上升的高度不一样”，来体验“它们所占空间大小不一样”，田老师上课伊始做的实验，不能不说是为后续学生设计实验奠定了坚实的基础。

3. 通过演示理解容积

当田老师让大家认真观察讲桌上哪些是容器时，学生迫不及待地指出所见的容器：杯子、水瓶、盒子等，再让学生联想你们身边还有哪些容器吗？它们有一个共同的特点是什么？当学生说可以装东西时，田老师画龙点睛地点拨“装”在数学中叫“容纳”，顺理成章地把学生的语言与数学语言对接起来。接着，田老师把苹果汁倒进空杯子，边倒边问：还倒吗？几乎满了，再次设疑：还倒不倒？学生体会不能不倒，没法再倒才是“所能容纳”的体积。学生也从演示中真正领会物体容积的含义。再把橘子汁注入瓶中，让一名学生来喝，随后几名学生喝，设身处地地让学生感受到自己也是容器，切身的感受才是深刻的体验。

4. 板书设计精妙

体积和容积的定义，田老师是写在黑板上的，是板书，可是，这个定义，不是田老师给同学们的，这个板书，不是一次性完成的。物体所占空间的大小叫物体的体积。田老师把这句话分成3部分：第1次，田老师在黑板上写上“占空间”，第2次写上“大小”，第3次写上“所”，后来在“所占空间”下面画上了几个圆点。这几次板书，都是随着同学们对体积的理解一点一点写上去的，同学们发现了哪一点，田老师就写上哪一点，直到把这句话写完，同学们对体积的理解也完整了。容积的定义也这样分步进行的。

有幸欣赏了田老师的教学，精彩之处比比皆是。田老师把抽象的概念，通过操作形象化了，使学生充分而透彻地理解。整节课田老师以丰富多样的教学方法，将数学知识与生活紧密相连，通过一个个有趣的实验使学生不停地思考，课堂上学生的探究氛围极其浓厚，在快乐中，孩子们学到了知识，用实验来引出学生的疑问，用实验来检验学生的猜测，田老师的课深深抓住了学生的眼球，真正让学生玩出了数学，体会到了学数学的乐趣。

听田立莉《新课程背景下的数学教学改革》

一 收获篇

这两天听了田立莉老师的示范课，让我感触很深。两位教师的教学风格有异曲同工之处，她们在很短的时间之内就能让学生喜欢她们，拉近师生的距离，她们尊重学生的自尊心，充分体现学生的主体性作用。以游戏形式教学，充分调动了学生的学习兴趣和求知欲望，寓思想教育和知识传授于愉快、轻松的游戏当中。说实话，学生喜欢这样的课，我们老师也喜欢听这样的课。

——勐腊县勐捧中心小学教师　张永斌

今天听了两节田老师的课，我才知道在我们的课堂上到处都是学习的资源，原来我总是想只有用现代化的教学手段才能上好课，只是一支粉笔，一本课本是不可能上出生动的数学课的，直到今天我才知道我错了。因为田老师用她那自创学习资源的事实向我证明了一切，没有现代化的教学手段数学课也可以上得如此生动。

——景东县　王菊

通过今天对田老师的3节课和专题报告的认真听，听后使我改变了我一直以来对数学这门课的认识，一直以来，我自认为对数学的教学总是平淡无奇的，然而，田老师让我懂得了数学的价值，要使这些知识体现出它潜在的价值，我们教师就应该与时俱进，认真研究课程标准，备好每一节课，做一个智慧的老师，培养智慧的学生，为学生设计一个智慧的课堂，把课堂还给学生，让学生在轻松、自然的课堂气氛中去积极地自主探究，发现知识的奥秘，学到有价值的数学知识，成为与时俱进的接班人和建设者。

——普洱市景东县林街乡中心校教师　周发香

创造资源，利用资源，田老师的两节课告诉我们一个道理，其实其实数学知识来源于生活，应用于生活，只要你认真观察，认真挖掘，资源就在你身边。田老师的两节课，都从学生的生活入手，并且大胆地把课堂还给学生，大胆地放手让学生自己去探索，去寻找，真正体现了学生是学习主体，教师只是课堂教学的组织者和引导者，教师跟着学生“走”，而不是学生跟着教师“走”，这也是课改所倡导的新理念，这也给我们偏远山村的老师上了很好的一节课，资源其实就在你身边，关键在于你是否会利用。

——普洱市思茅区六顺乡中心小学教师　胡志美

数学是一门艺术，教师不但备好教材，还要备好学生，在备课前要全面深入了解课标，把握尺度，然后再了解教材，恰当利用身边资源，准确摸准学生的特性，激发他们的求知欲望，使他们把要给学转变为我要学的学习观念。

——思茅区龙潭乡麻栗坪

二　反思篇

在我们的教育教学中往往一提到“素质教育”和“课改”，许多老师总是把“空谈”、“不可能”一类的字眼挂在嘴边。什么条件差啊，学生笨啊，没有这没有那啊，老是找客观原因。今天听了田老师的示范课和讲座，心里边闪现了一些亮光，犹如茫茫黑夜里看到启明星一样！是呀！人家专家上课讲课，也没用什么高科技手段啊？也没有用多么复杂的教具学具啊？为什么人家专家的课就上得有声有色，精彩纷呈呢？原来是人家吃透了课标教材，善于开发身边的课程资源啊。人家能做到，我们为什不能做到呢？回去以后，我们一定要把专家的教学理念带回学校去，从我们身边开始，从普通的不起眼的小事做起，去找寻适用我们的课程资源。

专家的培训真是大海里的航标啊！

——寻甸县雷锋希望小学教师　余绍国

今天以前我听过的课中，教师都是按自己事先备好的教案，按部就班地上课，感觉是在机械地搬教案。今天听了田立莉老师的两节课我知道了什么是创设资源，也能在教学过程中自然的应用创设资源，不失为数学教育中的一种自然美。我相信我会使我身边的教师能在今后的教学中充分利用创设资源，更好地展现数学课教学中的数学美。

——临沧市云县教师　陈家升

在教师的引导下，只有四年级基础的学生能解决六年级学生才能解决的问题，这本身就是一种奇迹，能创造这种奇迹的老师，使本人十分折服，专家就是专家，原来我们就会怪我们的学生，通过听了田老师的课，明白了教师的教学水平是十分重要的，真正理解了张老师说的“没有教不会的学生，只有不会教的老师"的具体含义。

——景东县景福中心校勐井完小教师　罗开荣

我们在教学中，通常都是围绕教材，跟着教材中的例题来讲解，有时感觉自己讲得已经很清楚，但学生却还是知其然而不知其所以然。听了田老师的课，豁然开朗。其实我们的数学教学，也可以脱离教材，用学生身边的事物举例，能把一堂枯燥的数学课上得有声有色，学生也学得快，记得牢，更能体现课改精神。

由此看来，课前备课很重要。老师自身的应变能力、综合素质也很重要，才能轻松的驾驭你的舞台。

——勐海县勐满镇小学教师　普晓梅

三　设想与希望篇

数学教学的资源就在我们身边，请老师们擦亮眼睛，仔细找寻吧，相信身边的资源，能给你带来异想不到的教学效果。

——勐海县勐满镇小学教师　张梅

我要让我的学生好好学《数学》，让他们发现《数学》王国的乐趣。

——保山市隆阳区龙潭乡大益希望小学教师　王永斌

通过这次培训，我知道了我努力的方向。

——鹤庆县中江中学教师　母元发

感谢老师让我明白充分备课、全面思考是搞好教育教学的关键。

——鹤庆县中江初级中学教师　陶长生

把教育当作自己的"恋人"一样去珍视、热爱，教育就是我们心中的"百媚千妖"。

——普洱市景东县漫湾镇中心学校教师　刘学尧

参加这几天的培训，使自己受益匪浅，从中获得许多的教育理念、教育方法，自己的教育水平得到进一步的提高，希望今后有机会来参加这样的培训。

——寻甸县雷锋希望小学教师　李鑫光

四　教学总监课后小结篇

应老师、学生的要求，田立莉老师超计划，共上了3节课，下午又结合实例认真地为我们说了几节课。从田老师的课中我们能体会到生活中处处有数学，学生时时可以学到数学。把数学学习与学生的生活紧密结合，启发学生从生活中发现数学。在与学生研究探讨中培养学生的思维能力、比较能力、分析和解决问题的能力，使学生学好数学。

田老师上课采取合作交流学习的方式，通过活动，小组学习讨论，考考老师，学生和教师比赛等方法，使学生在一种轻松自然而又充满活力的氛围中积极主动的学习。

田老师朴素、平实的课，告诉我们，只要认真研究教材，了解学生需求，仅仅只靠一支粉笔、一块黑板，也可以把课上的成功，上的精彩——这是我们边远山区的老师完全可以学来的。

我想今天的培训一定又会给大家带来新的收获和启发。田老师的课又一次证明，只要我们方法得当，“所有的学生都是天生的学习者”。望老师们向田老师学习，赶快行动起来，去开启学生智慧的大脑吧！

五　老师，我不想下课，我还上课

——浅谈课堂评价艺术

乘着温暖的春风，全国希望工程教师培训第140期的100名学员来到西安建大美丽的校园。我们在这里学习，在这里感受，在这里感动，在这里提高。在这次培训中，让我学到了很多，感动了很多，其中最让我难以忘怀的就是4月5日的那一节数学课。那一趟平凡而又快乐的数学课让我激动得流下了眼泪。

“孩子们，你们好！”带着这一句简单的问候，田立莉老师开始了她的课。在导入时，田老师采用逆向思维训练法，模仿节目主持人李咏的“非常6+1”当学生们做出手势时，田老师的一句“你们太棒了，真棒！”激起了学生们的兴趣，调动了他们的积极性，那种包含了真诚和希望的语气，立刻让孩子们变得快乐起来。在接下来的时间里，田老师不断的用“你真棒！”“同学们棒极了！”“你太棒了，老师要向你学习”等激励性的语言，让学生们攻克了一个又一个难题。完成了一个又一个目标。看到孩子们快乐而又自豪的眼神，我的心情很激动，就像我也是一个被田老师打动、鼓舞的一名小学生一样，好像知道下面老师又让我们做什么呢？田老师不仅鼓励说对、做对的同学，她对学习上遇到困难的同学也用“你真棒”来评价他。这个“你真棒”让我体会到这个学生明白老师是真诚的，他错了，在老师的帮助下他学会了，还有老师对他的信任、鼓励和爱。以至于在下课的时候一个上课不敢发言而在老师帮助下敢发言的小姑娘跑到老师跟前说：“老师，我不想下课，我还上课”。这句话感动了我们在场的每一个老师，我想教学达到了这样的境界也就是最高境界了。

看到这节课，我想到了我们的课堂，如果有教研活动，我们也许还会有表扬，鼓励学生的话。但是平常教学中，几乎是没有的，一堂课上，可能“好，很好”这样的话都很少，因此，我的课上完后，从来没有一个同学对我说“我还想上课”这样的话。我听完后，流下了眼泪。这眼泪里有我对自己和田老师的许多思考，都是小学教师，都是上课，为什么田老师的课让人感动呢？

现在，课程改革的步伐越来越快，对我们教师的要求也越来越高，什么是有效的课堂？今天的这一堂课给我们一个最完美的回答。学生在课堂上很快乐，对学科的学习态度越来越积极。对学科学习的信心越来越强。这些都得益于老师的“你太棒了！”老师说这个孩子棒，孩子就会真的变棒，这也就是心理学中的著名的“皮格马力翁效应”，正如一位教师的一句感言：“好学生是夸出来的，不是批出来的。”因此，老师在课堂上的一个评语，可直接影响孩子的学习，也可能影响孩子的一生。

不管大人还是孩子，都喜欢听一些表扬、赞赏、夸奖的话，都希望自己被别人认可。所以，如果我们能在教学中，生活中、多给孩子一些表扬、赞赏、夸奖的话，哪怕是“你真好！”孩子会时常保持一种愉快的心情，因此而对学习有了兴趣，自然学得高兴，学得轻松，成绩也就好，让他们永远都有一种满足感。

我想这样的方法不只适用于我们的教学，在生活中给身边的人一些赞许，一些鼓励，那么相信这个人的心情就会像春天的阳光一样的温暖，生活和工作的每一天也都是“春天”。

六　不妨做个“傻”老师

——田立莉老师《百分数的认识》片段赏析

“傻”这个字眼在日常生活中是司空见惯的，它或者表示一个评价，或者是一种对朋友、亲人的昵称，但无论怎样，这个字绝不会使人联想到承担着“传道、授业、解惑”之责的教师。然而在这次全国希望工程 GE 教师培训班上，北京的特级教师田立莉的一节课却让我领略到“傻”也别有一番风味。不信的话，请看下面的教学片段。

片段一：架着一副眼镜，和蔼可亲中透着精明干练的田老师，收起笔，在黑板上留下这样的百分号“o/o”，这时田老师不露声色，眼中有所期待，而这时候几双小手已经高高举起，被叫到的学生说“老师，您的百分号写错了，左面的 o 相对高，我看天气预报时看到了”，其他同学也纷纷附和着这位同学的说法。田老师很吃惊的样子说“是这样吗？咱们看看书吧”。师生看书，确实像学生所说的那样，此时，田老师才把自己写错的百分号写成正确的。

片段二：

师：我投篮的进球率为100%（百分之百），比姚明还棒。

生：不可能。

师：但我投篮的进球率确实是百分之百啊！

生：您得用实际行动证明。不能光说。

师：姚明是国际球星，我肯定比不过他，单位的进球率确实是百分之百，那除非是……

生：只投了一个球，刚好投中就不再投了。

师：对，这样的话，我的进球率确实是百分之百。但我确实又没有姚明厉害，所以，仅看百分数就能比出优劣吗？

生：看来不行，那怎么办呢？

师：统计学生，抽样的样本率数应该大于25个，这样形成了百分数，才具有实效性。

（学生恍然大悟）

扫描这两个教学片段，我有两点心得。

1. 欲擒故纵、内化新知

在学生，特别是小学生的心目中，教师是知识的化身，是课堂的权威，哪怕自己的父母是大学教授，与他们对一道题的观点与自己的老师相反时，孩子绝对会认为老师是对的，这是一种普遍现象。而在片段一中，田老师超出常规，打破学生的思维定势，故意把百分号写错，因为她知道大部分学生是预习了教学内容的，知道百分号的模糊的样子，而百分号的正确写法绝对没有留下刻意的样子，至多有几个特别细心的孩子能注意到正确的写法，正如田老师所料，一个细心的学生马上就指出了老师的错误，并从书上得到证明。在这个孩子的启发下，学生再次看百分号的正确的写法，绝不像预习的那样草草而过，因为这时，他们是要证实，老师错了，对于他们来说这是何等的新奇，居然给老师纠正错误，觉得自己是多么的了不起！可想而知，在这样的情绪下，学生对百分号的正确写法定会刻骨铭心，田老师不愧为名师，凭着多年的经验，对学生的心理认知基础了然于心。才表演了这美丽而又恰到好处的错误。而在这个过程中，学生不仅仅获得了知识，而且还获得了不迷信权威，不唯师的科学精神。

2. 巧设矛盾、升华知识

再看片段二，田老师更是把“傻”字做绝了。当她说：“我投篮的进球率为百分之百”时，学生心里肯定佩服得五体投地。突然，田老师又说出一句

“比姚明还厉害呢”。这时，学生心里犯嘀咕了，“老师，你傻吧，姚明是谁，国际明星，你一个女的，怎么可能比他还厉害?”当然，学生不可能把傻字说出来，他们是慷慨陈词，要老师用行动证明自己比姚明还厉害。而田老师则坚持自己的观点，经过计算，我的进球率确实是百分之百，比姚明的进球率高，双方僵持不下，矛盾油然而生，田老师要的就是这个效果。紧接着，学生在老师的引导下，结合自己的生活经验，认真思考，谜底浮出水面，原来田老师一投一中，进球率确为百分之百，从列举出新知识点，抽样的样本率应大于25个，这样形成的百分数才具有实际性，这是学生对新知识点的认识，成为一种发自内心的需要。对百分数的认识达到了一个更高的层次。确实是：山穷水复疑无路，柳暗花明又一村。

老师们，我们不妨偶尔摘下“权威”的面具，潇洒的“傻”一回吧，也许，当你蓦然回首时，你想要的东西正在灯火阑珊处等着你呢!

认真备课中的田立莉

生活化与数学化的和谐统一

评田立莉老师《分数的再认识》一课

北京师范大学教育学院教师　李琼

儿童心理学研究表明，儿童在学习数和数的运算时，其心智活动离不开对具体事物的支持。依赖具体事物，从具体事物入手，再逐渐过渡到逻辑思维。从具体到抽象、从生活（现实）世界到数学（理念）世界，这是数学学习过程中不可或缺的两个基点。这正如新课程标准所强调的：“数学课程应当从学生已有的生活经验出发，让学生亲身经历将实际问题抽象成数学模型并进行解释与应用的过程。”数学教学应如何既要密切联系学生的现实生活，又要紧扣数学主题，体现数学的本质。

近年来，随着数学课程改革的推进和深化，中小学数学课堂发生了重大变化。具体表现在：教师注意创设一系列与生活相关的问题情境。让学生在拼一拼、做一做、猜一猜的活动中发现数学、学习数学，让数学走进学生的现实生活。但目前数学教学中存在形式化的倾向，即教师在教学中为了“联系生活”而增加许多实际问题背景的内容，冲淡了数学的内涵，存在“去数学化”的现象，影响了教育目标的实现。作为数学教师，如何在课堂教学中达到“数学化”与“生活化”的和谐统一？

对此，田立莉老师在《分数的再认识》一课中，给了我们一个很好的诠释。她通过捕捉现实生活中的数学素材，通过精心的教学设计，既让学生感受到数学与生活的密切联系，对数学产生亲切感，并能用数学的思维思考生活，体味数学的本质，经历数学化的过程。品位田立莉老师的课堂教学，让我们感受到了儿童现实生活与数学理念世界的和谐统一。具体表现在如下几个方面。

1. 横向联系，深度挖掘，综合渗透数学概念的本质，丰富学生的认知结构

分数是小学生数学概念学习中一个比较难的领域，它是从整数向有理数过渡的一个数量概念。分数概念的引入使数概念从离散量扩展到连续量，这种质的变化容易导致儿童认知上的冲突。例如，在原来的整数领域，儿童会认为1与2之间是没有数字的，1后面就是2，而分数概念引入后，1与2之间有了无限个数；另外，分数在本质上是一个相对的量，具有多重意义（例

如，分数可以表示部分与整体的意义；可以是数轴上的一个数值；亦可表示两个数相除的结果等），因而具有多种表征方式，需要教师本身对分数概念有比较深的理解。

本节课堂首先利用现成的课堂情境，通过提问“向老师问好的同学占我们这个班级整体的多少”、“1/41 与 41/41 的整体是谁”，激活学生对已有分数意义的理解。特别是充分回顾不同分数背后的“整体”这个环节，为学生新知识的学习做了铺垫。接着主要以打工子弟学校学生的捐钱为情境，链接学生的生活经验，将诸多细小的认知活动整合在这样一个统一的数学活动中。“王芳捐了自己零用钱数的 1/2，赵林同学也捐了自己零用钱数的 1/2。”既然两名同学捐出的都是自己零用钱数的 1/2（1/2 = 1/2），田老师得出结论：“他们肯定捐了相同的钱数”，故意给学生设置认知上的冲突，引导学生思考与探究这一结论的正确与否；在老师的启发下，学生们独立想出了存在 3 种可能的情况。如果两个同学捐的钱数占自己总零用钱的分数不一样，如分别是 1/4 与 3/4，结果又会怎样呢？通过数学问题情境的层层深入，田老师引导学生体会，一个分数所对应的“整体”不同，所表示的具体数量也不同，使学生深入理解分数的意义。在学生对分数的相对性有了充分的认识后，田老师将分数这一概念的理解放在整个数概念的广阔背景中，将分数概念从表示一个相对的量扩展到又可以表示一个数值，即一个绝对的量（数轴上的一个数值），继续引导学生深入理解分数的多种不同意义。如将 6 角转化以“元”为单位时，用分数来表示 6/10 元，引出分数也可以表示一个数。通过举例 2/5与 2/5 元，质疑与启发学生思考这两个分数的不同，深化理解分数的多种不同意义，丰富了学生整个数概念的认知结构。

2. 通过多元的数学表征，展现多样化的数学语言，发展学生的数学思维

专家教学的研究表明，专家教师能够对概念进行多种不同形式的表征，如图形的、文字的与符号的，并在不同的表征之间做出清晰的联系。从数学语言的角度看，不同的表征方式表达了不同的数学语言。在数学学科中，文字语言、图形语言和符号语言三者相辅相成，它们既是数学知识的载体，也是数学思维的形式。尤其在儿童数学教育的启蒙阶段，创设多元的表征环境，帮助儿童从形象思维过渡到数学的抽象逻辑思维，不同的数学语言表达形式都是举足轻重、不可替代的。如在表达倍数关系时，可以用如下的 3 种语言表达：

文字语言：“鸭的只数是猴的 2 倍。”

图形语言（△代表猴，○代表鸭）：△△△
○○○○○○

符号语言："6 ÷ 3 = 2"

由此可见，描述数学概念或关系时，图形语言的描述为文字语言或符号语言的描述提供了直观表象，是对现实世界或数量关系的一次抽象；符号语言是借助图形语言的直观对现实世界数量关系的再一次抽象；而文字语言能够明确界定图形语言或符号语言所描述的数学对象的意义与内涵，只有三者融会贯通，才能达到对数学概念的深入理解。而这一点在田老师引导学生深入理解分数的整个过程中体现得尤为明显。例如，在理解分数的意义时，采用多元的表征方式，如正方形，线段等，引导学生用图形、语言与符号 3 种不同的数学语言来理解与表示分数，如：

文字语言："我国陆地面积占世界陆地总面积的 1/5"

图形语言：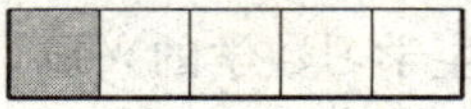（阴影部分）

符号语言："1/5"

可以看出，在此节分数再认识的课堂教学过程中，田老师将图形语言作为发展学生抽象思维、理解和把握符号语言的扶梯；而符号语言同时也向学生展现了数学语言的简洁性。在这些不同数学语言的联系中，既加深学生对分数概念的深入理解，又潜在地向学生传达了数学语言表达的丰富性与简洁性。

3. 引导学生在现实的生活情境中学习对数学的猜想、论证与交流

在数学学科领域，一个解答接受为正确，是当共同体中的其他成员不能提出反例或反驳。数学家看一个结论并不是看书上如何说，而是提供数学上的论证，向他人说服自己的结论是如何成立的。猜想、推理与论证是数学活动的重要部分，如何将这些从事数学活动的科学态度引入到小学数学的学习中，让学生经历数学化的过程，是新课程改革中所强调的，也是作为教师在教学中要思考的问题。田立莉老师在《分数的再认识》这节课中恰恰向我们展现了这样一个探讨数学本质的画面。通过设置问题情境，"王芳捐了自己零用钱数的 1/2，赵林同学也捐了自己零用钱数的 1/2。则他们肯定捐了相同的钱数"，并适时引导学生回答"为什么"，启发学生去猜想与论证自己的想法。学生们在老师的鼓励下表达了自己的看法，指出老师的说法是错误的，"因为总钱数不一样"。这时田老师不失时机的引导学生理解数学的本质："数学是讲理的，要拿出证据来论证才能说服老师"，让学生体会学习数学的思想与方法。在独立思考后，经过小组的讨论，学生纷纷阐释与论证自己的不同想法。

例如，学生们提供反例来论证："如果王芳总的零用钱是 10 元，则她捐出的零用钱占总零用钱的一半，就是 5 元；而赵林同学如果总的零花钱是 20 元，则捐的钱数占自己总零用钱数的 1/2，就是 10 元钱，所以不一定。

在田老师与学生进行互动开放的课堂对话中，小学生如同数学家那样从事数学活动，学会用数学的眼光观察问题，用数学的方法思考问题，使自己成为决定真理的权威。在我们的数学课堂里，也经常会看到的是，学生知道他们的答案是正确的，通常是因为他们的解答与老师的答案一致或者课本上是这么说的，或者老师这么告诉的。如果以论证作为解答是否为正确的基础，则答案的合理性的权威并不在于教师，而在于自己与同伴的数学论证，这也正是田老师这节课的闪光点之一。学生可以在数学学习中获得一种力量——这种力量给予了孩子一种能力、自信与乐趣；在日常生活中形成一种科学的态度：学生自我评价自己解决问题的能力——一个独立的学习者，这正是教育所倡导的精神。

4. 及时、精彩地评价和点拨，增强学生学习数学的兴趣

教学中，田老师以精炼、精彩的语言不断地鼓励着学生、及时点拨着学生、评价着学生，给学生以更多数学思想和方法上的引领，经历数学化的熏陶和浸润。如：“你刚才用了一个小小的举例，这个思考的方法不错”“数学上单凭说不能让别人信服，得拿出证据来”“她还能用举例的方法，说明她有更深度的数学思考”“自己迅速纠正过来，一时的口误不要紧”“打点磕巴没关系，别着急，我听清你的意思了”……这提高了学生课堂表现的自信心；“这一勾表示老师最高的奖赏，这不仅仅是一个勾，这勾出了我对你们的期望，勾出了你们在这节课上的成功”。这样的精彩语言不时地在田老师的课堂上自然地流淌出来。

纵观整节课，田丽莉老师通过构建现实的生活情境，引导学生经历了数学思考的过程，让学生体验着数学学习乐趣。通过《分数的再认识》这节课，学生对分数概念的本质有了更深入的理解，不仅学会了用数学解决生活中的问题，又能用数学的方法思考生活，在现实生活情境中经历了数学化的过程，达到了儿童现实生活与数学理念世界的和谐统一。

“上课”就是一种幸福

五一小学教师　田桂梅

记得有一位哲学家说过：“幸福的意义不在于幸福本身，而是在于追求幸福的过程，在你放弃追求与思考的时候，你也就放弃了幸福。”每一个人都向往得到幸福，而田老师的幸福来自对数学本质的不断探索以及对教师职业的

无限热爱。正像她所描述的：教师的幸福来源于自己的状态；教师要做学生心目中一本厚厚的数学书；教师的幸福来自于自信以及对教材、对学生的把握……田老师把上课当成一种幸福，而我在聆听的同时，更感受到一位特级教师的教育智慧与人格魅力。

1. 细节设计成就精彩课堂

"一树一菩提，一沙一世界"，课堂教学的一切就是由细节构成的，如果一切归为有序，决定成败的必将是微若沙砾的细节，细节决定课堂的精彩。

（1）徐波你真棒

百分数的产生是本节课的重点。许多老师采取给出一组数，让学生选择判断，遇到困难时，教师引出百分数。而田老师在创设情境后只自给学生 4 个数。

片断一：

田老师：我们班 4 人分别作对计算题 32 道，20 道，15 道，168 道。你们说谁做得好？选谁去参加比赛？

学生：（纷纷举起小手）不能比，比不出来，缺少条件…

田老师：你们需要什么条件？

学生：（异口同声）我们需要知道做题总数。

田老师：那就满足大家的愿望。（出示表格）

王　兰	李　静	赵　燕	徐　波
32	20	15	168
50	25	20	200

与其他教师不同的地方显而易见。百分数的意义关键在于两数的比较，而此时是学生主动向老师要求给出另一个数量，并不是老师直接给出的。学生已经深刻领悟到百分数是两个数量之间比的关系。田老师正是了解了百分数的本质内涵才有了这样精心的设计。

片断二：

在老师的启发下，学生纷纷上前面板书自己的不同比较方法。

学生 1：$\frac{32}{50}=\frac{64}{100}$，$\frac{20}{25}=\frac{80}{100}$，$\frac{15}{20}=\frac{75}{100}$，$\frac{168}{200}=\frac{84}{100}$；

学生 2：把分数分母转化成 200 的分数比较；

学生 3：把分数转化成分母是 1000 的分数比较；

学生 4：把分数分母转化成 400 的分数比较；

学生 5：把分数先写成分母为 100 的分数，再统一成百分数比较。

……

无论学生用哪种形式比较，他们都在力求寻找一个统一的标准。在明确百分数意义的基础上，田老师引导从多种方法中择优，利用评价充分肯定学生的创造性。如："有的同学用100做比较，有的同学用200，400，1000…它们之间这样的比较关系是那么的一致。多么好的创造！书上都没有这么多的比较方法。这是伟大发现！百分数就是这样生出来的。"在学生统一认识，认为以100为分母的百分数最好的同时，使学生深刻体验并经历了"百分比"产生的过程。

（2）当成100个人

课上老师出示了一条信息：六（2）班体育达标人数占全班人数95%。让学生说一说95%的含义。

学生1：把六（2）班学生当成100人，那么合格人数占全班人数的95%。

田老师：当成100人，就是100人吗？还可以是多少人？

学生2：如果是200人，那么就有190人合格，占总人数的95%。

教师继续追问：300人呢？1000人呢？…

随着总数的不断变化，学生已经能够很熟练地口算出结果。

田老师：95%表示——合格人数与全班人数的比关系。（田老师说出前半句，学生很自然的接上后半句。）

老师借助学生的语言，"当成100人"，"如果是…"借力发力，引导学生理解百分数的意义。学生不是借助语言的简单描述理解意义，而是利用数据计算解读百分数的实际含义，如此教学更生动、更深刻。

在田老师的课上，这样的教学细节如春风化雨般滋润着孩子的心田，一点一滴的关爱、一丝一毫的引导，成就了课堂的精彩，这就是细节的魅力。

2. 机智追问彰显教育智慧

（1）对于"合格率"的追问

在学生初步认识百分数的基础上，田老师出示一组食品信息表，请学生判断买哪种食品的最放心。（出示表格）

食品名称	合格率（%）
饼　干	99.35
食　盐	100
乳制品	94
罐　头	69.47
酱腌菜	80

学生依据习惯，毫不犹豫地选择食盐，一致认为 100% 的合格率才是最好。田老师及时追问：合格率什么意思？

学生：合格率就是合格产品占抽验总量的百分之几。

田老师：那你们看哪儿比出来的？

学生：只看百分号前面的数就行。

田老师：前面的那个叫百分数的什么？百分号又叫什么？（田老师已经在悄悄地渗透分数与百分数的联系）

（2）拓宽“100%”的理解

对于百分数学生似乎已很熟悉。在此时田老师引导学生进一步观察百分数的分子，你又发现什么？

学生 1：百分数的分子可以是小数。

学生 2：百分数的分子可以是整数。

老师：你们观察得很仔细。生活中你们都喝过汇源果珍，要不要 100%？牛奶要不要 100%？（学生纷纷表示要追求 100%）

老师：你们的家长都喝过酒，酒精含量是 100% 行不行？

学生：不行，100% 的酒精是不能喝的，会很快挥发。

老师：看来生活中不能完全追求 100% 就好。生活中还有超过 100% 的时候。大家能不能举几个例子？

学生：汽车超载。一辆汽车能装 5 吨货物，却装了 6 吨。这时就超过了 100%

……

学生有举出百分数在生活中的一些实例。

老师：她举的例子非常生动。如果 6 道数学题，你们已经做了 3 道，那么你们做了总体数的——50%。（学生很快做出回应）

学生与老师之间就像聊天一样，有思考，有问答，老师问得妙，学生答得巧，师生在轻松自然的对话中边讲边练，很快突破了对百分数分子难点的理解。

（3）“我比姚明棒吗？”——样本取样的科学性

片断：

田老师：我和姚明比投篮，我投篮的命中率是 100%，而姚明的命中率是 87.6%，我比姚明棒。

学生表示怀疑，纷纷问：您投了几个？

老师：1 个。

学生：1 个太少。说明不了问题。没准您投第二个就投不中了。

老师：你们说得太对了，我如果再投第二个，没准还真进不去。其实，在科学实验中我们往往从样本取样中至少要抽取20个作为参照。如果样本低于20个，就不具有科学依据。所以我只投一个球是不能和姚明相比较的。

数学课有突出的学科特点，数学知识要严谨及具有科学性。田老师在我和姚明比较中恰当地运用了科学的样本取样方法，事例生动，有理有据地向学生说明了如何取样更具科学性，便于学生理解。

3. 分层教学使课堂更实效

（1）关注学生已有的认知经验

田老师上课的第一句话就是：“今天你们关注的话题是……”。这个问题源于课前让学生5分钟的独立阅读，让学生与书本进行无声的对话。新知识与学生已有认知的矛盾，使学生产生对新知识学习的兴趣和渴望。这是教师与学生最高级别的对话。虽然在学生内心，但它却体现出一位特级教师对学生阅读能力的培养，这种能力将伴随孩子一生，受益终身。学生能够理解的、已经会的知识老师不讲，老师的作用在于引导学生思考探索那些未知的、困惑的难题。田老师认为：数学课不要怕学生已经会了，老师没有的讲。作为数学教师就应立志做学生心中一本厚厚的数学书。引导学生体会数学知识间联系，数学的美，数学的魅力。

（2）关注学生差异，尊重学生内心的情感

学生不仅在学习方式上存在差异，在思维类型上也有所不同。田老师的课上经常出现这样的问题：还有哪位同学今天没有发过言？伴随着亲切的问话，老师把温柔的目光投向孩子们。她认为：每一个学生都有自己独特的性格。有的学生积极；有的学生稳健；有的学生内向，对于老师的问题只是心里默许，不愿表达，但当老师的话语说到学生心坎里时，他们往往用点头表示赞同。无论孩子怎样的表现，作为一名教师都应该关注他们，尊重他们。不管是敢于发言的，还是沉默的学生，都要创造机会让他们表达自己的思想。让每一个孩子在课上感到安全，教师要以博大的爱包容每一个孩子。

课上温暖和谐的师生关系；师生多项的信息交流；教师积极的关注和真诚的流露，唤醒了学生生动活泼的思想，唤起了他们真挚而深刻的感情，使学生真正有效地学习。田老师的课上学生积极活跃，课下学生流连忘返。她的教育智慧使数学课堂充满了生命力。

累，我们是快乐的

——一节课背后的故事

首师大附小教师　李志兰

今天走向这个舞台，我既高兴也惭愧，高兴的是田校长给了我和大家交流的机会，惭愧的是已步入中年的我还处于现在的水平。我一再推迟，但领导鼓励我，我又想反正都是自己的同事，天天见面，说说就说说呗，只说这节课，说说我备课中不为人知的背后。不过我还是很紧张，因为这里有德高望重，专业知识十分丰富的专家和领导，也有年轻有为的小字辈，所以说的不对的请大家原谅。

1. 败：因为盲目

来到我们学校时间不长，但经历了几次重大的活动：“督导”、“素质先进校验收”。我看到了田校长的高度重视，老师们的忙碌。每次我的运气都很好，两次上课都抽到我。所以自从领导开会要求每位教师准备一节课迎接上级复督。我就开始选择内容，思来想去，确定为《三位数的连加》。随后我就开始研读教材，反复琢磨，有了一些想法，但仍然头绪很乱。于是我将自己的想法告诉了田校长，田校长听后说：“想法很好，我有一份这样的教案，你先拿回去看看，这份教案很详细，你可作参考，有了新的想法再来找我”。我兴奋不已，一种如鱼得水的感觉。特级教师的详案呀！这是多么珍贵的礼物！它可是田校长的心血，是她智慧的结晶，她却无私地送给了我。手捧着教案，似乎已站在领讲台上，市一等奖的奖杯在向我招手。我迫不及待地读起来，读着，读着有点晕了，读不懂了。当时我想：索性不用了，我不是特级教师，我没这个能力，讲不了。可我又一想：一等奖的课，多有价值啊，不用现成的教案，太可惜了。我不甘心，回家后，又拿出来仔细研读，一句一句，一段一段，越读越兴奋，越读越明白。我暗暗下决心，就按这个教案上。

试讲那天，一开头就傻了，学生不明白，我也驾驭不了，十分糟糕。二年级组的几位数学老师一致认为：特级教师的教案不是所有的人都能上好的。

全票否决后，我开始了冷静思考：是啊，我的这种捷径是不是太懒惰了，完全照搬，没有一点自己的东西。于是就有了我和李琳老师那紧张而愉悦的备课、说课过程。

2. 累，快乐着

其实，我们每位教师天天都在上课，上一节课是多么平常的事。对于二年级“三位数的连加”根本不在话下，只要上过学的人都会教三个数相加，有什么难的。所以很快我的教案有了大概的环节，我们俩在一起说课也很顺溜。接着就分角色试讲，我当教师，李琳当学生。

在备课时，我就有了想法：既然课题是“捐书活动”，那么为什么捐书？怎样才能唤起同学们捐书的想法？如何对学生进行献爱心的思想教育呢？于是我就从网上找了一些贫困山区孩子们那种渴望读书的图片。经过筛选，最后还是确定用大眼睛的小姑娘作为情境图，我站在讲台上指着大屏幕说：“同学们，你们看，这是贫困山区的孩子们，他们多么渴望读书啊，可是没有书，怎么办呢？”我一读完，李琳马上就叫停，她说“你的话不能唤起我的共鸣，因为你还在微笑，应该读出严肃、发愁、揪心的感觉。”于是我再来一遍：“同学们……”当我说到“怎么办呢？”拳口放在胸口，自己完全进入角色，我是那么地揪心与无助，李琳拍手叫好：“就这样，很好。”我马上将这句话，这些个动作重做2遍，加深印象。

课堂上，我有一个演示课件的过程，我说：“同学们，下面我们一起回顾大家的思路。”李琳当即叫停：“你的话没有号召力。加一句‘请大家睁大眼睛，仔细观察’，还加一个睁眼睛的手势。”我听后一乐，说：“你哪儿来的这些招数。”她哈哈大笑，神气而骄傲地说：“上次田校长给我评课时教我的。告诉你吧，就这些我背了不少于50遍。”听了李琳的话，我当时就很羡慕她，说：“你们田校长工作室的人真幸福，时不时田校长就听你们的课，还及时评课，你们收获真大。”

第一次试讲时，我用上了这句话，果真一下把学生的注意力吸引过来了。还有不少学生立刻睁了睁眼睛。看到学生的这些举动，我心里为之一振：同样是我说的话，不同的语言，收到的两种截然不同的效果，前者使爱学、专心听讲的学生会看大屏幕；后者在我形象而生动，并富有号召力的感染下，全班同学们动起来。就这个细微的变化，我触动很大，感想很多，我似乎明白了田校长一直对我们要求的：教师的语言表达要准确，要求要具体，说话还得讲究艺术。这句话，今天我才真正理解了其中具体的含义，也感受到了它的巨大魅力。不过这些很有艺术的话，自己储备的太少，以后还要多努力。

在解决实际问题时，我最初的想法是选用书上的内容“帮妈妈算钱”。在算钱中有估算、有计算、有易有难，共3道题，基础、能力都体现了，也接近学生的生活。为了拉近和学生的距离，我尊重田校长的建议，将题中的“妈妈”改成“李老师”，我觉得这样改特别好。课件也比较简单，所以我自己做了，然后将设想和课件都跟李琳说，她听后直点头，连连说“挺好”。

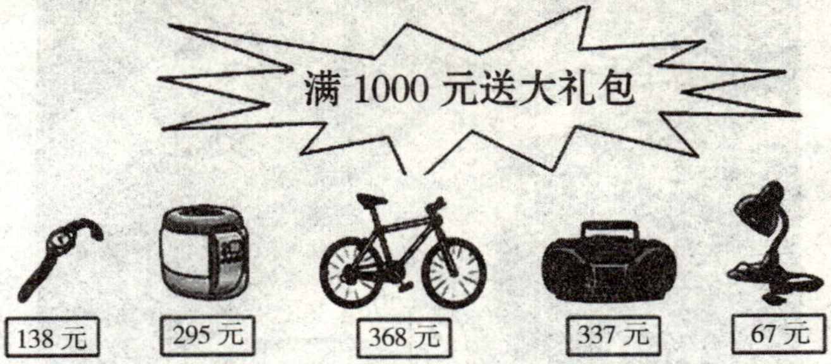

（1）李老师想买一个电饭锅、一辆自行车和一块手表。你估计大约需要多少钱？

（2）李老师至少买哪几种商品才能获得大礼包？

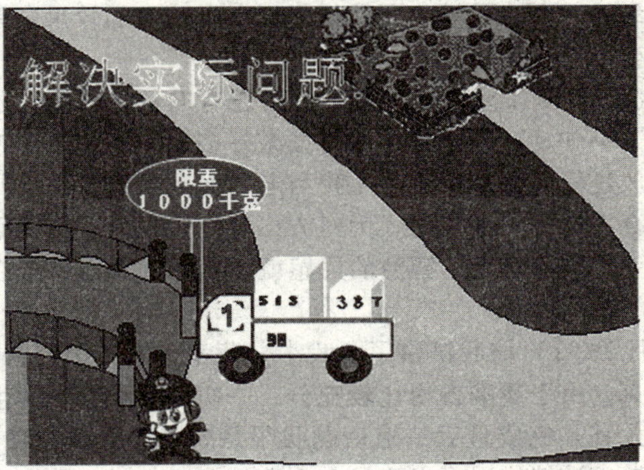

因为学生在情境中学习估算、计算。（图、题目）

每次解决“小汽车过桥”这个问题时，学生都是相当高兴，热情空前高涨，参与率为百分之百，全体同学都在又动脑，又动手，大家在思考同一个问题：小汽车能不能过去？有的学生为了尽快解决问题只看百位上的数，然后用百位上的数加“1”，自然而然估算的方法出来了，让学生体会到了估算的必要性。即估计出得数的大致范围，很快解决问题。

虽然 2 号车载重量大，学生计算困难，但孩子们都在努力尝试，没有一个人放弃，算的快的同学情不自禁地叫起来，不能过去，不能过去，计算的结果是 1014，超重了。还没算出结果的学生在想办法证明汽车不能过去，是哪儿计算错了。这种学习的氛围，是前所未有的，同时也让学生感受到了计算的重要性。

通过这个情境，我又明白了一个道理：一个学生喜闻乐见的情境，胜过

千言万语的说教；一个有质量的课件能起到事半功倍的效果。只要我们精心准备，不愁学生不喜欢我们的课。

就这样，我们找到了备课的感觉，越备越有的备，时不时还蹦出一些智慧的火花。对于一句话，一个词，都要推敲好多遍，还包括语速、表情、手势、眼睛，不放过任何细节。一会儿我当老师你当学生，一会儿你当老师我当学生，我俩真心地为对方着想，为对方出谋划策。累了，我俩换个开心的话题聊一聊，一阵笑声过后，智慧的灵感就产生了。我们就是在这种愉悦的氛围中备课。

周一（4 月 28 日）该我试讲了，我十分荣幸，因为田校长来听我试讲。我既紧张又高兴。由于我准备得比较充分，一切还算顺利，学生也给劲，自己感觉不错，尤其是完成最后一道后题我很是感动。当时我在行间巡视时，发现仍有少数学生计算错误，主要是 3 个数放在一起时，数变大了，和满了 20，有的学生不知道向前一位进几，个别学生仍进"1"。

如：

$$\begin{array}{r} 298 \\ 365 \\ +\ 348 \\ \hline 904 \end{array}$$

我认为这是学生学习的一个难点，为照顾到中下等学生，突破难点，也为了让全班同学对这部分知识学扎实了，于是我挑了一个错例，放在投影上，让学生一起观察、发现问题。当时我本想用红笔帮他改过来，田校长建议说："让他自己改吧。"这位同学上来后很认真地改对了，看来他是真明白了。当时我被学生改错的认真劲感动了，我抚摸着他的头对同学们说："你们看他多虚心，马上改错，请大家把掌声送给他。"台下响起同学们热烈的掌声，这时的我已完全融入到学生中，成为他们中的一员。说心里话，这个环节是我没有预设的：我确实被那位学生所感动，是在那种情形之下，情不自禁地夸了一句：“请把掌声送给他。”事后，我觉得这次夸的比较恰当，有夸的意义，夸的氛围，不虚不假，水到渠成，很是自然。我想这可能就是田校长平时说的“学生推着教师走”也算“课堂生成”吧。

田校长还补充道：“大家说，为什么我们要把掌声送给他，因为他知错就改，是个及时改错的好孩子。”对学生进行了养成及时改错的良好习惯教育。

此时此刻，教室里不仅是我和学生在互动，听课的田校长也坐不住了，拿起红笔在行间巡视，边判边夸：“你真棒，全写对了。”教室里讲课的、听课的、站着的、坐着的都在学习、讨论，十分温馨。整节课，我是在跟着孩子们的感觉走，也让我真真切切地感受到了40分钟的开心与快乐。

下课了，我愣愣地看着田校长，心里忐忑不安，只见田校长微笑着走过来，指着黑板上的板书点点头，赞许地说：“什么叫细节，这就叫细节。二年级的孩子写粉笔字，为什么板书得这么整齐，因为教师事先考虑周密，打了格。”田校长的这句评价似乎暗示我课不错，我忐忑不安的心平静了许多，也为之激动着，久久不能平静，走路都在乐。在楼里还扭了两下，李琳开心地逗我：看把你美的。

3. 胜：因为领导的鼓励和支持

中午，我遇见了田校长，她握住我的手，十分高兴地说：“感谢你，你的课确实不错，已经有形了，我很欣赏，但还有些细微之处我给你说说。然后让全校数学老师都来听听。”我激动地不知说什么，语无伦次，是啊，是啊，能得到北京市特级教师田立莉校长的肯定，这怎能不让我激动；怎能不让我兴奋呢？这比什么奖项都高，比什么荣誉都值钱。我不断地说：“田校长，谢谢您，谢谢您，您给我这么大个舞台，我还不会展示，”田校长鼓励我说：“没关系，我们只是共同研究，共同探讨探讨低年级计算课究竟应该怎么上，你要有自信！”

我按捺不住内心的喜悦，把这激动人心的特大喜讯在第一时间告诉了李琳。李琳也有点傻了，本来眼睛就大的她，两眼瞪得更大，十分惊讶地说：“真的吗？”我肯定地点点头：“田校长放学后还要给我评课呢。”她用力拍了拍手说：“好！好事，看来我们俩没白努力，下午我和你一起去听评课。”

放学后我俩来找田校长，田校长开会去了，没回来。怎么办？我俩异口同声地说：“回班过一遍教案”。一遍下来快6点了，当时我们有些犹豫，找还是不找呢？现在可是下班的时间，也正是吃晚饭时间。我们怀着十分矛盾的心情，来到田校长办公室，田校长见到我俩，高兴地说：“我知道你们俩会等我的。我到办公室找你们，没找着”。田校长的话，像一股暖流涌上我的心头。我知道田校长的工作十分繁忙——听课，评课。每次我见到的田校长总是步履轻盈，阳光灿烂，有说有笑，而且手里总是拿着听课本，笔记本。我也曾看到田校长端着饭碗为老师们评课，课评完了，饭也凉了，可一口都没吃。我也知道就在复督备课这段时间里，一向身体很棒的田校长终于扛不住了，她也累病了，却没时间看医生，实在难受就从学校校医那儿拿点药。我生平第一次见到如此拼命工作的领导，她是那么热爱自己的工作，热爱自己的战友她总是那么充满活力，不知疲劳。

田校长这种一视同仁，平易近人的人品令我佩服；她那种雷厉风行的工作作风令我崇拜。在这里我要给可亲可敬的田校长深深鞠一躬。

今天，我这个既不是骨干，也不是田校长工作室的人，只是一名极其普通的教师的课，也如此让她放在心上，怎能不让我高兴与感动。

我们 3 人坐在一起，根本看不出上下级的关系，形同 3 姐妹，田校长总是夸我俩会合作，表扬我的课好。她说：“你的课确实很好，总的评价是：语言巧，细节清，学轻松。”

多么高的评价！我的心里比吃了蜜还甜。其实我很清楚，没有田校长无私送给我教案作为依托，没有田校长一次次一个环节一个环节的指导修改，单靠我俩闭门造车，是不可能的。这种感激是发自内心的。

田校长说：“先让学生把所有的数学问题提出来，然后再从头列式，这样学生的思维就间断了。不如让学生提出问题就接着列式，这样学生的思维是连续的。”是啊，我们怎么就想不到，以前所听的课，无论是区里的还是校内的都是一个模式：先提完问题，再从头列式。从来没从学生的思维顺序来考虑。

田校长指导的课很详细，第一问，学生自己提问自己列式；第二问，一人提问一人列式；第三问，教师列式学生根据算式提问。

田校长的一番话让我茅塞顿开，佩服得五体投地，这，就是特级教师。

别人都说磨课的过程是痛苦的，我却不这么认为，因为我们在磨课时，十分开心，有说有笑，心无杂念。成绩微不足道，但过程是快乐的。

我喜欢真抓实干、示范、引领我们的田校长，我喜欢待人真诚、与众不同的田校长，田校长您辛苦了，我们永远的喜欢您。

回首往事、感悟师恩

中关村一小教师　胡文莉

工作十几年来，无论是在原单位还是在中关村一小，回首过去，许多老师曾经帮助过我，指导过我，但我最佩服、最敬重的一位，那就是田立莉老师。在中关村一小工作的9年中，每次参加大型教学比赛，都少不了她的悉心指导，在我们一起备课、上课、评课的交流中，我不仅积累了教学经验，提升了教学素养，更多的是被师傅人格上的魅力深深吸引，使我义无反顾地跟随她前行，在教育教学征程上奋斗。

1. 信任是前进的基础，坚持就是成功

人生之路并不是坦途一条。即使工作了十几年的教师也面临着许多困难。尤其是教学比赛之前，各种责任、忧虑、烦恼压得人喘不过气来。如何面对各方面压力，以乐观的心态直面困难，信任是关键。

2006年春天我被学校推荐参加海淀区计算教学研讨课比赛。当时正教三年级数学，但参评内容为二年级下册《连加》。虽然多年从事低年级教学，有一些教育教学经验，但面对新课改、新思路，必须有独到的见解与思考，才会取得好成绩。在几次试讲后，我不是茅塞顿开，而是越上越糊涂。“数学模型”用与不用成为矛盾的焦点，我不知如何处理，就像热锅上的蚂蚁急得团团转。听专家的意见用模型，课肯定上不完，教学实效都不能保证；又不敢不用数学模型，专家是评委，名次也很重要。就在我犹豫不决时，是田主任给予我充分的信任与支持。连续1周多的奋斗使我经受了磨炼。多少个不眠之夜，常常是和我共同备课到深夜两三点，当我困得睁不开眼时，田主任仍在阅读、思考，力求把每一个细节考虑周到。她常说：“一树一菩提，一沙一世界。生活的一切原本都是由细节构成的，如果一切归于有序，决定失败的必将是微弱沙砾的细节，细节的竞争才是最高层次的竞争。”

在与田主任工作的同时我被深深地感动着。多少个休息日被工作占用，我们把师傅的家当成办公室，还要搭上田主任的爱人（陈老师）为我们做饭、服务，陪我们工作到深夜。师傅这样拼命地干，我怎能懈怠，怎能退缩，我相信成功就是坚持。

2. 宽容使我自醒，友谊让我学会感恩

在教师们眼里，田主任除了有精湛的教学艺术、更让老师们敬佩的是人格魅力："在生活上她是朋友；遇到困难向她倾诉时，她是家长；教学研究时，她更是严师！"

田主任关心他人细致入微。每当工作中遇到困难，尤其是上课不尽人意，心灰意冷的时候，师傅不是埋怨与责备，而是宽容。记得做评优课时，几次试讲都不满意，教案不熟练，讲课生涩，缺乏流畅感，自己都恨自己怎么那么不争气。俗话说：当局者迷。面对挫折和困难，我寸步难行。这时，是田主任耐心地劝导，仔细分析问题的根源，共同寻找解决的办法。做田主任的徒弟是一种幸福，从她眼中读出的是鼓励、信任、理解……

智慧艺术告诉我们，宽容就是一门艺术，一门做人的艺术，宽容精神是一切事物中最伟大的行为。宽容待人，就是在心理上接纳别人，理解别人的处世方法，尊重别人的处世原则。宽容是一种坚强，而不是软弱。我们在接受别人的长处之时，也要接受别人的短处、缺点与错误，这样，我们才能真正地和平相处，人际关系才显得和谐。

说到教师，人们习惯于用悲壮的字眼来形容他们，因为这个职业总是与疲倦、劳累联系在一起的。田主任当教师的时候也是一样的忙碌，但她是快乐的，几十年的教育生涯让她感悟到的是生命的价值。以己推人，她为老师们搭建了一个又一个展示的平台，手拉着手带老师们上路，与老师们共同奋斗。她把自己多年的教育智慧毫无保留地传授给老师们，让每个教师都能感受到自身的价值，都能在工作中不断地成长和发展；都能享受到精神上的愉悦和享受。人心换人心，正是田主任对教师的信任，换来的是同行们的齐心，为教育事业呕心沥血也无怨无悔的氛围，每个人都用行动在证明："我们辛苦着，但我们快乐着！"

一个人的成长永远都需要感恩，感恩失败让我们获取教训；感恩挫折，让我们学到许多东西，感恩父母，让我们体会天伦之乐，感恩老师，使我们茁壮成长，感恩朋友，让我们分享友谊与快乐。正是有了田主任如同恩师般的呵护、朋友般的友谊、长辈般的亲情，才有了我今天对生活，对事业的感悟。

我是在繁忙中打开老师们的一篇篇从心底涌动出来的真诚，我是在被感动中读完这一篇篇饱含着老师的深刻思考的内心感受。因为它让每个人的心灵都产生了碰撞，也让每个人都有了理性的思考。这个思考是震憾的！

我要学习她们。学习她们不仅知人，更是懂人；学习她们不仅尊重人，更是信任人；学习她们不仅理解人，更是宽容人；我从她们身上收获的东西太多、太多……，她们是我幸福工作行程中的"加油站"！——田立莉

“甜式”教学体验篇

“甜式”体验

——有教无类的“甜”老师

幸福在哪里？

“神奇小评语和超能力的一句话”……，让我永久回忆；“我变成让您最自豪的一个。”……，让我喜不自禁。我给予学生的太少太少，学生给予我的是太多太多……。我幸福着“有教无类”；快乐着“教学有方”；我从“玩伴”那里获得了世界上独一无二的万般幸福。

幸福在哪里？幸福在这里！——最真、最纯的孩子们！

——田立莉

恩师难忘

×班学生　李华

终于考上八中素质班了，说不出的喜悦里，加着一丝伤感。是对您的思念和不舍吧。背上书包迈向八中的校门，您的一幕幕浮现在眼前……

您的笑容：记得第一次上课，您笑眯眯地对我们说：“我姓田，希望在同学们心中能变成这个甜。”您在黑板上写了一个大大的“甜”字。之后每一次上课您总是带着一副笑容，声情并茂地给我们讲课，耐心仔细地指导我们，有时还会给我们“甜甜的”糖吃。我们时时都能感受到您的“甜”。

您的认真：记得有一次，我期末考试只考了 93 分，您把我叫到您办公室，严肃、认真地说：“这次没考好，就是粗心。”接着，您给我讲了哪里错了，该怎么做，细心地指导我，让我明白了做事要认真的道理。每一次批改作业，您都给我们一句话：“你真棒！”“真漂亮！”“很会学习！”等等，给我们一次次鼓励。让我永远难忘。

您的严厉：记得有一次小测试，我们班的平均分远远差了三班将近 10 分。您将卷子重重一摔，厉声说：“你们怎么考的！”又对考得最差的几个同学做了批评，要让我们像三班学习。后来的学习中经常帮助我们班的同学，使我们班的学习成绩有了很大的提高，缩小了与其他班级之间的距离。您的严厉教会了我们要有进取、向上、不服输的精神。

您的和蔼。记得一次数学竞赛，我取得了第一名的好成绩，您亲切地抚摸着我的头，和蔼地说："李华，你真棒！你想要什么啊?"虽然我连声说谢谢，不要，可第二天您还是给我带来了一份礼物——一副扑克牌，让我带着同学们玩"二十四点"的游戏，提高计算能力。

……

永远忘不了您笑眯眯的目光，认真的神情，严厉的声音，和蔼可亲的脸庞……您昨天是我的老师，今天是我的老师，明天仍是我的老师！您永远是我的老师！也请您记住您永远的学生——李华。

我变成让您最自豪的一个

——写给田老师的话

四（3）班学生　梁湘婷

田老师：您好！我或许是一个普通得不能再普通的女孩子，我与大家都生活在一个班集体中。但是不管我有多么普通，我依然有一个大毛病——数学课上不敢发言。我总怕说错，被大家笑话。可是，在一次数学课上您改变了我。

那天和平时一样，在数学课上，您提了一个问题，我和平时一样一言不发。但是我从您的眼神中看到了期盼。我有点儿坐不住了，终于举起手来。您叫了我，我顺利地回答了问题，这时我不再害怕，不再胆小。

从那天以后，我每节数学课都发言，越来越大胆，越来越开朗了。

啊！田老师请以后多给我机会，我变成让您最自豪的一个。

"我能考98分啦！"

四（3）班学生　宋欣雨

在我成长的道路上，我考过很多试，但我最难忘的是四年级下学期那次数学考试。

记得那一次爸爸对我说："数学最低考98分。"这时候我总觉得自己在和自己作对。心里一边说能考好，一边又觉得考不了这么高的分，但是我永远相信我自己能做到。我又鼓起勇气。到学校了第一节是数学课，我又对自己说："我能考98分。""叮叮叮"这个声音一响，我的心又开始加快了。田老师说："现在开始宣布期中考试的成绩。"我又有点动摇了，又有一点不相信自己了。我问叶漪纯：“你觉得我能考95分以上吗?”我又说：“你觉得我能考98分以上吗?”“应该不行。”“宋欣雨98分。”听到这个消息，我激动得都想跳起来，我合格了，我合格了，田老师喊我来领卷子还对我说：“这次考得真不错，质的飞越，要再接再厉呀！田老师的这句话鼓励了我。

谢谢您田老师，这两个学期您对我们付出了很多，您的那句话我永远记在心头。

我被田老师感动

四（3）班学生　叶漪纯

谢谢您一直以来对我的教导，我一直不擅长数学和计算，但您的教育改变了我。您让我明白了：只要诚实做人、认真做事，回家去学习，在学校，就能和大家一开始都站在一个台阶上，只要写了，只要练了，就前进，不练就被抛在后面了。

没有您，我就不能明白道理，我就不会上进。我感谢您，以后我也会好好表现的。我感谢您，万分感谢您，我没有考好，您也没有批评我，而是鼓励我，因此，我被您感动，您像阳光，我像幼苗，您像树干，我像树叶。是您让我放出光芒。

今后我会在数学这方面的成绩好起来，我以后也会将您的教育铭记于心，每次您判作业时对我的评价让我高兴，有了干劲。

谢谢您！

田老师跟别的老师不一样

四（3）班学生　杨舒俊

作业

自从上了四年级，我们班换了一个新数学老师：田老师。田老师好，因为作业少，可不等于没作业，每天都让读书，读口算。经过了一个多学期，在田老师的带领下，我们班有了很大的进步，同学们却发现了一点——田老师和我们以前的老师不同，作业方面就体现出了不同，田老师从来没有留过很多作业，作业主要是阅读、归纳和联想，告诉我们要诚实做人，认真做事，专注能力的培养。

评语

在作业本和书上，我常看田老师写道：非常好、好、加油，你有干劲等很多的评语，这些评语让我高兴，有干劲，有了信心，让我更有干劲，更喜欢数学。有时写过批评的评语，比如："注意书写"或"你回家读书了吗?"这样的评语。这些批评的评语让我知道了不足，可我并没有失去信心。

数学课

在课上，同学们也发现了田老师的与众不同之处。田老师每天上课前都要给我们一句话，比如："方法 + 习作 = 成绩 = 智慧"，"勤奋 = 成功"等使我们懂得了很多道理。

复习归纳在我面前早已是小菜一碟

四（3）班学生　李子欣

我喜欢的课有很多，因为所有的课都很有意思，但是我还是最喜欢数学课，因为田老师每周六都会留一种很有趣味性的作业——复习归纳。

当我第一次听到"复习归纳"这个新词时，我可真是为难啊！心想：复习归纳？这可叫我怎么做呀！以前的数学老师又没留过这样的作业，我该怎么做啊?

结果，我把"复习归纳"写成了"数学小报"。

又过了几周，您在课上讲了复习归纳的一种方法——枝形归纳，我虽然被满黑板的文字和线弄的不知东南西北，但是最终还是明白了：原来数学是这样有趣!

如今，复习归纳在我面前早已是小菜一碟。但我永远不会忘记，是谁，让我这样优秀，那就是您——田老师。

不灰心，再努力

四（3）班学生　王宝琪

我们的数学老师是田老师，她虽然很普通，但是正是她给予了我鼓励。

有一次口算测试，我只得了 85 分。然而，我往上面一看，一行鲜红的字体摆在我的眼前：不灰心，再努力。于是我便知道了老师写的那 6 个字的用心。正是老师对我的鼓励和安慰，仅仅一句话，一句很普通的话，使在我和田老师的心灵之间，搭建了一座坚固的桥。

田老师在数学课上一贯坚持只有先学会方法，才能会做同样的题。也正是田老师的一成不变，才能使我们学会运用知识，掌握更多的知识和能力。

啊，田老师，您不只是一位老师，更是一位我心中伟大的教育家。

田老师讲课很特别

四（3）班学生　惠怡然

作业：

田老师留作业时总是留的很少，但很特别，可以提高成绩。以前我的数学老师一般都留很多作业，比如：1～4篇小状元，几道解决题，几篇口算，几道计算。一年级书上就有小活动，问题很好，整理与复习的两个框这些东西，以前的数学老师从不让写，认为这样只会浪费时间。可田老师却全都让我们写了，而且还经常给我们写归纳总结。平常，田老师留的作业并不多，可却让我们成绩提高好多。

评语：

田老师的评语很特别。一般数学老师都写优、良或达标而不写评语。但是田老师写的评语都很特别，比如干净、好看等。同学们都很喜欢田老师写评语的方式。

数学课：

田老师讲课很特别。一般老师都讲几道题，然后就下课了。而田老师却每天都分成几个内容，很有条理。

我为什么喜欢田老师

四（3）班　魏晋鹏

我们喜欢作业留得少。但在作业留得少的前提下又能保证成绩提高，那是我认为最好的。田老师一般留的作业都是阅读数学和整理复习的作业。我想，这样可以使我们的思路更清楚，知识有分类，更容易分出什么是什么。

每次不论是书上的作业，还是小状元上的作业，田老师很少给出分数评价，而是给出"好""很好""认真""漂亮"这样的评语。这样使我更有信心，干劲十足，让我下次写得更好更认真。而且这种评语也不像分数那么死板。

我也喜欢您上课的方式，定期总结我们的测试，使我们知道总结的水平，我喜欢您，喜欢您上课的方式，喜欢您给我们的评语，喜欢做您留的作业。

复习归纳：数学新思考

四（3）班学生　宋时雨

作业留的少，我十分快乐、高兴，但是在作业少的条件下，我们必须要保证成绩的良好，或者是让我们的成绩提高。田老师一般都是让我们读书、读口算、复习归纳……这样可以让我们更清楚地了解知识点，我们还可以知道什么东西是什么。

每一次卷子上或小状元上有很好的成绩，老师的评价就会鼓励我们，比方说：“好”“很好”“干净”等评语，我都十分开心，那红红的字。让我们更加上进。

既高兴，又有干劲

四（3）班学生　任静

“在思维上，再努力冲冲！”“干净好看！”一看到田老师这富有魅力的评语，我的心里就美滋滋的，既高兴，又有干劲。

高效的学习我喜欢

四（3）班学生　吴雨桐

田老师把大量的作业都在课上写，不但可以提高写字的速度，而且回家后只要做一点练习就行了。通过一个多学期的训练，我们平时既轻松又不用担心考试成绩，因为只要跟着田老师一点点的学习，期中、期末不用复习就能考 90 分以上，为什么田老师教的这么好？你们可能会问，这都是因为田老师要求我们课前预习，也就是和书对话，这样一来，老师不用讲，我们基本就会了，课后我们会将本周学习的东西进行归纳，进行一些联想，更好的让我们学习，培养了我们的自学能力。

田老师的评语有时让我们高兴，有时让我们开心，有时让我们有干劲，我们又有了努力的方向。她的评语有：漂亮、干净、整齐、又好看又漂亮等。

田老师教我们都很高兴，我们也都喜欢上田老师的课，希望在五年级的时候田老师还教我们，我们会在田老师的培养下渐渐长大，成为一个对国家有用的人。

田老师很“甜”

四（3）班学生 高晓冬

我觉得田老师不错，虽然田老师给我们留的作业少，我们的成绩不仅没有下降还提高了。提高的还有我们的阅读能力、归纳和思考能力。因为田老师，我觉得数学题十分有趣。

正如田老师的名字，她很“甜”。田老师口才很好，她教给我们倒推、画图、和转化的思维方式。今天，我的小状元上又多了一个“100”这个大红字，我好高兴。

田老师很细心，每次我们考完小测试或者计算题的时候，她就会把它们搬到小状元上。

田老师讲的方程课很有趣，她是我们学校唯一一位数学特级老师，田老师还说过这样一句话“今日事，今日毕”这句话使我动作很快，谢谢田老师。

可上学了，我都想死你了

——感谢田老师

四（3）班学生 申贺桐

田老师作业从来留的都很少，但是我们的成绩都很好，因为老师一般都留预习、阅读、归纳、联想，提高了我们的自主能力。所以我们班的成绩提高很快，而且田老师每天让我们在收获本上写一句话，教育我们要诚实，有错及时改正。

有一次，我生病在家，回到学校，田老师看到我的第一句话就是：“可上学了，我都想死你了。”听到这句话后，我特别感动，这句话不但给了我信心，还给予我动力，在这句话的鼓励下，我把落下的作业很快就补了回来。

期中考试时我消假了，回来后，我需要补考，我的心里很没底，心里特别紧张，可田老师说：“没问题，你的成绩一定会特别棒！”果真，我得了100分，这可都是田老师让我有扎实的基础。

我要感谢田老师。

田老师：“孩子，真棒！”的话，像一束阳光

四（3）班学生 郭润

田老师给我们留的作业很少，但是我们的成绩却很好。每次看到田老师

的评语，都会给我干劲、给我信心，我决心要写好每一次作业。

我原来不太喜欢数学，对数学都不感兴趣。但是，有一次数学课改变了我对数学的印象。有一次，田老师正在讲课，我在记录本上写板书，田老师提了一个问题，我第一个举手，老师让我回答了问题，并且答对了，下课了，田老师走近我亲切地说："孩子，真棒！"这句话像一束阳光，照进我的心里，就是这一句话，让我对数学有了信心。

田老师让我知道5x表示什么关系

四（3）班学生　李祎杨

我们的数学老师是田老师，她课教得很好，我很喜欢她。她虽然很严厉，但是我知道，她是为我们好。

她讲课的时候，总是用娓娓动听的话语，像春风带着田野的花香吹进我的心里，让我豁然开朗。在学方程那一单元，有些问题我不会，比如说5x这个数，让我们说出它的数和关系，一听关系两个字我就愣住了，奥数老师给我们讲方程课，就是没有讲关系，关系到底是什么意思呢？田老师就这个内容让我们开展了讨论，最后我全懂了。

田老师真好！

田老师真怪

四（3）班学生　刘雨潇

怪、怪、怪，田老师真的很怪。自开学以来，田老师留的作业很少，无非就是读书、读口算、归纳。但是我们的考试成绩很好，这是因为田老师让我们自己学习，找优点和不足，所以在考试的时候不会错。如果老师给我们复习，我们就印象不深，导致我们屡战屡败。评语吧，田老师写得很好，上课田老师也有特点，抄笔记，这个很好，我们可以在归纳的时候有的参考。

怪、怪、怪，田老师的确很怪！

我越来越喜欢数学了

四（3）班学生　张逸菲

以前，我的数学学得很不好，可是田老师来了之后，我们这个班都改变了。比如任婧，她的数学在开始不如别人，后来她的计算越来越好，田老师就在班里表扬她。我很要强，只要有人被表扬，我就想超过她。所以我让妈妈给我买了口算本，我每天都坚持练习，后来我的口算能够做到又快又准了！您的评语让我很开心，让我有干劲。说实话，总让我开心的是您每天下午作业留得都很少，只是一些读口算、读书。有时我觉得不读也行，但是第二天就跟不上进度了，后来我就坚持每天读口算，成绩也提高了。

其实，您跟其他的老师太不一样了，您就想我们的妈妈一样，有时我们只有一点点进步，您就会露出笑容，上课时，您先复习再讲新知识，很有条理。

我越来越喜欢数学了，谢谢您！

一道题原来可以有好几种方法

四（3）班学生　苏彤华

田老师是我们的数学老师，讲课的方法跟以前的老师不同，这多少让我感觉有点好奇。田老师讲课，有一种独特的方法，就是一道题能分出好几种方法，这也是以前所不能的。因为这样，所以我很喜欢田老师，田老师有一点我很羡慕：就是她能用一个数变换出好多种思想，这也是我特别喜欢的，我要向田老师学习。

我的变化与老师教学方法分不开

四（3）班学生　肖楚玥

田老师是我们的数学老师，她的讲课方法与我们以前的老师有所不同，但是非常有趣。

田老师每天作业留的很少，而且很少留笔头作业，留的都是阅读和能力训练作业。每天回家，我都会做第二天的预习，在这方面，我养成了自主预习的习惯。

田老师还有一个特点，每天都会送给我们一句话，让我们写在收获本上。记得有一次，妈妈无意间翻看了我的数学收获本，发现每个日期下方都有一句话，于是问我：“这些都是自己的话吗？”我摇摇头，妈妈脸上有些失望。“这是老师每天送给我们的一句话。”我告诉妈妈。妈妈说：“这种教学方法我还是头一次见呢，这些话寄托了老师对你们的殷切期望。”我点点头。突然醒悟过来，原来田老师每天送我们一句话是希望我们成长得更健康。

和许多同学一样，我也希望得到老师的表扬，所以每当老师表扬我，我的内心就跟吃了蜜一样甜，干劲也越来越足了。

自从田老师教我们班，我的数学有了许多进步，妈妈也夸我更加自觉了。我想：这些变化和老师的方法是分不开的。谢谢您，田老师！

不一样的田老师

四（4）班学生　杨元月

数学作业留多了不太好，因为留多了大家不爱做，不好好做，那也没用。田老师和别的老师不一样，作业很少甚至有时不留。田老师留的作业一般是读书，我觉得很好。读书可以使人进步，书上有许多我们不知道的东西。田老师留的作业我们都主动地做，而且老师留的作业我们都爱做。

每当我看书时，我就会想起田老师对我们说的这句话"读书使人进步！"

好"厉害"的老师

四（4）班学生　李华

数学老师留的作业很少，通常是一些读书、读口算、复习归纳等等。

数学老师每次上课都会送给我们一句话，像"天才＝勤奋""多多读书，多多收获"等等，之后带着我们慢慢走近奇妙的数学世界。

数学老师每次判完作业时，都会在后面写上"进步了""真棒"等等鼓励我们的话，然后在班上表扬作业做得好的同学，让大家向他们学习。

数学老师每次中午值班都会和我们一起下棋，下棋过程中总是不断的鼓励我们说："真厉害"。同学们听了，特别自豪。长期这样，我们的棋艺有了明显增长。数学老师真"厉害"啊！

我们的"甜"老师

四（4）班学生　管维行

我们的数学老师姓田，与其他老师不同，他给我的感觉总是很"甜"。

开学初，田老师给我们每个人都发了糖，我尝到了"甜"的滋味，这不是一般的糖，因为她的甜味一直在我心中，从未消失……

田老师每天的作业留的都很少，但我们的学习成绩却很好。

她给我们的作业本上都留下评语。她的评语对我帮助很大，看得出来，老师很用心！拿到田老师用心写的评语，我也细细读起来。就这样，数学本慢慢成为了我们师生之间互动小本子了。这个本子让我感受到了心理的“甜”。

田老师我爱您！

心里很暖

四（4）班学生　赵天行

田老师平时总是和我们一起，有时和我们下棋，有时和我们聊天，有时给我们讲故事。他平时在作业里还经常写一些评语：你的计算提高很快，加油啊！每每看到这样的评语，我的心里暖暖的！

我轻松学习

四（4）班学生　杜思睿

田老师平时的作业很少，让我们轻松学习数学。虽然作业少，但是她总是告诉我们：作业少，不代表能力弱，学习差。她的话让我知道了：我要抓住课堂40分钟学习，提高学习成绩！她总是和我们一起玩耍，她是一个有亲和力的老师！

我爱上数学了

四（4）班学生　王家正

我的学习不是很好，而且怕老师留很多作业。因为那样，我的错题就越来越多。田老师是我遇见的唯一一个让我快乐学习的数学老师，她上课有方法，作业少留甚至不留。上田老师的课我感觉轻松愉快，数学知识接受起来慢慢不困难了。我的学习压力小了成绩也就慢慢提高了。

田老师的“特”

四（4）班学生　王泽宇

要说起我的数学田老师啊，那可是说上三天三夜也说不完那！田老师的教学方法与众不同！例如：上课说话幽默，每天还“打包”送我们一句鼓励的话语，给予我们学好数学的信心，给予我们学好数学的动力。

铃……铃声响起，“今天没有作业”，哈哈我们和往常一样，叽叽喳喳像

40多只小鸟快乐地说笑："老师您真特别！我想抱抱您，亲亲您……"

别看没有作业，我的学习成绩还是很不错的。这就要感谢我的田老师了。因为她的特别，也就塑造了我的特别。

执着的爱——田老师

四（4）班学生 程天陆

我是一个内向的孩子，上课发言很少，您为了帮助我经常在我的作业本上写上一两句鼓励我的话。如：相信自己，你很棒！你今天进步很大，敢于举手发言了，加油啊！我等待你更加进步……每天数学本一发下来，我总是先看看老师那温暖的话语。

谢谢您——对我细心、爱心的老师！

田老师我想对您说……

四（4）班学生 田帅

田老师从您上课的说话中我感觉您知识渊博。您是一个好学的人，自然也是这样要求我们的。您平时留的作业很少，鼓励我们在课下能够轻松的学习课外知识，如：看看有关自然科学的书籍，玩一玩思维训练的游戏……总之您的方法很多，目的只有一个，希望我们成为您那样的人！

谆谆教导的老师

四（4）班学生 杨宇浩

田老师您除了在数学课上用幽默的语言将我觉得枯燥的数学好玩，而且常常给我们将一些做人的道理，我喜欢这样的教导。

慈 母

四（4）班学生 周子益

田老师平时的作业很少，甚至不留家庭作业。但是我们有课堂练习本。本子上，有我做过的数学题，还有老师那红红的批语。这批语有老师因为我的不自信而写出的鼓励语言，有因为我进步后骄傲而写出的批评语言。这些语言伴随我一天天成长。

老师因为您那慈母般的言语教导，我进步了，谢谢您我的老师！

“甜”老师

四（4）班学生 王硕

“甜”老师，我们班中的每一个同学都要愿意这样称呼她，她是我们的数学老师。她姓田，她对待我们也如她的姓氏一样很“甜”。

平时她给我们留作业很少，总是让我们拥有一个快乐童年，多玩，多看，多接触大自然多接触社会。她说：“生活中处处有数学。”别看她的作业留得少，可是我们的数学成绩却是一天天进步，考试成绩名列前茅。你们说我们的这位老师是不是很“甜”？

我爱我的“大方”老师

四（4）班学生 高可欣

田老师教我们数学快一年了，在我脑海里一直用“大方”一词来形容田老师。因为她不像其他老师那样总怕我们不会而留很多作业。她留的家庭作业很少，对我们很“大方”。

一天我耐心地等待田老师给我们上课，可是等来的却是老师病了，要一个月才来上课，听到这话，我很失望，心里念叨着：“我的大方老师祝您早日康复！我想您！”

我爱上数学课

四（4）班学生 李纪润

我以前对数学不感兴趣，一上数学就感觉头疼。可是自从田老师教我们数学课后，我变化了！

田老师每节课都是用幽默的言语给我们讲数学新知识，上她的课我感觉轻松愉快！我爱上数学课了。

有教无类的田老师

四（4）班学生 卫宇州

田老师教我们数学，对待每一个同学都像慈母一样。

一次我考试得了 60 分，老师在作业本上没有批评挖苦我，而是写道："你的数学成绩不高，是因为计算不过关，别灰心，老师相信通过你的努力你会考出好成绩的。"看到老师的留言我非常感动，想：老师并没有因为我的数学成绩差而放弃我，而是在鼓励帮助我。

老师的鼓励我时时记着，因此我不断努力学习回报老师的良苦用心。功夫不负有心人，通过我的努力，我的学习成绩真的向老师说的那样进步了！

我想对老师您说：谢谢您老师，我没有辜负您的期望。

教学有方

四（4）班学生　曹月

田老师平时作业很少，她会引导我们自主学习数学。例如：看看我们的数学书，表扬提前预习的同学；查一查我们的自主学习本，表扬主动复习总结归纳原理的同学；听一听我们业余时间发现了哪些数学问题，表扬细心观察勤于思考的同学等等。通过老师的激发引导，我们学习数学都很积极主动。现在考试成绩也是越来越好了。

可亲的田老师

四（4）班学生　王辰宇

田老师是我们的数学老师，可是很多时间她像我们的家人。

例如：中午吃饭时，田老师经常会把自己碗里的好吃的分给同学吃，同学们不肯吃，说老师好吃的您多吃点，您身体不好。可田老师幽默地说："有福同享嘛"。

这就是我们可亲的田老师。

玩　　伴

四（4）班学生　刘雅菲

田老师是我们的老师，但也是我们的玩伴。

田老师给我们留的家庭作业很少，她总是说有时间就锻炼自己的思维。她是这样说的也是这样做的。一下课，你就会在班里看到有几个同学和一位老师围坐在一起下围棋呢。你猜这位老师是谁。哈哈，告诉你吧，她就是教我们数学的田老师。

田老师与我们的快乐生活

四（4）班学生　李香凝

我们班有一位永远年轻、漂亮的数学老师。她的数学课讲得可精彩了！田老师用她那幽默风趣的语言给我们讲着“枯燥乏味”的数学题。有一次下课铃声都打响了，同学们还是不想下课。即便是下午上课，同学们有困意时听了数学课都会精神抖擞的。我们都喜欢田老师给我们上课。

她的课我们爱听，她的人我们也非常喜欢！每当中午吃饭时，田老师总会走到饭量较大的同学面前温柔地问一声：“饭够吃吗？不够我那还有点心。”

这就是我们的田老师，我们与她生活的每一天都是非常快乐的！

评语真重要

四（4）班学生　朱润琪

评语对我来说并不是陌生的，因为学期末班主任老师总会给我写一篇评语的。因此我对于这个评语不是很期待。但是对与数学老师的评语我真的很是期盼！

每一次发下来数学本，我总是急忙打开，想快一点看看老师这一次的评语是什么？她的评语总是那么温存而富有诗意。看到了她的评语，我对学习数学勇气十足了。

田老师的评语，伴随着我们一天的数学学习。我想说：“田老师，您的评语对我来说很重要！”

改变我的田老师

四（4）班学生　詹子豪

田老师教学有方法。

我以前可是一个很讨厌学数学的孩子。上课不听讲，作业不写，考试成绩不及格。自从田老师教我们数学后，我爱上了数学：上课认真听讲了，还能举手发言；作业按时完成，正确率不断提高；考试成绩也及格了。

我想对田老师说：“是您改变了我！谢谢您田老师！”

我的“甜蜜”生活

四（4）班学生　张冕琪

上学对于有些同学可能是痛苦的、乏味的，而对我来说却是甜蜜的！我的学校生活因田老师而甜蜜。

田老师平时上课，总是耐心地给我们讲解做数学题的方法；下课，则是像孩子一样和我们玩在一起；午饭时，又像家人一样照顾我们的饮食。你们说我的学校生活能不甜蜜吗？

神奇小评语和超能力的一句话

四（4）班学生　王文婕

数学课每天都有一句“神奇”的评语和“超能”的一句话，为什么这么说呢？我想你们肯定挺想知道吧！

为什么说小评语这么神奇呢？因为老师每次批改作业后总会写一句评语。

记得有一次，我收获本上错了一道题，我的心情一落千丈，掉到了冰水里，很不高兴。可田老师却在后面写了两个字，这两个字就是：漂亮。我心想：“明明错了一道题啊，怎么会给漂亮呢？是不是田老师在鼓励我？下回我一定要在口算测验中拿100！”然后，我就拼命的在家读口算，写口算。几次小测验后，我考试拿到了100分。看，田老师这句话是不是很神奇啊？

为什么说这一句话是超能力的呢？因为，我的成绩不太好，可有一次，田老师写了一句话：“方法+习作=聪明”使我开了窍，让我明白了方法、多练习就聪明了。知道了这个方法我就努力的练习。功夫不负有心人，我真的成功了。所以我说她的评语具有超能力。

神奇小评语啊，超能力的话啊！是你帮助了我，取得了好成绩，不过我希望你们出现的次数再多一些吧！让我们所有人都取得好成绩，让我们所有的人都变成最聪明的孩子。让我们一起来努力吧，加油！加油！

培养我们

四（4）班学生　王远博

田老师作业留得少，培养了我们自主学习的能力。每天收获本上的一句话和评语使我们明白了许多道理，同时也知道了自己的不足。

田老师对我们真好

四（4）班学生　田雨丰

田老师您对我们真好！

您每天都给我们留很少的作业，所以我很早就能写完；您每天都在作业本上为我们写上那一句句表扬的话语，鼓舞我们信心；您每天都给我们您碗中的“美味佳肴”，让我们吃得饱饱的；您每天都抽时间和我们一起玩智力游戏……田老师您真是我遇见的最好的老师，谢谢您！

我们的“甜”老师

四（4）班学生　张峰耀

我们亲爱的田老师，真是令人钦佩。

每一天，您都会送我们一句句甜蜜的话语，给予我们帮助、鼓舞、信心、努力……还记得有一句印象深刻的话语：改错比做100道题还重要。

当我们学习上遇到问题时，您总是耐心地给我们讲解；当我们和班中同学闹矛盾时，您总是给我们讲为人处世的道理；当我们课间游戏时您总是像孩子一样和我们玩在一起。

这就是您，我们的良师益友——田老师。

365天课堂教学的分分秒秒，让我永久回忆，365个小脚印步步向前的快速迈进，让我喜不自禁。我给予学生的是一丝阳光，学生给予我的是一片片灿烂。我幸福着学生的幸福，快乐着学生的快乐。我从学生那里获得了乐而忘忧的巨大动力。

幸福在哪里？幸福在这里！——最善、最实、最美、最诚的孩子们！

——田立莉

“甜式”的特别特——有师如之，学子之福呀！

田老师一个好老师给予学生的不只是知识，更多的是人生价值观的建立。欢喜为人，虽简而实难。有师如之，学子之福呀！这个学期孩子的变化让我们欣喜，相信通过老师和家长的共同努力和呵护，他会变得更加自信乐观，快乐成长的。

——王信睿家长

田老师总能找到每个孩子的优点进行奖励。她非常鼓励孩子的创造性思维，孩子任何一点思维的火花，都能被她捕捉并及时鼓励。田老师因材施教，针对每个孩子的情况，给他们留个性化作业，长假期甚至平日每一天，孩子们的作业都可以称之是不同的。

——杨予皓家长

翻开孩子的数学小状元、作业本、口算本，我发现即使在她出错的地方也找不到一处冰冷的“X”，代之的是温和的建议和真诚的表扬。比如：“真干净”、“好样儿的”，有时，田老师还会在错题旁边写上“如果能及时改正，就不会再错了”。如此春风和煦般的语言，令孩子尽管一次做错了题，不仅不会产生挫折感，反而会积极地面对这些错误，有信心确保下次类似错误不会再犯。

——李嘉琪家长

田老师精湛独特的教学方法、以及对孩子温和耐心的态度，在嘉琪身上起到了奇特可喜的作用——在四年级不到一年的时间里，她一改被动学习数学的状态，对数学充满了兴趣，口算练习错误率明显下降，解题时思路变得灵活、开放，课本知识能够举一反三，学习成绩直线上升，在不久前学校举办的思训测试中，她的成绩在班里排名第一！在与人交往中，嘉琪变得自信、主动、活泼、大胆、张弛有度。

——李嘉琪家长

12 月的家长会，田老师并未历数每一个学生成绩如何，并没有提出让家长做这样或那样的帮助辅导，而是与我们家长一起谈如何培养学生良好的学习习惯，懂得“励志、明理、责任”，追求“真、善、美”，让我真是受益匪浅．明白了教育孩子的一些方法。

2011 年的 1 月，我翻开了孩子的数学作业本的最后一页，映入我眼帘的是“李继润你是一个很聪明的孩子，本学期你有了很大的进步，我为你而高兴，你是我心中的“怪才，鬼才。”从这里我找到了孩子变化的源由，我无法用语言表示我内心的感激——一个“多动症”的孩子，竟是田老师心中的“怪才，鬼才”。

——李继润家长

田老师您好！感谢您对李华的帮助和教育，李华已被八中实验班录取了，非常非常地感谢您！

——2011 年 7 月 21 日 17 点 42 分　李华家长的短信

田老师您好，杨宇皓被八中录取了，感谢您对孩子的全面教育和细心指导，能遇到您这样的好老师是我们的幸运，也是孩子进步的根本原因，您的教育会使孩子受益终生，谢谢您。改天我们和李华两家邀请您和杨老师以及四（4）班同学一起聚聚，与大家道个别。

——2011 年 7 月 23 日 11 点 22 分　杨予皓家长的短信

……

田立莉耐心的辅导

3000多人——36人——3人——2人，说明了什么？

四（4）班杨予皓妈妈

我们很幸运，在孩子四年级时遇到了田老师。田老师是北京市特级教师，我们相信她能带领孩子走进美妙的数学花园，使孩子对数学产生兴趣，而不单单是学会课本上的知识。没想到的是，我们收获得更多，得到的也更多更多。

不愧是特级教师。田老师的课讲得非常清晰生动，每个专题，她都讲得细致透彻，使孩子能够真正理解，知其然而且知其所以然。她会想到孩子可能会出现的各种错误，提前告诫孩子预防。课后作业，孩子的正确率很高，常常看到老师鼓励的话语。有几天，我发现孩子一向满是对号的作业上连续几天出现红叉，一问孩子，因为田老师生病，别的老师在代课。过了一周，孩子的作业又整洁起来，果然田老师回来了，并且把那些知识点又给他们补上了。

田老师上课非常有特色。她把做人的道理融入到数学教学之中。听她讲课，有时仿佛在听于丹讲人生。她在教会数学知识的同时，教孩子很多道理，培养孩子良好的学习习惯。比如她会讲数学练习中的真善美，她会因为孩子在数学练习中对苹果梨的分配或者对一个答案的看法，发现孩子的思想或认识上的倾向，从而进行引导，使孩子懂得善良与感恩。每节课田老师会突然提出一个主旨，比如“今日事今日毕”，如果孩子在规定时间内全部完成了作业，即使有个别马虎的错误，也会得到100分的奖励，当然全部做对的，有附加的奖励哦。又比如，每天强调“书写整齐是美德”，那么今天书写整洁、步骤清晰的孩子，都会得到满分，当然如果不够整洁的话，即使全做对了，也是得不到满分的。在这样的一日日的培养中，孩子养成了很好的学习习惯。

田老师非常注重保护孩子的学习兴趣与创造性，针对每个孩子的情况，给他们留个性化作业。孩子的每一点小小进步都是老师表扬他的理由，不管是学习上的还是习惯上的，田老师总能找到每个孩子的优点进行奖励。她非常鼓励孩子的创造性思维，孩子任何一点思维的火花，都能被她捕捉并及时鼓励。田老师因材施教，针对每个孩子的情况，给他们留个性化作业，长假期甚至平日每一天，孩子们的作业都可以称之是不同的。所以在田老师培养下，孩子的性格在潜移默化地完善，学习也在不知不觉中进步、提高。

田老师也很注重与家长的沟通，重视孩子学习过程中家长参与的重要性。

有时孩子的作业会有“全家一起做题，多么温馨”这样的题目，平日繁忙的父母不得不坐下来几分钟与孩子一起完成一道或几道小学数学题。通过父母与孩子一起思考，互相检查，孩子真正掌握了知识点，也体会到了家庭的温暖，父母也了解到了孩子知识掌握的情况。

杨予皓应该算是有点小聪明的，所以比较贪玩，学习上容易骄傲，浮躁不踏实，浅尝辄止。田老师就一直抓他的书写和做题步骤，要求他做口算题计时等，不断提高对他的要求，使他看到自己的差距，一点点完善起来。在数学作业本上，常常看到孩子整洁规范的书写，当然也有很多老师热情洋溢的评语。田老师也是严厉的，对孩子的错误决不姑息。因为在自习时间玩，田老师没收了孩子的“三国杀”，并答应他考了100分就还给他。为此，孩子连续考了几个满分。在田老师的悉心教导下，孩子每天在不断进步，数学成绩在明显提高，学习也比以前踏实了，而且也越来越懂事了，也越来越有高的目标了。

每天晚上一谈到田老师，孩子就高兴得不得了，有说不完的话：我们田老师可棒了，作业留得少，我们的成绩还都在提高。

这次八中素质班考试，也是在田老师的鼓励下参加的。田老师说杨予皓有希望，但也有差距，家长把心态放好，就当是一次让孩子长见识的机会，考上了皆大欢喜，考不上孩子也知道差距，还可以让孩子思考一下，原来这个知识点还可以从这个角度这样的思考，这也是很有意义的。我们就这样报了名，一路考试和试读过来，孩子被八中素质班录取了。

我们感谢所有培养过孩子的老师，从幼儿园到小学四年级，高然、张薇、LILY等等老师，每位老师都功不可没，但我们尤其要感谢本届四（4）班的班主任杨建海老师和数学田立莉老师。这一年，是孩子进步最大的一年，杨老师和田老师对孩子的悉心教导是我们能深切感受到的，他们是真的用心在教孩子。全市3000多名孩子，最后招收36名，五一小学3个孩子被录取，2个都在这个班里。

得知孩子被八中素质班录取的消息，田老师激动得哭了。她对孩子付出了那么多心血，浇灌出了如此鲜艳的花朵，这两朵花是送给老师最好的礼物。孩子要到新的学校去上课了，既欣喜，也充满伤感。因为要离开他喜爱的老师和同学了，离开富有特色充满激情的田老师了。

田老师虽然不教孩子了，但她对孩子的教诲，将会伴随他一生，影响他以后的学习和生活，照亮他成长的道路。但愿孩子以后的学习道路上，还会遇到像田老师这样的这么好的老师呀！

2011年8月23日

淘气，叛逆的李纪润变化了

五一小学　四（4）班李纪润家长

李纪润是个幸运的孩子！升入四年级以后幸运地遇到了现在的班主任杨老师、数学老师田老师。

在杨老师、田老师的帮助下，李纪润从一个不爱学习，不爱听讲，不爱做功课的孩子变成了一个主动完成作业，主动复习功课，喜欢学习的孩子。

以前的李纪润，在学习上比较偏科，数学成绩并不是很好，自从遇见田老师担任数学老师后，课堂上，老师生动的授课内容，课后细致耐心的辅导，以及不断的鼓励，使孩子在数学成绩方面有了很大的提高。从前不爱听课，而且课上很少举手发言，甚至经常捣乱的他，现在常常会听见他回家和我自豪地说："今天我在课堂上回答问题，田老师表扬我了。""今天，田老师摸着我的脑袋，说喜欢我！"他变得主动回答问题，变得有自信了。

回家以后，他常常拿出数学课堂收获本给我看，每天都会有田老师的评语："真好看！加油！""非常棒！""又进步了，你是好样的！"……孩子总是自豪的将老师的评语念给我听，学习积极性明显提高了。在孩子的课堂收获本上，在每天的学习内容记录之前，都有田老师让大家记录的一句激发孩子自信、努力的经典语言。"我自觉，我坚持，我收获""老师夸我很自觉""做诚实、守信的孩子"……有一天，孩子回家高兴地和我说："今天田老师把我说的一句话作为今天的经典语言让全班同学记下来了，因为我对老师说：'老师，我可以！'老师很感动，把这句话写在黑板上，让全班同学记录下来，告诉全班同学，大家都可以！"看着孩子认真的样子，我心里真是无比的感动！为孩子的进步，为老师的付出。

田老师不但在学习上鼓励孩子，而且在生活上也非常关心照顾孩子，孩子回来常常说："今天田老师把她饭盒里肉夹给我了，田老师很喜欢我。"看得出来，孩子在心里把老师也当成了朋友，"田老师很喜欢我，说我是小怪才！"孩子经常自豪地说。

田老师主张鼓励孩子，在孩子犯错的时候，耐心地说服教育孩子，坚决反对家长打骂孩子，讽刺孩子，在这种教学教育方式下，叛逆，倔强的李纪润变得听话，懂事，也爱学习了，而且成绩在不断地提高，这种改变是实实在在的，不容置疑的。在本学期的期末考试中，李纪润考了90分，虽然在班里是中等水平，但是对李纪润来说已经是非常明显的进步了。

这学期，我和田老师有很多次见面，次次感觉平易，亲切。

9月初，我作为学生家长第一次见到田老师时，田老师说的第一句话是，"李继润不是多动症，他是典型的有个性的男孩，我特喜欢他。"老师的话让我对孩子又有了希望，特别是我给孩子停了治疗多动症的药。

12月的家长会，田老师并未历数每一个学生成绩如何，并没有提出让家长做这样或那样的帮助辅导，而是与我们家长一起谈如何培养学生良好的学习习惯，懂得"励志、明理、责任"，追求"真、善、美"，让我真是受益匪浅．明白了教育孩子的一些方法。

2011年的1月，我翻开了孩子的数学作业本的最后一页，映入我眼帘的是"李继润你是一个很聪明的孩子，本学期你有了很大的进步，我为你而高兴，你是我心中的'怪才，鬼才'"。从这里我找到了孩子变化的源由，我无法用语言表示我内心的感激——一个很让老师头疼的孩子，竟是田老师心中的怪才、鬼才。

在这里请接受作为学生家长发自内心的感谢！正是因为有像田老师等这样受学生喜爱的老师的鼓励和教育，孩子才变得更加勇敢自信！我们家长为有这样的好老师而感到庆幸，田老师，您辛苦了！

2011年1月

田立莉课堂中全神贯注的小学生

润物无声

四（3）班王信睿家长　于雪梅

我家有子，本着自由成长之念，一直处于放养状态中。5岁时，看着幼儿园班上的同学都在积极努力开展学前知识大储备，于是随大流开始学习珠心算，家长随堂听课。此学堂气氛不佳，每堂课均有一两名学生被家长训斥到哭泣甚至离席。这也是我第一次注意到孩子的挫败感，珠心算，练习的就是计算速度，儿子在这方面表现差强人意，孩子的自尊心受到很大挫伤，第一次为了学习落泪，我也第一次训斥了他，但最终这项学习还是不了了之。

上了小学后，一是因为本身就是年龄垫底的男孩，二是孩子在某些学习能力方面尚未发育完善，孩子的自信心一败再败。他曾经很认真地对我说“妈妈，我上学后性格突变，不再开朗了。”看着孩子紧蹙的眉头，我的心痛极了。他在学校不爱说话，也不喜欢参加集体活动，对考试惴惴不安，学校生活对他来说不是快乐的源泉。他说：“不参加活动，别人就不知道我做不好了”。我知道他在以逃避的方式降低挫败感。孩子渴望被认可，渴望成功，但他不知道该怎样做才行，他需要帮助。

孩子在学习上遇到了困难，作为家长的我们真的很心疼。但万幸的是，我们遇到的老师都是认真负责、宽厚善良、懂得教育、具有专业素养的好老师，不但给予孩子，也给予家长很多理解和帮助。三年级，开始分学科教学，四年级时儿子有了一位新任的数学老师——田老师。田老师是一位注重孩子品格、心理、能力、知识等综合素质培养的教育者。田老师的教学模式灵活生动，启发孩子思考，并善于总结。同时田老师注重对孩子自身品格的塑造，通过激励的话语，鼓励孩子奋发向上，激发了孩子自身的潜能，让孩子从动机上由被动为成绩而学习变为主动为成长而学习，学习方法上由被动接受记忆转变为主动思考分析。

这一年，孩子身上出现了很多可喜的变化。

首先，是精神面貌上的变化。由于老师的细心观察，充分发现孩子身上的优点及每一点进步，毫不吝惜的予以肯定，孩子变得自信起来，他开始认识自己的价值，不再一味逃避，愿意主动表现，回到家也开始喜欢说学校和课堂上发生的事。田老师对于他手工作品的赞赏，使得他很喜欢动手制作，喜欢多方开动脑筋，来完成他的一些小创意，在这个过程中手眼协调能力得到了很好地锻炼。

其次，学习上他开始主动，原来写作业总是要我陪着、催着，现在他一回家就自己为每项作业计划好时间，上好定时器，时间管理的效率明显提高。写口算作业时，他会要求家长离开，他说"田老师都说我行，我能抓紧时间，做完了我告诉你吧。"我们也对他采取信任态度，给他培养自我管理能力的机会。只要他在规定时间内完成计划，节省下的时间都由他自己做主，由于得到认可，他的积极性很高。

效率的提高还表现在这个学期，在学校的课堂作业基本都能完成，很少拿回家做了。另外，田老师经常以言简意赅的座右铭启发孩子，潜移默化中为孩子建立起阳光向上的认知体系，他开始喜欢关注收集这些短语，喜欢阅读，常常在不经意间用这样的话语表达他的想法，他从一开始只是希望获得别人的认可，到开始逐步建立起自我激励机制。

这个学期，我们每周带他打一次羽毛球，每天晚上在完成一项功课后也要打上一会儿球，孩子不再拒绝这样的大运动量活动，对于任何事的获得（学习抑或其他）都必须付出的代价有了客观的认识，因为运动能力的提高对促进学习能力的提高也有帮助，变化也在一天天呈现。现在，通过与田老师交流，按照田老师的建议，我们开始对他的计算能力进行强化，每天要求他完成一定量的计算，量不大，不会构成负担，日积月累循序渐进的提高，孩子对此方法很乐意接受。

一个好老师给予学生的不只是知识，更多的是人生价值观的建立。欢喜为人，虽简而实难。有师如之，学子之福！这个学期孩子的变化让我们欣喜，相信通过老师和家长的共同努力和呵护，他会变得更加自信乐观，快乐成长的。

2011 年 5 月 31 日

啊？她的成绩在班里排名第一啦！

四（3）班李嘉琪家长

自上小学以来，也许班主任一直是语文老师的原因，也许是孩子原本就非常喜欢阅读，相比数学来说，语文一直是嘉琪认真重视而又感到轻松的课程。虽然，她的数学成绩也不错，但兴趣显然不如语文那么高。

三年级末，听说他们班的数学将由一位特级教师执教，我们家长都十分期待。四年级刚开学，我会经常有意无意地向孩子了解田老师教学的独到之处，同时也密切观察她对新老师新方法的适应性。田老师教学的特别之处果然令人惊喜连连；嘉琪的适应性也让我深感欣慰。由此，对田老师感谢与钦佩不已！

首先，田老师教学的特别之处是每天布置的数学家庭作业总有“读数学书”这一项。开始我感到很纳闷，数学书怎么能象语文和英语那样读课本呢？仔细一问才知道，这是田老师指导孩子复习课本知识的新方法。在家长会上，田老师写在黑板上的一个公式加深了我对这一学习理念的认识，即“学习=学+习”。也就是课堂上新知识学完了，课后要反复练习、一段时间后再复习，做完这三步才算完成“学习”这件事。田老师常说，小学学习的重点是运算，加强口算练习、脱式计算练习是提高数学运算速度和准确性的基础，这一技能若基础打牢后将会受用一生。

再有，田老师从来不会让孩子去死记硬背，而是告诉孩子怎样去思考，经常布置些归纳性的思考题，要求孩子自己总结各单元学习的要点及知识结构，引导孩子系统地梳理、掌握单元知识结构，比较老师总结学生记录的方式，这种方法令孩子的记忆更深刻。田老师还会布置一些日常生活中遇到的数学问题，让孩子们感受到数学应用无处不在，作业中尽量让孩子们开动脑筋用多种方法思考。记得有一道题是：家长给了孩子35元钱，孩子可以去买铅笔盒、羽毛球、笔记本等规定的几样物品，并给出了物品单价，要求孩子设计一套自认为最好的采购方案，并尽量花完这些钱。嘉琪对这类题很有兴趣，认真设计出了多个方案，找出最好的一套方案，制表说明，并附上理由。田老师对嘉琪这道题的评语是“论点表现直观，理由阐述合理、清晰”。

田老师不仅在教学上有其独到之处，而且在培养孩子学习习惯与做人品德上也非常重视。我经常会看到孩子在“收获本”上记录老师留给他们的格言警句，比如“今日事，今日毕”。田老师特别注意保护孩子的自尊心，尊重孩子的人格，因为自尊才能尊人！孩子的作业本中，处处体现出田老师温柔的关爱和小心的呵护。翻开孩子的数学小状元、作业本、口算本，我发现即使在她出错的地方也找不到一处冰冷的“×”，代之的是温和的建议和真诚的表扬。比如：“真干净”、“好样儿的”，有时，田老师还会在错题旁边写上“如果能及时改正，就不会再错了”。如此春风和煦般的语言，令孩子尽管一次做错了题，不仅不会产生挫折感，反而会积极地面对这些错误，有信心确保下次类似错误不会再犯。

田老师对嘉琪在班级管理、沟通交往方面也给予积极鼓励和支持。嘉琪非常向往班级管理，希望能够为同学和老师做更多的事情。为此，她经常与我探讨班级管理的方法，一起讨论班里遇到的具体事件的处理办法，并假设若由她来主持处理，怎样做会更妥。然而，由于她对自己缺乏足够信心，班委会竞选中没有如愿当选班长一职。田老师发现了她的这一不足之处后，想方设法鼓励她大胆表达，并让她与班里另一名胆大同学共同完成数学课助理的工作，创造机会锻炼她组织管理的能力。

田老师精湛独特的教学方法、以及对孩子温和耐心的态度，在嘉琪身上起到了奇特可喜的作用——在四年级不到一年的时间里，她一改被动学习数学的状态，对数学充满了兴趣，口算练习错误率明显下降，解题时思路变得灵活、开放，课本知识能够举一反三，学习成绩直线上升，在不久前学校举办的思训测试中她的成绩在班里排名第一！在与人交往中，嘉琪变得自信、主动、活泼、大胆、张弛有度。

好成绩得益于好方法

——评田老师独特的教学方法

五一小学　四（3）班刘雨潇家长

在没有认识田老师以前，从班主任李老师那里得知田老师是位特级教师，非常敬业。

通过参加学校安排的两次开放日活动，对田老师的教学方法有了感性的认识，觉得确实有特点，有思想。

关于教学，田老师在交流会上就讲了两点：多读书和及时改错。

多读书包括两个方面：预习和复习。预习是为了让孩子提前了解第二天的学习内容，带着问题去学。只要预习了，第二天的学习效果就不一样。需要说明的是，老师上课的速度是按已经预习的情况进行的，所以，教学的互动效果很好，当然不预习是跟不上的。复习主要是指让学生自己归纳、总结所学的知识，通过整理，把所学的知识深深地记脑中，不仅这样，还在不知不觉中提高了孩子的自主学习能力。这一点我们感触最深，记得开学不久，孩子坐在书桌前愁眉不展，我一问才知，不会写归纳总结作业，我鼓励他把老师讲的重点写出来就行了，孩子看着书和笔记，写下了第一单元的总结作业。第二天，回来就说田老师表扬他作业写得好。看着孩子高兴的样子，想着田老师关于读书及归纳的方法，感觉田老师的方法看起来很普通，里面却包含着独特的教育思想。

学习不怕出错，怕的是出错不改，让“问题点”隐藏起来了。久而久之，孩子积累下来的都是似懂非懂的知识，错误的印象。学习上的薄弱环节，是我们最容易忽略的地方，而田老师却非常重视。她不但要求学生及时改正，而且要真正明白错误的原因，保证不会再犯类似错误。

通过与孩子交流以及平时的观察，我们对田老师的教育理念有了更深的认识。

1. 30%的学+70%的习

现在的孩子都很聪明，老师一讲都会，然而是不是真的掌握了呢，只有自己做题，做对了才算是真正掌握了。这里强调的是多练习，通过多练习来达到学的目的。听在耳中，记在心中，不如笔在勤奋的手中。孩子数学成绩比较好，和多做题是有很大关系的。所以，“习”的重要性远远大于“学”。

2. 时刻保持专注力

专注力是指一个人专心于某一事物、或活动时的心理状态。人的注意力，受多方面因素的影响，注意力缺陷，常常是许多学习差的学生的共同特点。所以，要学会在需要的任何时候将自己的力量集中起来，注意力集中起来，这是一个成功者的天才品质。培养这种品质的第一个方法，是要有这样的目标。作为家长，只有重视这个目标，才能督促孩子去完成它。

3. 鼓励赞美是人类最美的语言

田老师非常善于使用鼓励的语言，找出学生的优点，使学生能够保持自信和对数学的兴趣。对于这个年龄段的学生来说，鼓励太重要了。我的孩子对数学一直保持着浓厚的兴趣，和田老师的鼓励是分不开的。

在家里，我常问他：“你为什么喜欢上数学课?”“我做题又快又对，老师经常表扬我”；

“不留强制性作业，鼓励自己总结、思考”；

“数学课有什么特点?”“抓口算，每节课都重点练”；

“还有吗?”“每次上课，老师都送我们一句话，我特别喜欢”；

孩子说起数学学习常显得比较兴奋，继续说道：“提高数学成绩，先练口算速度”“人与人成绩的差距就在于专注力”“找优点、找不足、快改进”“方法+习作=成绩+智慧”……听着孩子不停地说着，我想：孩子一年来的进步，真的受益于田老师这套独特的教学方法。这种学习劲头，一定要继续保持下去。

我常翻看他的数学练习本，看着那些记录着一些田老师送给他们的话，心里有说不出的感动，希望孩子能够在心里永远记住这些话并以此为鼓励。

孩子的好成绩得益于老师的好方法。

谢谢田老师！从内心感谢您！

教师的赞美是学生学习动力的催化剂

四（3）班申贺彤家长

4月中旬，上小学四年级的女儿生病在家一周后上学的第一天，回家兴冲冲地告诉我："妈妈，今天数学田老师说好几天没见到我，都想死我了！妈妈，我得赶快把这段时间落下的功课和所有作业都补上"，说完，就坐到书桌前做起小状元，她还给自己规定了完成的时间。

孩子上四年级以来，数学进步很大，不论是计算速度还是准确性都大大提高。她说田老师总是表扬她，尤其是这学期。看到孩子四年级发生的巨大变化，我们高兴在心里，乐在脸上。但我们也感到诧异，我和孩子爸爸都在外企工作，我们无论对孩子时间、精力的付出，还是课外班补习上，都没有任何增加和变化，这也是我们常常感到愧疚的地方。

直到最近我从女儿口中得知，田老师四年级担任女儿班的数学老师，她要求我们自己在家预习，并作预习笔记，这样花很少的时间就能知道第二天讲什么，如果有不懂的地方，上课的时候，只要认真听，就全掌握了，而且作业一会儿就在学校做完了，回家不用花什么功夫，学数学很简单，很容易。每个单元结束后，田老师要求我们自己归纳、总结学习要点、重点，而且田老师还会做批注，比如女儿的本上就经常出现"真好看!""你很会学习!"等评语，孩子学习劲头更大了！这样她还能自己安排时间看"有趣的数字"、"可怕的数学"等她喜欢的课外书，等于自己补充学习了奥数和逻辑等知识。

难怪田老师夸女儿是数学冠军，孩子学习成绩进步。这件事给我启示颇深，作为家长，我们也颇感幸运。世界上最好吃的饭菜是"饥饿"，孩子最大的学习动力是"兴趣"。是田老师把赞美、关爱及时送给学生，使之发扬光大，学生都感到"我能行""我会成功"，激发了孩子学习的兴趣。

教师一句激励的话语，一个赞美的眼神，一个鼓励的手势，一句关切的话语……往往能给学生带来意想不到的收获。而且，一件微不足道的小事往往对孩子的行为，产生巨大的变化，有时改变对某一门功课，有时改变整个学习状态，甚至改变孩子的一生。因为受到表扬，每个孩子都会爱上学校。也许在您的表扬声中，会出现许多中国的"牛顿"。

过了几天，我在一个偶然的机会里见到了田老师，这也是田老师教女儿数学近一年的时间里我第一次见到她。田老师中等身材，说话声音洪亮，令人感觉她精力充沛，可是女儿告诉我，田老师刚刚在寒假生病住院。女儿说田老师平时对我们和蔼可亲，就好像朋友一样；在上课的时候，她就十分严格、认真，一丝不苟，是位负责任的老师。

感谢您，田老师！

2011 年 5 月

感谢您田老师

四（3）班宋欣雨家长

田老师：

我是宋欣雨的家长，当我知道这次期中考试成绩下来以后，就问孩子这次成绩为什么考的这么好，孩子跟我说出了其中的原委。为了这次考试，您特意选了一些平时容易错的题，比如说小数点，同学们对小数点不认真，经常是题算对了，小数点点错了，所以您就加强对这方面的练习，而且针对个别同学细微不注意的地方加以重点说明，比如一些题的单位、名称需要注意。是呀，题算完了，细节没有注意，扣分多可惜。还有把同学们共性的错误加以强化，对平时数学题的针对性练习等，所以取得了不错的成绩，在这里我由衷心地说一声：田老师，辛苦了，谢谢您！

孩子被表扬得"越战越勇"

四（4）班　裴雨晨家长　徐小寅

孩子上了四年级以后，数学成绩有了显著的提高，并且孩子还经常念叨，我们班数学田老师特别好，我特别喜欢她，她也特别喜欢我。我感到很奇怪，孩子从没有对哪一位老师如此的喜欢，这是为什么呢？终于有一天我解开了这个谜团。

这是四年级组织的家长开放日，在这一天我听了田老师的一节数学课。这节课田老师讲的是方程的概念。她从学生非常熟悉的"跷跷板"引入等式的概念，进而讲解了方程的概念。然后开始让学生做列方程的练习。在学生练习的过程中，我发现了孩子喜欢田老师的秘密。当每一个孩子回答完问题，田老师总是给予高度的评价。“你真棒!”“你真了不起!”这些夸奖孩子的语言不绝于耳，孩子则是被表扬得“越战越勇”，回答问题的积极性是空前高涨。我在课堂上粗粗算了一下，被叫起回答问题的学生至少占了90%！孩子在数学课上有了十足自信，难道还能学不好数学吗？这真是应了一句教育家的话：孩子是夸出来的！我真为我的孩子能够有这样一位爱他们、夸他们的好老师而高兴！

教育需要教师与家长的合力。有了这份合力，便有了学生前进的动力。

2011 年 5 月 29 日

田立莉的投入

后记

“甜式”追求——共享心灵纯美境界，感受智慧人生的澄净，永远为自己加油

怎了人间不平事

人间不平事，不知有多少。我可谓是矢志进取的人，面对挫折从没有抱怨，没有烦恼，永远没有退却。因为我记住“父母”的嘱托：只有一心向着理想目标奋进，这才是成功者的真谛，这也是人生考验的关键。

是的！我可敬的“父母”们。一个人的成功非常重要的一点还有“耐性”，为了让自己永不后悔，面对人生中突如其来的各种挫折和困难，我一直在坚持不懈的努力！因为我还知道：“命运并不存在于一小时、一天、一个月、一段时间……的决定中，而是建筑在长时间的努力、考验和默默无闻的工作基础上。”

继续再加把劲吧

我的一生已经历许许多多事，这些事，会在我的生命中留下不同的记忆。它们集合起来组成我的生命：责任——承受——担当。

每个人都不可避免地要经历苦雨凄风，面对艰难和诱惑，保持一种什么样的心态，将直接决定自己的人生轨迹。而我的心灵追求是一种心灵洒脱的处世方式；一种笑看风轻云淡的人生豪情；一种悟懂生命纹理的至高智慧；一种面对任何人生境遇都能保持恬适淡定的成功心态。因为我明白，阳光总在风雨后！

是啊！重视过程我在踏踏实实、一步一个脚印，重视过程我在认认真真、一丝不苟，重视过程我心胸开阔、久久平静……因为我在为社会的前程担当，因为我要用行动感恩周边一切的一切。

在“责任——承受——担当”人生奔跑的过程中，我有过不顺利，挫折与难堪也不断地袭来。但是，我永远认为：我的一切努力都是值得的，无私且无悔。因为我的父母，我可尊可敬的领导，我的同仁，我的朋友，我那纯洁的学生们，还有我的良心一直在为我高喊：继续再加把劲吧，天地都在为你加油！

2011年6月18日晚